다시 푸르른 날을 위하여

다시 푸르른 날을 위하여

1판 1쇄 발행 2025년 11월 20일

지은이 김응분
발행인 이선우
발행처 도서출판 선우미디어
등록 | 1997. 8. 7 제305-2014-000020
02643 서울시 동대문구 장한로 12길 40, 101동 203호
☎ 2272-3351, 3352 팩스: 2272-5540
sunwoome@daum.net greenessay20@naver.com

15,000원

※ 이 책은 충청북도 충북문화재단 예술창작활동 지원사업 지원금으로 제작되었습니다.
※ 잘못된 책은 바꿔드립니다.

ISBN 978-89-5658-809-4 03810

다시 푸르른 날을 위하여

김응분 수필집

한 여성 교도관의 라이프스토리, 진한 연민과 애환

선우미디어 sunwoomedia

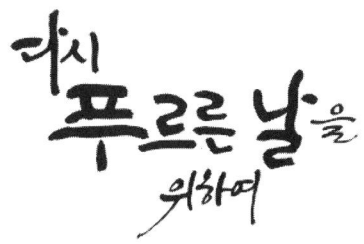

작가의 말

가을 초입, 서늘한 기운에 옷깃을 여미는 계절입니다. 지난여름 내내 몸살을 앓게 하던 무더위도 시간의 흐름 앞에 자리를 내어주고 역사의 한 페이지로 남게 되었습니다.

20대 중반에 교정 공무원이 되어 35년간 교도관으로 특별한 곳에서 특수한 사람들과 희로애락을 나누는 삶을 살았습니다. 쉽지 않은 시간이었습니다. "죄는 미워하되 사람은 미워하지 말라."는 언명을 마음에 새기고 수많은 갈등의 순간들을 견뎌낸 날들이 아니었나 싶습니다. 돌이켜 보면 교정 공무원으로서 나의 삶의 길목에는 수용자들 삶의 질적 향상을 위해, 그들로 인해 그들의 가정이 허물어지지 않도록 나름으로는 최선을 다한 흔적들이 서려 있습니다. 교정과 교화를 좀 더 균형 있게 실행해 보고 싶은 갈망으로 무던히도 나 자신을 닦달한 날들이었지만 아쉽기 그지없습니다.

평범치 않은 그들의 이야기를 통해 우리가 살아가는 이 세상에서 '죄와 벌'에 대한 작은 울림이 되기를 바라는 마음에 그들의 이야기 몇 편을 수록했습니다.

교도관이기 이전에 한 인간의 삶 속에서 빚어진 나의 소소한 이야기, 한 가정의 며느리와 아내, 아이들의 어머니로 살아온 궤적들을 모아 보았습니다.

제대로 글이 되지 못한 것 같아 참으로 부끄럽습니다. 그럼에도 마다하지 않으시고 칭찬과 격려 가득한 서평을 써 주신 강돈묵 교수님 고맙습니다.

늘 세심하게 살펴주시고 좋은 글이 될 수 있도록 가르침을 아끼지 않으신 송보영 선생님 고맙습니다.

이제부터는 지난 삶을 디딤돌 삼아 더 푸르른 날을 향하여 사랑하는 이들과 더불어 한 발 한 발 내디뎌 보려 합니다. 세상일에 분주한 아내를 묵묵히 지켜봐 주고 격려를 아끼지 않은 남편 송종배 님 고맙고 사랑합니다. 엄마의 손길이 부족했음에도 훌륭하게 자라준 아들 딸, 귀히 자라 우리 가족이 되어준 새아기 사랑합니다.

2025년 가을

저자 김응분

차례

2. 빛나는 계절

3. 꿈과 희망을 노래하는 하모니 합창단

4. 물들다

5 눈 속에 핀 꽃

1.

디딤돌

사랑은 그리움 되어

아버님이 돌아가신 지 엊그제 같은데 벌써 19년이란 시간이 흘렀다. 살아생전 당신 삶에 근간이었던 신실한 믿음대로 영혼은 주님 품에서 평안히 안식하고 계시고 육신은 이곳 선산 양지바른 곳에 계신다. 오늘은 아버님께서 소천하신 날이다. 가족들이 함께 모여 추도예배를 드리고 아버님을 뵈러 왔다. 평소처럼 환하게 웃으시며, '너희들 왔니? 바쁠 텐데 어려운 걸음 하였구나' 하시며 반기실 아버님의 모습이 떠올라 가슴이 뭉클하다.

지난 명절에 뵙고 이제야 왔으니 한참만이다. 오늘은 특별히 할 이야기가 많다. 당신의 자랑이던 며느리는 나라에서 맡겨준 사명을 힘써 감당하고 은혜롭게 정년퇴임했다고, 그리도 애지중지하던 손주는 곧 아버지가 되고, 얼마 전엔 아버님 손자며느리 친정에 초대받아 기쁜 하루를 보냈다고 일상을 말씀드렸다. 아버님이 살아계셨다면 얼마나 대견해 여기며 좋아하셨을까. 그리도 이뻐하고 자랑스러워하던 며느리가 퇴임했다는 말에 "아이구! 우리 며느리 그동안 애 많이 썼구나. 수고했다." 하시며 등을 토닥여 주셨을 텐데. 아들 며느리와 손자 손녀들이 신앙 안에서 화목하게 사는 모습을 보셨다면 덩실덩실 춤을 추셨을 텐데 싶어 눈시울이 젖는다.

1990년 초, 우리나라에서 유일한 여자교도소인 청주여자교도소를 개청하고 얼마 지나지 않아 유도부를 창설하게 되었다. 소장은 내가 적임자라고 나를 유도부의 총책임자로 지명하고 창단식을 하게 되었다. 지역방송국도 와서 촬영하고 충북유도협회 회장 및 고문을 비롯한 올림픽 메달리스트들까지 와서 성대하게 행사를 치렀다. 그때 충북유도협회 고문으로 오셨던 분이 '선서'를 하는 나를 눈여겨보시고 며느리 삼아야겠다 싶어 유도부 사범에게 중매를 부탁했다고 한다. 그분이 바로 나의 시아버님이 되셨다.

처음에는 아버님의 존재를 몰랐지만, 나중에 알게 된 사실은, 아버님은 유도 8단이고 유도협회 고문이자 만능 스포츠맨으로 많은 제자를 길러내는 등 지역사회에 큰 기여를 하셨다. 88서울올림픽 때 청주의 대표주자로 성화를 들고 뛰셨던 지역의 유명한 인사이기도 하다. 그리고 평생을 경찰관으로서 경찰 후배들에게 유능제강(柔能制剛)의 정신을 심어준 큰 어른이셨다.

아버님의 바람대로 34년 전 봄날, 선남선녀는 맞선을 보게 되었고 결혼 적령기에 있었던 남편은 첫 만남 후 마음에 들었는지 두 번째 만남에서 결혼하자고 프러포즈를 해왔다. 나도 처음 만나자마자 무슨 자석에 이끌리듯이 아! 저 사람이 바로 기다리던 운명적인 나의 배필이구나 싶었지만, 한번은 거절하는 게 예의인 것 같아 아무 말도 하지 않았다. 그랬더니 다음 만남에서 결혼을 청하기에, 못 이기는 척 고개를 끄덕였더니 바로 부모님께 그 처자가 '승낙했다.'라고 고(告)하였다고 한다. 연이어 두 달 후 약혼, 석 달 후 결혼

날을 잡게 되는 생각지 못한 일이 일어났다. 초스피드로 우리는 만난 지 5개월 만에 결혼하게 되었다. 지금 생각해도 웃음이 절로 난다. 순하고 순한 남편이 어디서 그런 용기가 났는지, 또 사람 볼 줄 모르는 나는 뭐에 끌려 그렇게 금방 승낙했는지 참 희한한 일이 아닐 수 없다.

시어른들은 신앙심이 아주 돈독한 분이셨다. 선교사가 처음 청주 땅에 와서 신앙을 전파할 때부터, 선조들이 믿음을 받아들이고 대대손손 신앙생활을 이어 오고 있는 믿음의 가정이었다. 약혼 후 처음 시댁을 방문했을 때 온화한 모습으로 반겨 주시던 두 분을 기억한다. 온 마음을 다해 축복해 주시던 기도는 어찌나 아름답고 감동을 주던지. '아! 이제 내가 이 화목한 가정의 일원이 되는구나!' 생각하니 가슴이 뭉클했다.

결혼과 더불어 시부모님 모시고 함께 살았다. 시부모님의 따뜻한 보살핌 속에서 철부지 새댁은 서서히 가족이 되어갔다. 겨울이면 가족끼리 만두를 자주 빚었는데 그럴 때면 아버님은 손수 홍두깨로 만두피를 밀고 어머님과 남편은 만두를 만들어 찌고, 그 정경은 한 폭의 명화였다. 점심에는 늘 당신이 좋아하는 라면을 손수 끓여 드시는가 하면, 집 안 청소도 특유의 부지런함으로 무조건 아버님이 다 하셨다. 아버님은 당신이 맛있게 드셨던 음식을 기억했다가 꼭 가족들을 데리고 1주일에 한 번은 외식을 함께 하며 화목한 가정을 만들기 위해 애쓰셨다.

어른들 모시고 사는 동안 매달 봉급 전부를 찾아 하얀 봉투에 정성 들여 쓴 편지와 함께 다 드렸다. 드렸던 걸 고스란히 되돌려 주시는 일이 반복되었지만, 일과 가정생활을 병행할 수 있었던 것은 온전히 어머님 아버님 덕분이기에 고마움을 표현하고 싶었다. 손주 돌봐 주시는 것이 정말 고마워 젊은 감각의 컬러 와이셔츠를 몇 벌 선물해 드렸더니 너무 좋아하셨다. 늘 그것만 즐겨 입으셨던 멋쟁이 아버님의 모습이 눈에 선하다.

시어른들과 3년간 함께 살았는데 신혼 방에 늘 꽃을 꽂아주시고 아들 양복과 며느리 제복도 멋지게 다려 주시던 두 분의 사랑을 잊지 못한다. 훗날 아버님은 마치 집안의 가보처럼 그때 드린 편지와 손주들의 자라는 모습을 작은 책자로 만들어 주셨다. 지금도 시어른을 기억하는 유산으로 소중히 간직하고 있으면서 생각날 때마다 꺼내 보곤 한다.

아버님으로 인해 부부라는 인연이 맺어졌다. 참으로 우리 부부의 인연은 특별한 경우였다. 이렇게 귀한 인연이 또 있을까. 아버님의 며느리에 대한 특별한 사랑 덕분에 결혼생활 내내 크게 걱정할 것이 없었다.

풋풋하고 싱그러웠던 시절 아버님의 눈에 띄어 이 가정과 인연을 맺었던 새댁은 시간의 흐름을 따라 헌 댁이 되었다. 아버님은 당신이 선택한 며느리에 대한 무한한 신뢰를 보여주셨다. 어려운 일이 있어도 늘 방패막이가 되어 주셨다. 남편과 큰 다툼 없이 무난하게 올 수 있었던 것도 순전히 아버님 덕분이었다. 살아오는 내내 '어떻게 살아야 하는가'라는 화두에 방향을 제시해 주셨고 또한 인생의 롤모델이 되어 주셨다. 덕분에 진정한 사랑이 뭔지 알게 되었고, 그 사랑을 자녀들과 이웃들에게 전하며 살리라 다짐하게 되었는지도 모른다. 문득문득 오래전 어느 날 아버님의 눈에 들어 당신의 아들을 만나 부부라는 인연이 맺어진 일이 떠오를 때면 하늘이 맺어준 인연이란 이런 것을 두고 하는 말일지도 모른다는 생각이 들곤 한다. 아버님이 들려주시던 아름다운 트럼펫 소리가 한없이 그립다.

꽃에 대한 추억

지난주에는 화사한 벚꽃이 겨우내 눅눅했던 마음에 불을 지피더니 이번 주는 라일락의 향기가 바람에 실려 세상의 시름을 잊게 한다. 곳곳마다, 벚꽃, 목련, 산수유, 개나리 온통 꽃 천지다. 어느새 슬며시 피어나 그리움을 가득 싣고 왔는지 모르겠다. 봄날의 호사를 한껏 누리고 싶은데 한나절 비바람에도 금방 사그라지는 여리디여린 꽃잎에 꽃샘바람이 시샘이라도 하면 어찌할까. 오는 듯 가고야 마는 이 향기는 또 어떻게 보고 싶은 임에게 전해줄까. 저들의 자태에 취하고 향기에 취해 내 안을 훑고 지나갔던 봄날을 기억한다.

얼마 전 먼 곳에 사는 목사님 사모님으로부터 전화가 왔다. 꽃이 지려고 하니 와서 꽃구경도 하고 차라도 한잔하자는 전화였다. 목소리에서 간절함이 느껴졌다. 본인이 가꾼 이쁜 꽃들을 가장 만개했을 때 구경시켜 주고 싶은 그 마음이 고스란히 전해져 오며 따스한 사랑이 느껴졌다. 그럼에도 약속을 지키지 못해 여간 송구한 것이 아니었다. 내가 뭐라고 퇴임할 때도 투박한 도자기 찻잔을 선물하며 아쉬운 마음을 전하던 두 분의 모습이 떠올라 가슴이 뭉클하다.

몇 해 전 이맘때였다. 근무하던 홍성교도소 근처에 있는 구항면에 거북이 마을이 있다. 그곳에서 수선화 축제를 한다고 한번 구경 가자고 하여 직원들과 시간을 내 보러 갔다. 마을로 들어가는 진입로는 1킬로 이상이 벚꽃으로 꽃 대궐을 이루고 그 밑에는 수선화가 심어져 황홀 지경을 이루고 있었다. 마을 곳곳도 수선화를 비롯한 봄꽃들이 무리 지어 피어있어 보는 이들의 감탄사를 자아냈다. 바람이 살랑살랑 불 때마다 떨어지는 꽃비는 그 자체로 환상이고 한 폭의 그림이었다. 거기에 어우러진 한옥의 풍경과 마을 입구에 있던 작은 연못에서는 오리가 유유히 헤엄을 치고 있고 한눈에 보아도 배산임수의 그림 같은 마을임을 짐작할 수 있었다. 허기도 달랠 겸 토속 비지장과 청국장을 잘하는 집에 갔다. 전통의 맛이 바로 이런 것을 두고 한 말인가. 콩의 깊은 맛이 혀끝을 오묘한 세계로 안내하는 듯했다. 눈으로 느끼는 멋과 전통의 맛이 절묘하게 어우러진 그때의 행복했던 순간이 떠오른다. 이맘때만 되면 홍성 거북이마을로 달려가고 싶다.

어머님은 꽃을 좋아하셨다. 거동 못 하실 때도 차로 모시고 무심천 벚꽃을 천천히 보여드리며 설명해 드리면 그리 좋아하실 수 없었다. 결혼해서 신혼 때부터 주말부부로 살다 보니 새색시의 외로움을 눈치채셨는지 옥상의 울긋불긋한 장미, 가을에는 국화꽃을 꺾어다 꽂아주셨다. 퇴근해 들어오면 방 안 가득 풍기는 장미의 향기에 신혼의 쓸쓸함을 잊을 수 있었고 새신랑이 돌아오기까지 일주일을 너끈히 견뎌낼 수 있는 힘이 되었다. 특히 아이들이 컸을 때는 가족회원권을 신청해 에버랜드를 계절마다 다녔던 추억이 새삼 떠오른다. 이른 봄이면 겨우내 키웠다가 때에 맞춰 그 넓은 놀이동산을 튤립으로 장식하였고, 오뉴월에는 빨강, 노랑, 연분홍 장미로 장미 축제를 하였다. 열차를 타고 장미동산을 싱싱 달릴 때면 세상 최고의 행복을 맛본 것처럼 기분 좋았다. 가을 축제는 생명력이 긴 국화가 오랜 시간 사람들의 마음을 홀리며 서리를 맞고도 의연하게 그 자리에서 여러 사람을 반긴다. 시어른들께 잘해드리지는 못했지만, 꽃들과의 추억을 많이 만들어 드리려 애썼고 그런 삶을 함께 나누며 좋아하시던 모습이 눈에 선하다.

살아오면서 대한민국에 태어났다는 것, 사계절이 있어 자연의 다양한 변화를 느끼며 꽃들과 더불어 행복한 삶을 나눌 수 있다는 것, 선조들의 피땀으로 풍요로운 인생을 살 수 있다는 것이 얼마나 감사한지 모르겠다. 이 행복을 사랑하는 많은 사람과 오래오래 누리며 살고 싶다. 꽃 한 송이에도 최고의 부자가 된 것처럼.

미안하다는 그 말 한마디

사람과 사람 사이에 애초 먹은 맘이 없어도 살다 보면 많은 오해도 하고, 때론 원망이 쌓여 나중엔 철천지원수가 되기도 한다. 뭐든 시초는 사소한 것에서 소통이 안 되어 그때그때 일어나는 서운한 감정들을 바로 풀지 못하기 때문이다. 특히 가족 내에서 인간관계는 더 어렵고 복잡하다.

할아버지가 돌아가시기 전까지 우리 집의 모든 경제권은 할아버지에게 있었다. 그런데 할아버지는 우리 집보다는 큰 집이 잘 살아야 한다는 생각을 갖고 계셨다. 가지나 어려운 형편에 뭐든 큰집이 우선인 할아버지 때문에 많은 어려움을 겪으며 살아왔다. 할아버지가 돌아가시고 장례를 치르려고 하니 장례 치를 돈도 없어 종중 돈을 빌려 겨우 장례를 치렀다는 말씀을 몇 번 하셨다.

외아들인 아버지와 결혼한 어머니는, 할아버지 살아생전 딸만 넷을 낳은 상태였다. 아들을 낳지 못했다는 이유로 할아버지에게 어머니는 눈엣가시 같은 존재였다. 그렇게 손주를 바랐건만 손녀만 넷 낳은 며느리를 이뻐할 리가 없었음은 당연한 일이었다. 그런 할아버지에게 어머니는 큰댁을 도와주는 것도 좋지만 우선 우리 집 생활이 안정되어야 하지 않겠느냐는 말씀을 드릴 수 없었다. 온전히 할아버지 뜻에 따라야만 했다. 아버지는 한량이셨다. 가정 경제에는 별로 관심이 없으셨다. 할머니는 아버지를 귀한 아들이라고 싸고돌 뿐, 엄마의 방패가 되어주지 못했다.

그러다 보니 가족들 생계며 아이들 교육 시키는 모든 것이 엄마가 감당할 몫이었다. 그런 가정의 내막을 알 리 없었던 어린 우리들은 그때 당시에는 남들도 그런가 보다 생각하며 받아들였다. 학교 다니면서 제대로 준비물도 해 가지 못하고 교복도 동네 언니들 것을 물려 입으며 많이 힘들어했다. 책 산다고 책값 달라며 버티다 맞았던 기억이 남아있다. 남들처럼 없으면 옆집에서 꿔서라도 주면 될 텐데 결코 이웃에게 빌리는 법이 없었다. 어머니는 평생을 빚지면 큰일 나는 줄 알고 사셨다. 돌이켜 보면 그건 당연한 일이었음에도 철없던 우리 자식들은 너무도 야속해 불평을 쏟아내곤 했다.

어머니의 삶은 오로지 자식들 굶기지 않기 위해 온갖 험한 일도 마다하지 않으셨다. 어린 동생들 업고 플라스틱 그릇도 팔러 다니시는 등 여러 장사를 하셨다. 한푼 두푼 모아 땅도 사고 고향 읍내에 이층집도 샀다. 유일한 아들인 막내를 위해 조그만 아파트도 사놓으셨다. 옆에서 어머니의 삶을 지켜보며 내가 어른이 된다면 엄마처럼 모든 일을 철두철미하게 할 수 있을까. 어머니의 100분지 1이라도 따라갈 수 있으면 좋을 텐데 생각했다. 그만큼 어머니는 우리에게 큰 산이었으며 우리 집을 다시 일으켜 세운 입지전적인 인물이셨다. 당신을 위해서는 자장면 한 그릇, 옷 한 벌 사 입지 않으시고 평생 알뜰살뜰 저축하는 게 삶의 큰 보람이셨다.

하지만 운명의 여신은 열심히 산 사람에게는 더 가혹하게 다가오는가 보다. 바로 밑에 동생 결혼 준비로 혼수품 장만하고 돌아오는 길에 교통사고를 당하여 죽을 고비를 넘겼다. 그 후유증으로 제대로 걷지 못하여 힘들게 30여 년을 살아오셨다. 그러던 차 뇌경색 증상이 와 시술하다 잘못되어 지금은 요양원에서 콧줄을 낀 채 침대에서 세월만 보내고 계신다.

얼마 전 어머니를 뵈러 갔다가 이런저런 얘기 끝에 천국에 관한 이야기를 들려주니 신앙을 몰랐던 분이 다 이해하시고 조그만 소리로 '알아' 하신다. 노래도 불러 보자 하니 입 모양을 보니 그대로 따라 하신다. 얼마나 놀랐는지, 인지능력과 영적인 능력은 여전히 살아 있었다. 평생 고생만 하시고 저축도 많이 해서 아버지 돌아가셨을 때도 자식들 일체 걱정 안 하게 했는데 당신을 위해서는 한 푼 써보지도 못하고 어찌하여 누워만 계시는지 생각하면 가슴이 저리다 못해 아리다.

"이제 어머니 모시고 좋은 곳도 여행시켜 드리고 맛있는 것도 많이 사드리려고 했더니 이렇게 누워만 계시면 어떻게 하느냐고. 돈 저축하지 말고 자식들 한창 공부할 때 필요한 거 좀 사 주고 그러지, 왜 그리 지독하게 했느냐"라고 푸념 아닌 푸념을 늘어놓는 딸에게 "미안해, 미안해"라며 소리도 안 나오는 울음을 연신 꺼어억 꺼어억 삼키신다. 어머니가 너무 안타까운데 내 입에서는 엉뚱한 말이 툭 튀어나오는 바람에 또 어머니의 가슴에 대못을 박고 말았다. 어려운 가정을 일으키고 자식들 바르게 키워보겠다고 이 악물고 버텨내면서 자식들에게 학용품 하나 제대로 사 주지 못하고 반듯한 입성 한

번 제대로 입히지 못해 늘 가슴이 타들어 갔을 어머니 가슴에 못질해대다니. 그럼에도 어머니는 도대체 뭐가 미안하다는 것인지 평생 자식들에게 헌신하고도 왜 무엇이 미안하다는 것인지 억장이 무너진다.

여러 형제 중 어머니가 제일 의지했던 자식이 나임에도 어머니의 깊은 속을 제대로 헤아리지 못했다. 부모에게 자식이란 무엇인가. 주고 또 주어도 더 주지 못해 애가 타는 것이 부모의 마음일진대 자식들의 욕구를 제대로 채워주지 못하는 어머니의 마음이 오죽했을까. 어떤 환경에서 자랐을지라도 오늘의 나가 될 수 있었던 것은 온전히 부모의 희생이었음에도 우리 자식들은 부모 탓만 할 줄 알았지, 감사할 줄 몰랐던 것을 이제야 아프게 깨달으니 어찌할까.

발길이 떨어지지 않는다. 면회 시간이 다 되어 주섬주섬 돌아갈 채비를 하는 자식을 바라보는 어머니의 눈빛이 애처로워 차마 돌아서지 못하고 머뭇거리는 딸에게 어서 가라며 손짓하신다. 어머니를 뵙고 올 때마다 가슴에서 소용돌이가 휘몰아친다. 자식들 때문에 애면글면 하루도 편한 날이 없었던 어머니 당신의 마음을 헤아리지 못하고 우선 채워지지 않는 필요한 것들 때문에 불평불만을 일삼았던 일들이 떠올라 일어나는 죄스러움의 소용돌이다.

엄마 죄송해요. 사랑하고 고맙습니다.

물 폭탄

갑자기 하늘이 뻥 뚫렸다. 방학을 시작하는 날이라 교내에 풀도 베고 봉사활동을 하는 와중에 갑작스레 먹구름이 밀려오더니 장대비가 쏟아지기 시작했다. 양동이로 들이붓는 것 같았다. 공포가 밀려왔다. 학생들은 순식간에 교실을 향하여 한걸음에 달려간다. 교실에서 내려다본 푸른 들판은 삽시간에 짙은 황토물로 가득 찬 물바다가 되고 있었다. '이를 어쩐담, 저 들판 한가운데가 우리 동네인데' 순식간에 동네가 다 잠기어 지붕 꼭대기만 남아있더니 이제 그마저도 보이지 않았다. 숨이 멎을 것처럼 애가 탔다.

고향 보은을 관통하는 보청천이 터지면서 읍내 일대를 아수라장으로 만들어버렸다. 친구들의 얼굴에는 말할 수 없는 수심이 가득했다. 집에 계시거나 들에서 일하시고 있을 부모님은 무사한지, 어디로 대피는 하셨을까? 온갖 걱정이 떠올라 마음이 불안했다. 그날은 까맣게 속을 태우며 선생님들이 끓여주는 라면으로 허기를 채우고, 교실의 책상들을 이어 붙여 그곳에서 뜬 눈으로 하룻밤을 지새웠다. 밤을 꼬박 새우고 새벽같이 집을 향하여 달려갔다. 아니나 다를까. 속리산으로 연결되는 새로 만든 다리는 끊겨있고, 그 위로 수마가 할퀴고 간 흔적들이 무섭게 떠내려가고 있었다. 소, 돼지, 닭 등 가축들은 물론 온갖 생활 쓰레기들이 거센 물살을 타고 춤추며 휩쓸려갔다. 집에 들어서니 처참하기 이를 데 없었다. 고스란히 주저앉은 집은 어느 것 하나 쓸 만한 것이 없고 그대로 진흙더미에 묻혀 꺼낼 수조차 없었다. 순식간에 이재민이 된 것이었다.

하루 만에 하늘에 엄청난 구멍이 뚫려 평생 내려야 할 비를 한순간에 폭탄으로 터트려버린 것이다. 꿈에도 생각조차 하지 못했던 현실을 직면하지 않으면 안 되었다. 늘 가뭄이 들어 부모님은 밤새 양수기로 물을 퍼 농사를 짓던 기억만 있었는데, 하루에 300밀리의 물 폭탄이 모든 걸 다 휩쓸고 가버렸으니 인생사 참으로 알 수 없는 일이다. 1980년 '보은의 대홍수'는 엄청난 인명피해와 재산 피해를 남기고 사람들의 꿈을 앗아가 버렸다. 영혼이 빠져나갔을 때 어떤 울음도 나오지 않고 그저 망연히 손을 놓게 된다고 하더니 이런 때를 두고 하는 말인가 싶었다.

윗동네에 방 한 칸을 빌려 온 식구가 기거했다. 진흙에 묻힌 쌀은 아무리 씻어 말려 밥을 해도 끓다 말고 밥이 되지 않았다. 이재민에게 주는 것이라곤 헌 옷가지와 라면뿐이었다. 그렇게 먹고 싶던 라면을 삼시세끼 주식으로 먹으니 불어 터진 라면은 목에 걸려 넘어가지 않았다. 옷가지도 구호품의 낡은 옷으로 대충 몸에 맞춰 입으며 최소한의 생활을 이어갔다. 수마는 수십 년 쌓아온, 우리 가족의 모든 것을 쓸어갔다. 자매들의 책이며 사진, 생활 기록부, 상장 등 우리의 역사와 추억이 담겨있는 모든 것들이 단 하나도 남아있지 않았다. 추억할 물건들이 없다는 게 지난 삶이 부정되는 것처럼 허탈함으로 밀려왔다.

한창 왕성할 식욕을 주체 못 할 나와 동생들은 주인집 마당에 널어놓은 감 껍질을 주인 몰래 슬금슬금 주워 먹었다. 한 개 두 개 없어지다 보니 난리가 났다. 누가 가져갔느냐고 큰소리를 치신다. 주인집 할아버지는 매사에 정확하고 알뜰함이 몸에 배었다. 한창 공부를 해야 할 시기인데 늦게까지 불 켜놓는다고 얼마나 잔소리를 해대는지 귀에 못이 박혔다. 그렇게 한방에서 우리 대식구는 몸을 부대끼며 일 년여를 버텼다.

곧 입시를 준비해야 할 고3이 코앞인데 교과서마저 다 진흙에 묻혀버리고 참고서 하나 제대로 없었다. 학교에서는 새 책을 내주며 함께 어려움을 헤쳐나가자고 독려했다. 버티기 힘든 하루하루는 모든 걸 다 포기하고 싶었고 간간이 절망이 엄습하기도 했지만, 특유의 근성과 의지로 버텨냈다. 아무것도 없는 집에서 당당하게 사회에 진출하고 남녀 공평하게 겨룰 수 있는 것이 공무원 시험이라 생각했다. 내 실력이 어떤지 도전하는 의미에서, 고3 시절 봄에 공무원 시험을 봤는데 운 좋게 합격하게 되었다.

그런데 묘하게도 대학원서 쓸 무렵 제천시청으로 발령이 났다. 집에서는 공무원으로 근무하며 돈을 벌어 동생들 공부도 가르치고 집안 살림에 보탬이 되기를 바랐지만, 몇 날 며칠 고민 끝에 다른 선택을 하게 되었다. 대학입시에서도 운 좋게 학교 최고의 점수를 기록하여 학비 걱정 없이 꿈꾸던 대학 생활을 순탄하게 시작할 수 있었다. 졸업 후 교정직 공무원의 길을 선택하여 퇴임에 이르게 된 것도 그때의 도전이 큰 경험이 되었다. 첫 번째 공무원 시험에 합격하였을 때 그대로 안주했더라면 내 인생은 어떻게 되었을까. 오늘의 나는 새로운 또 한 번의 도전이 빚어낸 산물이다.

지금도 세계 곳곳에서 생각지도 못한 천재(天災)나 인재(人災)로 삶의 기반이 송두리째 무너져 내린 사람들을 생각한다. 그때 나도 그 위기를 잘 견뎌냈기에 지금 안정된 삶을 살고 있지만, 망연자실할 절망의 순간이 다가올 수도 있다. 한 치 앞도 모르는 게 인생이다. 우리는 살아가면서 수많은 암초와 장애물을 만나며 산다. 내가 선택한 일은 아니지만 불가항력으로 내 삶에 불청객으로 찾아올 수도 있다. 또한 나의 어리석음과 탐욕으로 견디지 못할 치욕의 순간을 경험할 수도 있다. 하지만 어차피 신이 우리에게 주는 고통은 감당할 수 있을 만큼 준다고 한다. 그동안 수많은 위기를 경험하며 묵묵히 걸어왔던 나 자신을 토닥여본다. 완전 진흙탕에서 다시 일어났는데 무엇을 두려워하랴. 다가올 미래에 너무 불안해하거나 의기소침하지 않으며, 지금껏 그래왔던 것처럼 뚝심 있게 묵묵히 걸어가야겠다.

예정에 없던 이별

“어디 갔어?, 어디 갔니? 한번 말 좀 해봐!” 학교에 갔다 오면 으레 가장 먼저 꼬리를 치며 반겨주는 것은 우리의 사랑스런 ‘패스’였다. 그런데 그날은 보이지 않았다. 집 안팎을 샅샅이 뒤져도 흔적조차 찾을 수 없었다. 목 놓아 울고 싶은데 너무 믿기지 않고 충격적이어서 울음조차 나오지 않았다. 소리 내어 엉엉 울고 싶은데 이걸 누구에게 따져 물어야 하나, 엄마 아버지도 들에 나가셨는지 그날은 아무도 안 계셨다. 울다 지쳐 그냥 잠이 들어버리고 그 이튿날도 패스 어디 갔느냐고 엄마에게 묻지 못했다. 그렇게 시간은 흘러갔고 어디로 갔는지 의문만 남긴 채, 슬픈 시간은 흘러만 갔다.

패스를 처음 만난 것은 고등학교 3학년이 시작되기 바로 전 봄방학 무렵이었다. 황갈색의 미끈하게 잘생긴 멍멍이를 처음 부모님께서 사 오셨을 때 얼마나 귀엽던지. 어찌나 말귀도 잘 알아듣고 교감이 잘 되는지 온 사랑을 그 녀석에게 다 쏟아부었다. 시험 보는 것마다 다 통과시켜 달라는 의미에서 이름을 ‘패스’라고 지었다. 밥도 잘 먹고 누구나 잘 따라 집 안의 귀여움을 독차지하는 녀석이었다. 오랜 시간이 흘러 가족들이 모였을 때 그런 이야길 꺼내니 아무도 패스의 실종을 정확히 알지 못하고 있었다. 다만 동네마다 개장수들이 돌아다니며 개 목줄을 끊어 싣고 간다고 하는데 우리 패스도 그럴지도 모른다는 것이다. 그렇다면 패스는 사랑하는 가족들과 '안녕'이라는 말 한마디 없이 알지도 못하는 누군가에게 끌려가 도살되었다는 말인가. 그 이후로 우린 어떤 개도 키우지 않았다. 생각지 못한 이별이었다.

코로나가 막 시작되던 해 설 날, 성묘를 마치고 조금 쉬었다가 친정에 가야지 생각하고 집에 전화했다. 차례는 잘 지냈느냐고 하니 엄마 하시는 말씀이 아버지가 차례도 못 지내고 꼼짝없이 누워계신다는 거였다. 아침부터 상태가 안 좋아 누워계셨는데 좋아지질 않고 그대로라고 하신다. 부랴부랴 짐을 챙겨 친정으로 향했다. 안방에 누워계신 아버지를 뵈니 뇌경색이 심해진 상태였다. 119를 불러 급히 아버지를 모시고 청주에 있는 응급실로 향했다. CT 및 MRI 촬영하니 이미 뇌세포가 허옇게 죽어 있는 부분이 많이 보였다. 밤새 혼자 주무시다가 뇌경색이 진행되는 줄도 모르고 그냥 혼수상태에 빠지셨던 것이다. 그 이후로 중환자실에서 산소 호흡기를 끼고 한동안 계시다가 요양병원으로 옮겨 1년여를 콧줄을 낀 채, 말 한마디 못 하시고 그 좋아하시던 막걸리도 한잔하지 못하고 이승의 강을 건너가셨다. 돌아가시던 그 날도 밤 10시 무렵이었는데 위독하다 하여 달려갔더니 이미 돌아가신 후였다. 임종도 지키지 못하고 보내드려야 하는 현실 앞에 자책감만 들었다. 울음도 나오지 않고 그저 황망함만이 나를 꼼짝없이 그 자리에 서 있게 만든다. 아버지에게 평소 살갑게 대하지도 못했고, 용돈 한번 드리지 못했는데, 이렇게 갑자기 가시면 어떻게 하냐고 울부짖고 싶었다. 황망하기 이를 데 없는 이별이었다.

퇴임을 앞둔 마지막 근무지에서 어느 날 직원 한 명이 찾아왔다. 뇌경색으로 휴직하고 있는데 기한이 되어 휴직 6개월 연장 후 복직하고 싶다는 이야기였다. 말 한마디 한마디가 어눌하여 1시간 가까이 들어주는 데 참으로 인내심이 필요했다. 판단하기로는 저 상태 가지고는 남들과의 의사소통도 쉽지 않고 중간 감독자로서 자기 역할을 하지 못할 것이 분명한데도 말이다.

나는 그 직원에게 퇴직이 얼마 남지 않은 시점이니 명예퇴직하고 재활을 열심히 하는 게 좋지 않겠느냐고 진심으로 조언하였는데 끝까지 고집을 꺾지 않았다. 그래서 휴직을 연장해 줄 테니 그럼 그때 상태 봐서 판단하자고 했다. 그리고서 몇 달 지났는데 부고가 날아왔다. 이름도 잊어버리고 있었는데. 알아보니 그 직원이 아침 일찍 산책하러 간다고 하며 집을 나가 들어오지 않자 가족들이 경찰에 실종신고를 했다고 한다. 경찰이 7시간을 수색한 끝에 등산로에서 사체로 발견되어 가족 품으로 보내졌단다. 소름이 쫙 돋는다는 것이 이런 경우를 일컫는 이야기인가. 상담한 이후 조언대로 재활 잘하고 있겠거니 생각하고 있었고, 아이들도 다 커서 본인만 건강관리 잘하면 된다고 용기를 주었는데, 그리 급히 서둘러 가다니, 7남매의 장남으로서, 몸이 불편해 폐만 끼치고, 나의 역할을 잘하지 못해서 미안하다는 유서를 남기고 그는 그렇게 홀연히 가버렸다. 망치로 뒤통수를 맞은 것처럼, 그 충격은 오래오래 마음에서 떠나지 않았다. 듣고 싶지 않은 소식이었다.

세상에 나올 땐 순서가 있지만, 세상을 떠날 땐 누구도 언제 어떻게 가는지 알 수가 없다. 갑작스러운 이별 앞에 우린 그저 황망함을 떨치기 어렵다. 반면, 함께 하며 누렸던 그 시간이 우리에겐 행복이었음을 깨닫게 된다. 예정된 이별은 그 아픔을 미리 준비할 수 있는 시간을 주지만 예기치 못한 이별은 하늘이 무너지는 슬픔을 준다. 비록 사람이 아닌 동물일지라도.

아버지와 함께했던 시간도 오래 지속될지 알았지만 기다려 주지 않았다. 나름대로는 효를 한다고 했지만 돌이켜보면 미흡한 게 많았다. 살갑게 대해 드리지 못했음이 못내 아쉬움으로 남는다.

우리와 함께하는 소중한 이웃들과도 평소 마음을 다해 사랑하고, 시간을 함께 누리며 따뜻한 정을 나누어야 하지 않을까. 갑작스런 이별이 닥칠지라도 조금 덜 후회하도록.

오뚝이 선생님

'스승'이라는 단어는 듣기만 하여도 부모님 생각하는 마음처럼 가슴이 뭉클하다. 길고 긴 인생에 진정한 스승을 모시고 산다는 것은 참으로 든든하고 행운이 아닐 수 없다. 수없는 스승이 우리의 삶에 큰 영향을 주고 우리의 삶을 만들어 주지만 꾸준히 소통하며 오는 스승님은 많지 않은 게 현실이다.

가장 아름답고 꿈 많던 여고를 처음 입학했을 때 나는 매. 난. 국. 죽. 송. 연. 반 중 죽 반에 속해 있었다. 처음 운동장에서 입학식을 하던 날 키도 훤칠하고 서글서글한 인상에 아주 매력이 넘치는 여자 선생님이 "1학년 죽 반 모이세요" 하며 우리에게 다가오셨다. 윤리 과목을 담당하셨는데 뭔가 가르침을 주기 위해 애쓰시는 모습이 역력하셨고 수업 시작 전에는 근사한 시도 한 편 외우고 시작했던 기억이 생생하다.

새 학기가 시작되고 얼마 안 된 5월 어느 날, 그때는 농사도 기계화되지 않아 일손이 매우 부족했다. 아이들이 거들지 않으면 농사도 쉽지 않은 현실이었다. 동네 사람들이랑 품앗이를 하기도 하지만 절대적으로 인력도 부족하고 돈도 없다 보니 학교에 가지 말고 모내기하여야 한다고 엄마는 말씀하셨다. 학교 빠지는 것은 죽기보다 싫었고 선생님께 사정 이야기를 하니 선생님이 대신 품삯 줄 테니 학교 보내라고 어머니께 말씀드리라고 하신다. 나중에 품삯은 주지 않으셨지만, 선생님 때문에 결석하는 일은 모면할 수 있었다. 그 이후에도 선생님은 종종 그때 당시에는 동네에 하나밖에 없던 이장님 댁 전화로 공부 열심히 할 것을 당부하시곤 하였다.

지금도 선생님 하면 생각나는 여러 추억이 있지만 선생님 댁이 청주였는데 편찮으셔서 며칠 학교를 나오지 못하였다. 그때 친구들과 선생님 댁에 문병을 갔는데 선생님께서 시내에 있는 정글 제과에서 빵과 아이스크림 등을 사 주셨다. 고향에서는 빵집도 별로 없었지만 빵 사 먹을 돈도 없었기에 그런 곳에 한 번도 가보지 않았다. 그랬기에 그때 먹은 빵과 아이스크림은 '세상에 이렇게도 맛있는 빵도 있고 아이스크림도 있나'하는 생각이 들었고 지금도 그렇게 맛있는 빵은 먹어보질 못했다. 고등학교를 졸업하고 대학에 가서도 고향에 내려와서는 선생님이 근무하는 학교를 찾아가 선생님께 앞으로의 진로에 대해서도 의논드렸고 어려운 일이 생길 때는 꼭 찾아가 자문을 구하는 내 인생의 스승이 되었다.

그동안 지켜본 선생님은 이 세상에서 부러운 것 없는 모든 것을 다 가진 것처럼 행복하게 사셨다. 청주에서는 둘째가라면 서러울 만큼 시댁이 잘살았고 남편분과도 캠퍼스 커플로 남들의 부러움을 살 정도로 잉꼬부부였다. 아이들도 어릴 때부터 첼로, 바이올린을 배우며 예쁘게 자라고 있었다. 그런 화목한 집안의 선생님 댁에서 언제부터인가 남편분과 사업적으로 얽힌 분이 나쁜 마음을 먹으면서 법적 다툼으로 가게 되는 불상사가 생기게 되었다. 그런 과정에서 집에 압류가 들어오고 집의 물건 하나하나에 빨간딱지가 붙여져, 가정이 완전히 무너지는 상황이 발생했다. 학교에 갔다 돌아오던 딸은 그때 열아홉 살의 대학생이었는데 그 광경을 목격하고 너무 놀라 그냥 그 자리에 쓰러지고 말았다. 그것이 부모님들과의 영원한 이별이 될 줄은 꿈에도 몰랐다. 그 일 이후 선생님의 가정은 몰락의 길을 걷게 되었다. 남편분도 악랄한 사업자들과의 소송 등으로 지칠 대로 지친 상태에서 딸이 떠나고 얼마 지나지 않아 암에 걸려 돌아가시고 말았다. 장례식장에서 만난 선생님은 모든 것을 비운 초월자의 모습 같았다. 더 이상 울음도 나오지 않는지 담담한 모습 그대로 현실을 받아들이는 듯했다.

당시 선생님은 교직에서 명예퇴직하고 신학을 하시고 모든 과정을 거쳐 목사님이 되어 계셨다. 가재도구 하나 없이 다 남의 손에 넘어가고 친한 장로님의 배려로 자신들이 쓰던 작은 예배당과 그에 딸린 방 한 칸을 주셔서 생활하고 계셨다. 그곳에서 선생님의 제2 인생이 시작되었다. 모든 것이 다 날아갔지만, 아들 내외와 손주들이 곁에 있어 감사하고 오히려 홀가분하다 하신다. 어떻게 인생이 이렇게도 곤두박질칠 수가 있는지? 신은 모든 것을 빼앗아 가고 무엇을 주려고 이렇게 가혹하게 할 수 있는지 이해되지 않았다. 그럼에도 어느 누구도 원망하지 않고 묵묵히 현실을 받아들이고 버티는 선생님의 모습은 마치 성인군자처럼 느껴졌다.

오랜만에 만난 선생님은 초연한 모습으로 청소년 사역에 모든 것을 다 쏟아붓고 계셨다. 제 근황을 들으시고 참 열심히 살았다고 하시며 지금의 내가 나 자신의 능력으로 된 것이 아님을 수차 강조하신다. 결코 교만하지 말라는 말씀을 하고 싶으신 거였다. 나를 내세우지 말고 늘 겸손하며 모든 것이 남의 덕으로 된 것임을 잊지 말라고 수백 번도 더 당부하신다. 목이 콱 멘다. 누구보다 세상 부러운 것 없이 다 누리다가, 빈손이 되었음에도 누굴 원망하지 않고 하늘에 소망을 두고 선하게 살려고 하는 그 모습이 왜 이리 눈물이 나는지 모르겠다. 돌아오는 길에 선생님 차라도 한 잔 드시라고 적은 용돈을 드렸더니 아주 보물처럼 소중히 다루며 헌금하신다고 한다. 그러면서 제게 줄 선물을 슬며시 내미시는데, 집에 와서 펴보니 선생님의 마음이 담긴 오렌지 두 개와 일본제 때밀이 장갑이었다.

선물을 사용할 때마다 코끝이 찡해지며 선생님이 오래오래 건강하고 행복하시길 빌어 본다.

디딤돌

‘디딤돌’의 사전적 의미는 ‘따라가서 발판이 되는 돌’을 의미한다. 이는 한 사람이 다른 사람으로부터 조언, 도움, 또는 가르침을 받아, 앞으로 나아가는 과정을 묘사하기도 하는데 학습과 성장에 있어 핵심적인 역할을 하며, 상호 신뢰와 존중을 기반으로 하는 관계에서 중요한 의미가 있다고 할 수 있다. 이런 의미로 만들어진 디딤돌 장학회는 그런 마음을 담아 2015년 탄생했다.

2012년은 특별한 날이었다. ‘홈커밍데이(HOME COMING DAY)’라 하여 대학에 입학한 지 30년이 되는 날을 기념하여 1982년에 입학한 82학번 동문이 총출동하는 날이다. 학창 시절의 추억도 되새기고, 앞으로 펼쳐질 새로운 미래에 대한 비전도 제시하며 그동안의 회포를 푼다. 학교에 들어서자, 예전의 고색창연하던 모습은 거의 사라지고 현대식 건물들이 들어선 엄청난 규모에 놀랍기 그지없다, 캠퍼스를 오가는 후배들도 활기가 넘치는 모습이다.

졸업하고 취업 및 결혼하는 등 인생의 여러 과정을 거쳐 오느라 제대로 얼굴 한 번 볼 수 없었던 친구들을 만나는 자리다 보니 얼굴엔 설렘과 기대감이 가득하다. 학교에 들어서자 여기저기 축하 플래

카드가 휘날리고 축제 분위기다. 그동안 친한 친구들은 종종 만나기는 했지만, 특별한 날도 기념할 겸 설레는 마음으로 학교로 향했다. 학과별로 둥근 테이블에 표시가 되어 있어 반가움에 힘껏 포옹하며 동석하였고, 같은 학과는 아니었지만, 같은 단과대학 친구들과 인사도 나누고 근황도 물으며 화기애애한 분위기다. 식이 시작되자, 지나온 시간이 주마등처럼 스쳐 지나간다. 그동안의 학교 발전 상황과 동문의 활동 상황 등을 영상을 통하여 생생하게 보여준다. 그 시절 은사님들도 모셔 단상에 올라가 절을 올리는 의식도 진행했다. 싱싱하던 그때의 은사님들은 이제 초로의 신사가 되어 흐뭇한 모습으로 제자들을 맞아주신다. 그리고 발전 기금 전달식도 하며 앞으로 학교의 발전을 위해 기부금 약정서도 작성하고, 나름대로 학교를 위해 작은 기여라도 해야겠다는 마음의 각오도 다지는 시간이었다. 풋풋한 젊음이 중년의 나이가 되어 다시 만나, 앞으로 다가올 미래를 기쁜 마음으로 맞이하길 바라는 행사는 동문들에게는 큰 변곡점이 되었으리라.

지금의 우리를 키워준 모교와 스승이 없었다면 어떤 삶을 살고 있을까. 어려웠던 시절 친구 대부분이 대학 진학 문제로 고민하고 있을 때였다. 대학 등록금이 엄청나, 시골에서는 감히 엄두도 못 낼 형편이라, 대부분 등록금이 얼마 들지 않는 사범대로 진학하던 시절이었다. 반면 각 대학에서는, 좋은 학생들을 유치하기 위해 특별한 전략을 세워 학생들을 유혹하고 있었다. 그 무렵 어느 대학에서 일정 학점을 유지하면 4년 동안 학자금 전액 면제에 매월 생활보조금까지 지급한다는 입시요강이 우리 학교에 내려왔다. 당시 나는 공무원 시험에 합격해 제천시청으로 발령이 난 상황이었는데 담임 선생님은 이런 엄청난 혜택이 어디 있냐며 공무원 발령 난 곳에 가지 말고 이 대학으로 가라고 적극적으로 권유하셨다. 결국 나는 취업을 포기하고 대학 진학을 선택했다. 중앙대학교 영문과 학생이 되었다. 그것은 내 인생의 방향을 결정하는 중요한 계기가 되었다.

우리 과 학생들 대부분은 부푼 꿈을 안고 시골에서 상경한 친구들이었다. 같은 시골 출신이라 그런지 어떤 이야기도 통했고 금세 공감대도 형성되어 친해지게 되었다. 그러다 보니 생활관에서 오순도순 생활하며 등록금 걱정 없이 공부에만 매진할 수 있는 분위기가 조성된 것이었다. 우연찮게 현 대통령도 이 장학금의 혜택을 입어 큰 어려움 없이 사법시험에 전념하여 좋은 결과를 가져온 것이 아닌가 생각된다.

그때만 해도 여성이 안정적인 사회진출을 할 수 있는 분야는 공직과 교사로 진출하는 것이 유일하다 보니 졸업 후, 친구들은 교사가 되거나 유학을 떠나 학위를 받고 나름대로 경력을 쌓아가고 있었다. 서로 간간이 연락은 하고 있었으나 바쁜 상황이어서 자주 만나지는 못하고 있었다. 그러던 차, 홈커밍데이를 계기로 우리가 지금의 삶을 누리고 학창 시절 마음 편히 공부할 수 있었던 것은 학교로부터 받은 장학금 혜택이 아니었나 하는 생각에 공감하게 되었다. 그래서 후배들에게 우리가 받은 혜택을 조금이나마 되돌려 주는 것이 우리가 사랑받은 모교에 보답하는 길이라 생각하여, 생활관에서 함께 공부한 친구들로 구성된 일명 '82 영문과 디딤돌 장학회'를 만들기로 합의하였다. 독문과 출신 2명도 동참하겠다고 해 총 12명으로 구성되었고 장학금은 1년간의 준비 기간을 거친 다음 우선 10년 동안 지속하기로 했다. 장학생 선발은 영문과 학생 중 매년 1명을 선발하기로 뜻을 모았다.

드디어 2016년 첫 장학금을 지급하게 되었다. 장학금 신청한 학생 중에 여러 서류를 검토한 후, 학업성적이 우수하고 여건이 어려워도 굴하지 않고 학업을 계속할 뜻이 분명한 학생 중에서 선정하는 일이 쉽지 않았다. 5~6명이 정성껏 자기소개서, 학업계획서, 성적표 등을 보내오면 우리 친구들은 꼼꼼히 살펴보고 최대한 공정하게 선정했다. 후배들의 야무진 포부에 감탄이 나오며, 신청한 학생 모두를 주고 싶은 마음 간절하였다. 우리 때보다 훨씬 다양한 경험도 쌓고 자신의 분야에서 앞서가기 위해 교환학생 등 여러 프로젝트에도 적극적으로 참여하는 모습이 우리의 미래가 밝구나 싶어 흐뭇하면서도 탈락한 학생들에게 도움을 줄 수 없다는 사실이 가슴 아프게 다가왔다. 학과장을 모시고 장학금 받는 학생, 조교 등이 참석해서 전달식을 가졌다.

디딤돌 장학회가 올해로 10년을 맞았다. 애초에 정한 대로 10번째 장학금을 지급했다. 감개무량하다. 그동안의 아름다웠던 기억들이 떠오른다. 장학금을 지급할 때마다 교수님들과 후배들이 함께 모여 서로 격려하고 보듬는 아름다운 시간을 가졌다. 우리들의 학창시절 이야기며 어떤 마음으로 후배들에게 이런 장학금을 지급하게 되었는지 등을 학교 선배, 인생 선배 관점에서 이야기해 주며, 훌륭하게 성장할 수 있도록 격려를 잊지 않았다. 특히 어려웠던 지난 시절의 이야기를 할 때는 모두가 공감하며 눈가가 촉촉이 젖기도 했다. 그런 어려움을 뚫고 지금의 우리가 있게 한 그때의 모교 장학금 제도에 다시 감사하는 마음도 되새겼다. 그때와 비교해 볼 때, 현재의 대학생들이 결코 경쟁이 만만치 않지만, 용기를 잃지 말고 꿋꿋하게 더 큰 세계로 두려움 없이 나아갈 수 있도록 박수를 보냈다.

그동안 디딤돌 장학회가 후배들에게 조금이라도 도움이 되고, 선배들의 경험과 지혜가 전해져 더 큰 그릇으로 성장해 주길 바라는 마음으로 지금껏 달려왔다. 애초에 약속했던 10년이란 시간이 올해 지급한 것을 마지막으로 눈 깜짝할 사이에 가버렸다. 지금 생각하면 늘 마음속으로만 생각했던 것을 홈커밍데이를 계기로 실천에 옮길 수 있었음이 감사하다. 앞으로 다시 계획을 세워 계속할지 여부는 더 의논해 봐야 할 일이지만, 십시일반 사랑을 모아 학교와 한 작은 약속을 이행할 수 있음을 뜻깊게 생각한다. 사랑의 빚은 언젠가는 꼭 갚아야겠다 마음으로 다짐했었는데 미력하나마 후배들에게 도움이 되었겠지, 생각하니 기쁘고 홀가분하다. 우리가 받은 은혜를 후배들에게 전해준 것처럼, 그 후배들은 또 다른 형태로 여러 사람에게 사랑을 전하겠지. 그러기에 우리 역사는 면면히 이어져 오는 것 아닐까.

학과장 교수님의 말씀이 그동안 수많은 학생이 장학금을 받아왔고, 모교에 여러 장학회가 있지만, 선배들이 같은 과 후배에게 이런 취지로 장학금을 주는 장학회는 없다며 의미 있는 일을 하였다고 하신다. 사는 게 정신없어 마음에 품은 것을 뒤늦게 실천하게 되었지만, 선배들이 만든 작은 장학회가 디딤돌이 되어, 현실이 아무리 어려워도 용기 있고 의연하게 나아가, 세계적인 인재가 되어 우리나라와 모교에 조금이라도 기여하는 후배들이 되기를 기대한다. 지금껏 오면서 임영신 초대 총장님의 '의에 죽고 참에 살자'는 교훈과 더불어 '자유, 진리, 사랑'의 교육철학이 가슴에 살아 꿈틀거리는 것은 어인 일인지 모르겠다.

그녀를 만나다

어느 날 한 통의 전화가 왔다. 30여 년간 모범수로 자신의 중심을 지키며 올곧게 생활하다 1년 반 전 가석방되어 나온 김모 여인이 나를 만나러 오겠다는 전화였다. 소장님도 보고 싶고 교도소에 들러 함께 수용 생활 할 때 잊을 수 없는 동료의 얼굴도 보고, 신앙 안에서 자신을 붙잡아준 청주교구 최 신부님을 뵙고 싶어서라고 한다.

그녀는 그 긴긴날을 가족도 없이 버티며 자신의 정체성을 잃지 않으려 부단하게 노력하며 살아왔다. 엄마도 아버지도 일찍 돌아가시고 자신을 지켜줬던 오빠마저도 대장암으로 자신의 출소를 보지 못한 채 하늘나라로 가버려 천애 고아가 되었다. 그럼에도 낙담하지 않고 인동초처럼, 힘든 시간을 잘 버텨내고 30여 년 만에 가석방된 것이다. 그런 그녀가 청주에 온다니 얼마나 놀랍고 반가운 일인가.

그동안 전화로 종종 근황을 주고받았지만, 어떤 모습으로 사회에 적응하고 있는지 무척 궁금하였다. 그 추운 겨울에도 맨발로 운동장을 수십 바퀴 돌던 그녀의 강인함을 알기에 아직도 팔팔한 모습을 하고 있으리라 상상했는데 세월은 누구도 비켜 가지 못한다고, 전혀 꾸미지 않은 모습이 60대 여인의 모습이 되어 있었다. 터미널에서 픽업하여 바로 음식점으로 향하였다. 특별히 예약해 뒀던 터라 도착하니, 바로 잔칫상처럼 한 상이 차려져 나왔는데 음식점에서 남들 대접만 해왔지, 이런 황홀한 밥상은 처음 받아본다며 좋아서 어쩔 줄 몰라 하는 모습이 어린아이 같아 보인다.

밥을 먹고 그간의 여러 이야기를 나누며 회포를 풀었다. 출소 후 쉼터에서 생활하며 쉼터 선생님의 소개로 음식점에 취직하여 아침 일찍부터 밤늦게까지 고생한 이야기, 부당한 대접을 받으며 어떻게 나의 본래 모습을 제대로 인식시킬 수 있는가를 고민하던 이야기 등이 끊이지 않는다. 사회를 아직은 모르는 초년생이기에 조심스러운 발길을 내디디면서도 이 사회가 돌아가도록 숨은 곳에서 일하시는 분들이 눈에 들어와 어디를 가더라도 그냥 못 다니고 꼭 박카스를 사가지고 다닌다고 한다. 시내버스 기사 분들에게도 수고한다고 건네고 터미널 화장실 청소하시는 나이 지긋한 아주머니들에게도 한 병 건넨다고 한다. 폐지 주워 리어카 끌고 가는 노인 분들의 삶이 눈에 들어와 그냥 지나칠 수 없다고 한다. 꼭 수고 하신다고 말하며 시원한 물 한 잔이라도 대접하며 살려고 노력한다는 이야길 듣는데, 마음이 숙연해진다. 사회생활에 필요한 운전면허도 따고 사회인으로서의 첫발을 내딛기 위한 여러 준비 작업을 차근차근해 오다 얼마 전 소형자동차를 한 대 샀다고 좋아한다. 차가 있으니 직업 선택의 폭도 넓어지고 새벽 일찍 나가거나 늦게까지 일하고 와도 아무 걱정이 없다고 아주 환하게 웃는다. 참 해맑다.

그리고 약속된 면회 시간이 되어 부랴부랴 차를 몰아 교도소로 향했다. 같이 동행해 주고 싶었지만, 직원들이 불편함을 느낄까 봐 혼자 다녀오라고 하고 정문에서 기다렸다. 면회를 마치고 온 그녀에게 두 번 다시 쳐다보고 싶지 않은 곳이 이곳일 텐데 왜 꾸준히 면회를 오느냐고 하니 함께 있을 때 한결같은 모습을 보여주었던 그녀에게 신뢰감이 갔기 때문이란다. 면회를 마치고 그냥 보내기가 아쉬워 커피숍에 들어가 먹고 싶은 것을 고르라니 잘 모르기에 아보카도 아이스크림을 먹어보라며 권해주었더니, 세상에 이렇게 맛있는 것도 있느냐며 너무 행복하다고 연신 싱글벙글이다.

출소하는 날부터 하루도 쉬지 않고 일만 하며 달려온 그 모습에 마음이 아리지만 씩씩하게 한발 한발 사회에 내딛는 발걸음이 정직하고 순수해 보여 마음이 놓인다. 아직은 사회 초년생이라 실수도 종종 하겠지만 마음 자세가 올곧고 자신보다 힘이 약한 사람들에게 조금이라도 나누고자 애쓰는 그녀의 앞날에 힘찬 응원의 박수를 보낸다.

교정 사역의 작은 거인

그녀를 처음 만난 건 12년 전이다. 자그마한 체구에 화장기 없는 모습이 단아해 보이는 목사님이다. 겉보기와는 다르게 눈빛은 살아 있고, 갈고 닦아진 모습이 인간에 대한 깊은 이해와 내공이 단단하게 느껴졌다. 그날도 목사님은 사무실 옆 상담실에서 어떤 수용자 이야기를 들어주고 있었다.

수용자가 자신의 진실을 조금이라도 터놓을 거라는 기대는 물거품이 된 채 상담은 종료되었다. 이후 몇 차례 그 수용자와 상담을 했지만, 그는 끝내 진심을 털어놓지 않았다. 수용자 대부분은 여간해서 속내를 드러내지 않는데 그도 그랬다. 가면을 벗으면 자신이 부정되는 것 같은 두려움에 좀체 가면을 벗지 못하는 것 같다. 보다 못한 내가 "목사님은 어쩌면 인내심이 그렇게 대단하냐고, 거짓말하면 호통도 치고 혼쭐도 내주고 그러시지, 어떻게 그들의 이야기를 그리도 끝까지 들어 주시느냐?"라고 하니 빙그레 웃기만 하셨다.

법무부 교정본부에는 수용자들을 교화시키기 위해 수고하는 4,500여 명의 자원봉사자, 교정위원들이 전국의 교도소를 무대로 활동하고 있다. 기독교, 불교, 천주교 등 각 종교 위원을 비롯해 교화, 교육, 의료 분과의 교정위원들이 음으로 양으로, 수용자들의 교정 교화와 출소 후의 재범 방지 및 건전한 사회복귀를 위해 애쓰고 있다. 이름도 없이 빛도 없이, 모두가 꺼리는 '죄지은 자'들을 위해 헌신하는 그분들의 수고 덕분에 수용자들이 교정시설 내에서 안정된 수용 생활을 유지해 가고 있음은 물론, 출소 후에도 범죄의 유혹을 이겨내며 살아가고 있다.

수용자들에게 바른 인성을 심어주기 위해 오는 분들 모두 물심양면으로 최선을 다하고 있다. 그중에도 아주 열악한 가운데 전심을 다 하는 목사님을 뵐 때면 존경한다는 말만으로는 너무 부족하다. 목사님과 인연은 꽤 되었지만, 시무하시는 교회를 방문한 적은 없었는데 우연한 기회에 가보고 깜짝 놀랐다. 지하 작은 예배당은 너무나 소박했다. 보통의 교회들이 갖추고 있는 기본적인 형태도 마련되어 있지 않은 상태에서 10여 명의 선교 위원들이 예배드리고 있는 모습을 보며 눈물 같은 통증이 느껴졌다.

단 한 명의 영혼이라도 구하기 위해 애쓰는 진정성은 초대교회의 모습과 유사했다. 대형 교회의 선교와는 비교도 안 되는 감동이었다. 선교회 이름이 특별해 목사님에게 그 이유를 물었다. 샘을 파기는 어렵지만 조금씩 파다 보면 깊어지고 맑은 물이 나오듯 한 영혼을 빛으로 인도하는 것도 메마른 땅을 파 샘물을 길어 올리는 것과 다름없다는 뜻을 담고 있다고 하신다. 수용자를 돌보는 일도 그와 같지 않겠느냐며 잡아 주시는 손길이 따뜻했다.

목사님의 수용자 사랑은 남다르다. 수백 명의 사람에게 떡 한쪽이라도 먹이기 위해 그 추운 겨울 새벽 4시에 나와 맞춘 떡을 찾아

직접 싣고 교도소까지 오다가 위험에 처한 적이 한두 번 아니었다. 예산도 넉넉지 않은 선교회지만 회원들의 십시일반 사랑으로, 온 마음 다해 사랑 듬뿍 넣어 버무려 수백 명분의 떡을 준비해 간다는 것은 여간 어려운 일이 아니다. 이른 새벽부터 김이 모락모락 나는 떡 한쪽을 수용자들에게 먹이기 위해 먼 길 마다하지 않고 수십 년을 한결같이 헌신한다는 것은, 결코 쉬운 일이 아니다.

집회가 있는 날이면 수용자들은 이번엔, 어떤 떡을 가져왔을까 싶어 모두 촉각을 곤두세운다. 신자는 물론이고 비신자들까지도 떡에 관심을 보이는 경우가 많아 '떡 신자'라는 말이 나올 정도다. 그런 수용자들 마음을 알기에 언제나 부족함 없이 준비해 오신다. 그 떡이야말로 영혼의 허기를 채우는 사랑의 떡이다. 말씀도 좋아야 하지만 교도소에서는 떡이 가야 말씀의 효과도 배가 됨을 잘 알고 있다. 집회가 있는 날이면 조금이나마 힘이 되었으면 하는 심정으로 교도소 청사 전광판에 환영한다는 메시지를 띄우기도 하고, 안아 드리기도 하지만 항상 미흡하다. 뭔가 더 힘이 돼 드려야 하는데 그렇지 못해 늘 마음이 무겁다.

당뇨로 인해 눈도 잘 안 보이는 상황에서 목사님은 늘 전국에 흩어져 있는 형제자매들에게 편지를 쓴다. 꾸밈없이 있는 그대로의 마음을 담아 전달하며 긴긴 영어의 고단함을 위로하고 잘 살도록 멘토 역할을 해주신다. 24년여 시간 동안 보낸 사랑의 편지가 1억 통을 넘는다 하니 놀라울 따름이다. 평생 그 편지를 간직하며 마음 다잡고 수용 생활 하는 수용자들의 모습을 생각하며 틈만 나면 펜을 놓지 않고 그들에게 따듯한 마음을 전하는 목사님이다.

노구를 이끌고 청송을 비롯한 전국의 교도소를 다 다니시는 교정 사역은 절대 혼자 할 수 있는 일이 아니다. 너도나도 돕는 손길이 없으면 절대 불가능한 일이다. 80세가 넘는 이종숙 권사님은 먼 길도 마다하지 않고 춘천에서부터 목적지까지 손수 운전하고 오셔서, 안동도 함께 가시고 최고령 사역자로서 건강하게 교정선교를 위해 애쓰신다. 신희섭 권사님도 칠십이 넘으신 연세에도 그 먼 길을 동행하고 수용자들의 마음을 읽어주며 목사님과 함께 동역한다. 그 외에도 목사님의 사역에 감동받아 운전 봉사라도 하며 마음의 빚을 갚아야 하겠다고 생각해 출소 후, 목사님의 사역에 동참하고 있는 형제들의 모습은 고된 사역의 큰 열매고 결과물이다.

결혼도 하지 않고 24년여 세월 동안 전국의 수많은 수용자와 소통하며 그렇게 목사님의 인생은 칠순을 넘겼다. 당뇨 합병증으로 인하여 제대로 보이지도 않고 몸이 불편한 상황에서도, 수많은 자매 결연 수용자에게 사랑의 편지로 부모가 되어, 그들의 외로운 마음을 보듬고 영치금도 넣어주며 필요를 채워주신다. 또 나름대로 지혜를 발휘하여 성경을 암송하는 수용자나 성경을 필사하는 수용자들에게 칭찬과 격려로 그들 영혼의 어머니가 되어주고 있는 목사님이다. 그런 그녀를 뵈면 가슴이 뭉클해진다. 사형수를 만나고 온 날 사형수의 분노를 온몸으로 받으며 안타까워하던 그 모습이 아직도 기억에 생생하다. 사형수가 뭔가 잘못을 해 징벌을 받으면 내가 잘못하여 그런 벌을 받는 것이 아닌가 하는 마음에, 더 불편해하고 사형수를 생각하는 마음이 더 절실하다고 하신다. 목사님이 내내 건강하셔서 수용자 한 명이라도 더 구원받을 수 있기를 진심으로 기원한다.

남산에 가고 싶다

'남산'은 그 이름만으로도 친근하다. 지역마다 '남산'은 거의 다 있고 고향의 뒷산 같은 느낌이 들어 참 좋다. 서울에 있는 남산 말고도 홍성에 있는 남산은 시민들의 휴식처이고, 하루의 일과를 시작하는 출발지이다. 어슴푸레 여명이 밝아오면 주위에 많은 분이 하나둘 산을 오른다. 아주 부지런한 사람들은 깜깜할 때 올라와 벌써 내려가고 있다.

같이 근무하는 박 계장과 나는 약속이나 한 듯이 그 시간만 되면 졸음이 채 가시지 않은 눈으로 남산을 향해 한 걸음 한 걸음 걸어간다. 여러 갈래 길 중 교도소 뒤편 길을 조금 지나 홍주사에서 시작하여 30여 분가량 오르면 남산이다. 가파른 곳이 두 번 정도 있지만 걷기에 평이한 수준이다. 박 계장은 숲의 신비함을 제대로 느낄 겨를도 없이 남산을 오는 사람들의 안전을 위하여 뾰족 튀어나온 돌들 줍기에 여념이 없다. 돌부리에 넘어지지 않도록 신경 쓰는 한결같은 그 모습에 감동한다.

험한 산이 아니고 야트막한 야산 정도인데도 올라가면 숨이 차다. 홍주사 입구까지는 쭉쭉 뻗은 메타세쿼이아처럼 잘생긴 나무들이

번듯한 숲길을 만들어 준다. 평소 애송하는 프로스트의 '가지 않은 길'을 읊조리며 걷다 보면 비로소 홍주사 입구에 도달한다. 좁은 길을 따라 걸으며, 중간중간 놓인 긴 벤치에 앉아 쉬기도 하며 걷다 보면 어느새 남산의 팔각형 정자에 다다른다. 팔각정으로 위용을 드러낸 남산정이 멋진 모습으로 우리를 먼저 반겨준다.

부지런한 토박이들은 미리 올라와 남산정(南山亭) 옆 체육공원에서 벌써 몸풀기에 여념이 없다. 언제 봤는지 통통 튀는 목소리로 어서 오라고 반기며 두 팔 벌려 환영한다. 푹신푹신한 쿠션처럼 넉넉한 내 몸이 엄마 같다고, 대여섯 살은 많은 언니가 아기 안기듯 뜨겁게 안겨 온다. 폭소가 터지며 그 여운으로 다시 한번 얼싸안는다. 언제쯤 쿠션이 없어질까 실없는 농담도 한다. 그렇게 우리는 매일 만나는 친구가 되었고, 동시에 자녀 이야기, 취미, 살림, 사업, 직장 이야기 등 이야기꽃을 피운다. 그리하여 친자매보다 더 가까운 사이가 되었다. 남자 어르신들도 엄청나게 반가워하며 한 마디라도 더 건네고 싶어 하신다.

조금 왁자지껄한 시간이 지나면 가슴 벅찬 일출이 시작된다. 한눈에 시내가 다 보이며 멀리 용봉산과 혜전대도 코앞에 보인다. 매년 1월 1일이면 일출 보러 간다고 연례행사처럼 떠들지만 우린 그런 장엄한 광경을 매일 보는 행운을 누린다. 동쪽 하늘이 붉게 물들며 아침 해가 살짝 모습을 내보이는 순간 우린 숨을 죽인 채 기다린다. 온전한 모습을 드러낼 때까지 가슴으로 그 순간에 집중한다. 마치 큰 의식이라도 치르듯 우린 그 순간을 놓치고 싶지 않아 카메라를 준비한다. 숨죽여 기다리는데, 어디서 왔는지 빨갛고 둥그런 물체가 떠오르며 산에 오른 많은 사람은 마치 처음 일출을 보는 것 같이 환호성을 지른다. 놓칠세라 얼른 카메라에 담으며 뭐 좋은 일이라도 있는 양 콧노래를 흥얼거린다.

숲의 기운은 들떠 있던 마음을 가라앉힌다. 각자 여기저기 좋은 장소를 찾아 구도하는 수도승처럼 양손을 가지런히 무릎 위에 올리고 명상을 해본다. 하루 종일 세상사에 시달려 시끄럽던 마음을 숲의 신선한 기운에 실어 잠재운다. 오늘 펼쳐질 많은 일이 기쁨으로 행해지고, 나와 함께 하는 모든 사람이 행복하길 염원한다. 매일 반복되는 의식이지만 하루하루가 새롭고 첫날 같다. 첫날의 설렘과 떨림이 영원히 지속되길 바라지만 삶의 현장에선 언제 그랬냐는 듯 다 잊게 된다. 그래서 마음이 흐트러지지 않도록 수시로 옷매무새를 다 잡는지 모른다.

명상의 시간이 지나면 숲속 체육공원에서 계절마다 달라지는 숲의 향기를 흠뻑 마시며 다양한 운동기구에 몸을 실어본다. 어쩜 홍성 언니들은 몸도 그리 날렵하고 역동적인지 보는 것만으로도 활력이 솟는다. 허리 돌리기, 팔 돌리기, 앞뒤로 뛰기, 윗몸 일으키기 등 다양한 운동기구가 있어 하루 종일 산에 있어도 지루하지 않을 것 같다. 하지만 출근 시간에 맞추어 내려가야 하니 서둘러 길을 재촉할 수밖에 없다. 내려오는 길도 다양하다.

크게 맘먹고 평소와는 다른 코스로 내려오며 약수도 마시고 땀을 잠시 식힌다. 내려오다 보니 충령사가 눈에 띈다. 전몰군경과 순직군경 등 호국영령의 위패가 모셔진 사당이다. 온 김에 만해 한용운 선생의 동상이 있는 곳으로 발길을 돌려본다. 한용운은 최영, 성삼

문, 김좌진 장군 등과 함께 홍성을 대표하는 인물 중 한 명이다. 한용운의 생가는 홍성군 결성면에 따로 있지만 말이다. 유독 이곳에 애국지사가 많은 이유는 역사적으로 중요한 문화와 정치의 중심지며 충효와 의리를 중시하는 유교의 영향이 컸다고 한다.

오늘도 가까운 곳으로 산책하러 나갔다가 삼삼오오 운동기구를 타며 아침을 여는 분들을 보았다. 홍성으로 달려가고 싶은 마음이 불현듯 밀려온다. 사계절의 다양한 모습과 청량한 숲의 기운, 뜨거운 마음으로 반겨줬던 사람 냄새가 그립다. 시시때때로 김밥이며 과일 등을 싸 와, 함께 나누던 정 많은 홍성 토박이들이 보고프다. 그곳을 떠나올 때 식사를 함께하며 자주 놀러 오라던 그들의 진정 어린 마음이 생각나는 오늘, 그곳 남산에 가고 싶다.

눈물의 쏘가리탕

살다 보면 모든 일이 뜻대로 되는 경우보다 그렇지 않을 때가 훨씬 더 많음을 깨닫게 된다. 직장생활도 마찬가지다. 내가 아무리 잘하려고 애를 써도 남들의 인정을 받지 못하거나 성과가 나지 않을 때가 많은데, 간혹 줄을 잘 서거나 시대를 잘 만나 모든 일이 척척 맞아떨어질 때가 가끔은 있다. 그런 경우를 두고 관운이 좋다고 이야기한다. 내게도 100년에 한 번 올까 말까 한 행운의 기회가 왔었는데 우리 기수 126명 모두가 승진했는데 나만 탈락하는 처절한 쓰라림을 맛볼 줄은 꿈에도 생각지 못하였다.

내가 처음 교정직 공무원에 첫발을 디딘 때가 1988년 4월, 올림픽이 열리던 해였다. 그로부터 얼마 안 있어 10월 8일에 교정사(矯正史)에 끔찍한 사건으로 남게 된 영등포구치소 수용자 집단 탈주 사건이 발생했다. 강력범 12명이 호송버스를 탈취하여 8일간이나 서울 시내를 다니며 일가족을 인질로 잡고 서울 시민 전체를 공포와 불안에 떨게 만든 전무후무한 사건이었다. 당시 교정직 공무원 근무체계가 2부제였는데, 24시간 근무하고 그 이튿날 쉬는 2부제였는데 그 이튿날마저도 제대로 쉬지 못하고 근무해야 하는 열악한 상황이었다. 이번 사건도 직원들의 힘든 근무 여건이 한몫했다는 여론이 높았다. 결국 행정안전부도 이 사실을 인정하고 2,000명 정도를 증원하는 정책이 시행되었다. 그 사건으로 하여 2부제의 근무 체계가 3부제로 전환되었다.

증원된 인원은 각 교도소의 상황에 맞게 편성되었고 내가 근무하는 곳에도 현재 우리 기수만큼의 인원이 배정되었다. 그렇다 보니 신규직원과 바로 위 기수를 같은 직급으로 둘 수는 없는 일. 현재의 직급에서 최소 필요한 근무 기간이 지나야만 승진이 되는 규정에 변화의 바람이 불었다. 거기에 가장 큰 혜택을 받은 것이 신규직원의 바로 위인 우리 기수였다. 전원 126명이 모두 승진하는 것은 기정사실이었다. 그런데 내려온 명단을 살펴보니 내 이름만 빠져 있었다. '도대체 이게 어찌 된 일이지?' 아무리 생각해도 이해할 수 없는 상황 앞에 할 말을 잃고 멍하니 서 있을 수밖에 없었다. 누구한테 물어볼 수도, 하소연할 수도 없던 상황에 심히 혼란스러웠지만, 마음을 진정하고 아무도 눈치채지 못하게 퇴근하려고 정문 앞에 나와 보니 남편이 기다리고 있었다. 그때만 해도 차가 없던 시절이었는데 결혼하고 얼마 안 된 시점에서 차를 구입하였던 터라, 기분도 낼 겸 종종 데리러 오곤 하였다. 평상시 같으면 조잘조잘 일과를 떠들어 댈 텐데 반가움의 표시도 없이 그냥 무표정한 나를 보고는 무슨 일이 있구나 싶었는지 대청댐으로 드라이브를 가자고 했다.

댐 주변을 한 바퀴 돌고 나서 마침 출장 갔다 오는 길이고 출장비를 조금 탔으니 맛있는 것을 사 주겠다고 한다. 대청댐 근처의 가장 잘하는 쏘가리 매운탕 집으로 갔다. 가슴이 터질 것 같은 심정을 누르고 아픈 마음을 털어놓았다. 내가 뭘 잘못해서 징계받은 것도 없고, 거의 다 승진시키는 마당에 탈락하였다는 게 도무지 이해되지 않는다며 펑펑 울었다. 남편은 그저 안타까운 마음으로 바라보기만 할 뿐 아무 말이 없다. 그 맛있는 쏘가리 매운탕이 보글보글 끓고 있는데 눈물방울만 뚝벙뚝벙 떨어져 쏘가리탕이 아닌 눈물 탕이 되어 버렸다. 전혀 먹히지도 않고 무슨 맛인지 알 수도 없었다. 사랑하는 아내가 먹지를 못하고 있으니 안타까운 마음으로 등만 두드려주며 아마 무슨 이유가 있을 거라고 너무 속상해하지 말라고 한다. 아무런 위로가 되지 않았지만 동행해 주었다는 사실만으로도 고마웠다.

그 후 동료들에게서 들은 이야기가 그렇게 탈락한 이유가 직속 과장이 논문 준비할 때 영어 문서 번역 부탁했는데 네가 거절한 것이 아마 최하위 점수를 줘서 이런 일이 발생한 것이 아니냐고 조심스럽게 이야기해 주었다. 그러고 보니 개인적으로 썩 그분을 좋아하지 않아 부탁을 거절했었는데 설마 그 일로? 까마득하게 잊고 있었던 지극히 사적인 일들이 그렇게 영향을 미칠 수도 있는 것이었는지 스스로에게 되뇌며 후회스러움이 밀려왔다. 내가 너무 고지식하고 곧은 성격이다 보니 꼭 그 일만이 아닌 여러모로 호감을 주지 못하지 않았나 하는 생각도 들었다. 직장생활 초기의 이런 쓰린 경험이 뭘 말하는지 그것으로 인해 동기들보다 계속 승진이 늦어지는 단초가 되었다. 그 사건으로 특별한 과오가 없는 한 일반적으로 근무연한에 따라 승진이 되는 시점이 지나기까지 오랜 시간 나를 한없는 좌절감으로 몰아넣었다. 결국 상위 직급이 되고 나서야 해소되었다.

돌이켜 보면 그 당시는 너무 아팠지만 나 자신을 돌아보는 계기가 되기도 했다. 편협한 사고에서 벗어나 좀 더 원활한 인간관계를 갖기 위해 노력했다. 조직 내에서 내 역할을 잘 해냄은 물론, 동료 및 상하 간에 소통이 잘되도록 많은 신경을 쓰게 된 계기가 되었다. 그 이후, 모든 일이 더 쉽게 풀리고 내가 호탕하게 웃는 모습을 보면 묵은 체증이 내려간다고 농담하는 사람들도 있다.

눈물의 쏘가리 매운탕은 지금껏 내가 먹은 가장 쓰라린 음식이었지만, 남편의 든든한 사랑을 느끼게 해주었고 예전의 고지식한 나를 몰라보게 바꿔 준 인생 음식이 되었다. 추억도 되새길 겸 이번 주말에는 대청댐에 시간 내어 다시 그 쏘가리 매운탕을 맛보러 가야겠다.

보이스피싱범과의 전화 격투

나는 유난히 귀가 얇다. 짧지 않은 인생 살다 보면 별의별 일을 다 겪고 사는 게 우리네 인생이라고 하지만, 난 유독 귀가 얇고 남의 말을 있는 그대로 믿는 성향이 있다. 그러다보니 다 내 맘 같은 줄 알고 의심 한번 제대로 하지 않고 덜컥 믿어, 사기꾼들의 밥이 될 때가 많았다. 직업 특성상 의심부터 먼저하고 남을 잘 안 믿는 게 교정업무 종사자들의 보편적인 특성인데 왜 나는 그게 잘 안되는지 모르겠다.

17년 전 어느 가을날 외부 교육기관에서 법질서 교육을 2박 3일 받고 집에 돌아와 너무 피곤하여 잠시 눈을 붙이고 누워 있었는데 전화가 왔다. "여보세요! 누구신가요?" "네. 서울경찰청 ×××수사관입니다. 우체국 택배에 당신의 개인정보가 유출되어 통장의 돈이 위험하니 보안 조치를 받아야 안전합니다." "네~ 뭐라고요?" "금융감독위 담당자 바꿔드리겠습니다." 투박한 말투가 그런 곳에 근무하는 사람들의 특성인가 싶으면서도 의심할 겨를도 없이 공포가 엄습해 왔다. '이러다가 내 통장 다 털리는 거 아니야? 이게 도대체 뭔 상황이지?' 이런 생각을 하고 있는데 전화가 와서 금융감독위 누구라고 하며 보안 조치를 해야 하니 인적 사항을 불러 달란다. 그래서 이것만 하면 끄떡없겠다고 생각하며 주민등록번호 등 묻는 대로 대답해 주었다. 그러더니 바로 경찰청 그 사람에게 전화를 넘겨준다. 집에서 가장 가까운 ATM 기계로 가란다. 전화 끊지 말고. 하라는 대로 안 하면 큰일 날것처럼 순한 양이 되어, ATM 기계에 가서 그들이 부르는 대로 눌렀다. 계속 단계를 넘길 때마다 흰 창에 보이스피싱 우려가 있으니 주의하기를 바란다는 메시지가 빨간 글씨로 여러 차례 뜨는데도 "이게 뭐야, 한시가 급한데. 왜 이리 방해하는 게 많아"하며 혼잣말로 빨간 글씨 뜨는 걸 못마땅해하며 인적 사항 등 통장 계좌 및 비번, 잔고 액수까지 하라는 대로 다 눌렀다. 이제 완벽하게 보안 조치가 되었겠지 하며 집으로 돌아왔다. 그들이 조선족 보이스피싱범인 것은 나중에 알게 되었다. 전후 맥락을 따져보지도 않고 두려움 자체가 이성을 잃게 만들었다.

마침, 집에 돌아오니 남편이 퇴근하여 "얼굴이 왜 그러냐, 무슨 일이냐" 묻길래 자초지종을 얘기했더니 "아이고, 보이스피싱 당했네"라며 빨리 인터넷뱅킹을 확인해 보자 한다. 역시나 통장에 있던 돈이 제로가 되어 있었다. '아이고 이를 어쩌나', 부랴부랴 은행에 달려가 보았으나 이미 퇴근 시간이 경과되어 은행 문은 굳게 닫혀 있어, 허망한 마음으로 누구한테 하소연도 못 하고 한동안 그곳을 서성이다 다시 집으로 돌아왔다. 수사기관에 피해 신고를 하고 수사관과 여러 이야기를 나누었는데, 신고해도 보이스피싱 본부가 중국에 있어 중국 공안이 협조하지 않아 범인 잡기 쉽지 않고, 하물며 돈 찾기는 더 어렵다고 한다.

그 이튿날 망연자실해 있는데 어제의 그 보이스피싱범이 또 전화를 해왔다.

통장 말고 있는 카드들 다 보안 조치를 해야 한다며 또 정보를 요구해 왔다.

"뭐? 이 개××야! 너 거기 있어, 내가 달려가서 너 죽이고 말 거야. 네 집 다 불 싸지르고 네 식구들도 가만히 안 둘 거야." 얼마나 분노가 치솟았는지 있는 목청 없는 목청 다해서 언성을 높였다. 세상에 태어나서 그렇게 험한 욕을 해본 적 없는데 어디서 한도 끝도 없이 욕이 나오는지 알 수 없었다. 그렇게 오랜 시간 피 터지게 목청을 돋우며 온갖 저주를 퍼부은 것은 세상에 태어나서 처음이었다. 더 징글징글한 것은 보이스피싱범은 끝까지 전화를 안 끊고 인터넷에 경품추첨 등 회원가입 등 그런 것 하지 말란다. 그런 것으로 인해 개인정보가 유출되는 거니까. 점잖게 훈수까지 두는 이 범인을 어찌하면 좋을꼬. 내가 도대체 뭐에 씌운 걸까. 한순간에 벌어진 일이 마치 영화의 한 장면처럼 허망하기 그지없었다. 남의 일이라고만 생각했던 일들이 나에게도 닥칠 수가 있다는 걸 처음 깨닫게 되는 사건이었다. 뭔 영문인지도 모르고 잠결에 받았던 전화 한 통이 돌이킬 수 없는 일을 불러왔고 이 일을 겪은 이후로 세상에 대한 무서움, 사람에 대한 불신이 나를 엄습해 왔다.

그해 추석에 받았던 400만 원의 추석 보너스는 보이스피싱 조직들에게 고스란히 허망하게 가버렸다. 피같이 번 돈을 이렇게 허무하게 강탈당했다는 사실이 참으로 쓰라리게 다가왔고, 끔찍한 트라우마로 남게 되었다. 그러나 그것보다 더 견딜 수 없었던 것은 보이스피싱범을 관리하는 내가 그런 사람들에게 당했다는 자괴감이 더 나를 못 견디게 했다. 이 어리석음을 어찌하면 좋을꼬.

ICT의 발전은 우리 인류에게 많은 이로움을 주며 인류문명을 획기적으로 발전시키는 순기능도 있지만 이걸 악용했을 때의 무서움은 상상을 초월하고 많은 사람에게 끔찍한 해를 끼친다는 사실도 명심해야 한다. 아무튼 예방주사를 크게 맞다 보니 그 이후 보이스피싱이며 문자로 피싱 오는 것은 거들떠보지도 않게 되어 그걸로 인한 피해는 입지 않고 있다.

보이스피싱 범죄는 2000년대 초 일본에서 처음 등장해서 전화로 사기를 치는 수법인데, 전 세계적으로 확산되어 한국에도 20년 전 보이스피싱 범죄가 시작되었다. 그 수법도 다양하여 금융기관이나 카드사 직원을 사칭하여 개인정보를 빼내거나 돈을 이체하도록 만드는 것에서 시작하여 현재는 문자 메시지로 악성 링크를 보내고, 이를 통해 개인정보를 빼내거나 돈을 이체하도록 유도한다. 저금리 대출을 받도록 해준다며 수수료를 내야 한다는 방식으로 점점 교묘해지고 대담해지고 있다. 이 범죄자들은 중국 및 동남아에 본부를 두어 잡기도 어렵고 잡았다 하더라도 피해금을 돌려받기도 어렵다. 2022년 보이스피싱 범죄 건수는 총 31,406건이며 피해액은 약 1,137억에 달한다고 하니 엄정하게 대처하지 않으면 얼마나 많은 사람이 피눈물 흘리며 쓰라린 가슴을 부여잡고 살아갈 것인가.

특히 가족, 친구를 사칭하면서 자녀들의 울음소리를 들려주거나 사고가 나서 병원에 입원한 긴급한 상황이라며 돈을 요구해 수천만 원의 돈을 보낸 이웃들의 이야기를 들을 때면 안타깝기 그지없다.

'호랑이를 만나도 정신만 차리면 된다'라는 이야기가 있듯이, 살면서 생각지 못한 일이 닥쳤을 때 당황하거나 이성을 잃지 말고 차분히 대처하다 보면 큰 실수를 범하는 일은 없지 않을까 생각한다. 어떤 상황에서도 평정심을 잃지 않는 것이 얼마나 중요한 것인가를 다시 한번 깨닫는 계기가 되었다. 그리고 개인정보는 누구에게도 함부로 가르쳐 주거나 유출하면 안 되고, 모르는 전화는 절대 받지 말아야 나를 지킬 수 있다는 사실을 엄청난 비용을 치르며 깨달았다.

2.

빛나는 계절

고향 집

고향이 있다는 것은 평생 그리워할 그 무엇이 있다는 것이다. 내 고향은 말로만 들어도 좋은 보은읍 풍취리다. 삼년산성이 먼발치에 보이고 그 초입에 보은 군청이 있으며 그 앞 신작로를 통해 속리산으로 이어지는 곳이다. 동네는 넓은 벌판 한복판에 있어 사방으로 탁 트여있다. 읍에서 동네까지도 걸어서 코 닿을 거리다. 이런저런 상념에 빠져 걷다 보면 어느새 마을로 이어지는 다리가 보이고, 마을 한가운데 우리 집이 있다. 삽짝 너머 자식들이 오는 차 소리가 들리면 아버지는 고샅에 나와 계시고 반가움에 손을 흔드셨다.

고향 집이 그리운 것은 그곳에 부모님이 계시기 때문이다. 늘 기다리며 반갑게 맞아주는 부모님의 모습은 항상 그 자리에서 여여한 모습으로 그렇게 서 있을 것만 같고, 든든한 언덕배기가 되어주기 때문이다. 허름한 옷을 입고 나와 자식들을 기다리는 아버지의 모습은 코로나가 막 시작하던 그해부터 볼 수가 없었다. 아버지가 갑자기 뇌경색으로 쓰러진 후 병원에서 1년여를 투병하다가 우리 곁을 떠난 지가 벌써 5년이 흘렀다. 늘 그곳에서 자식들을 기다리던 아버지 대신 불편한 몸을 이끌고 나와 계신 엄마는, 쓸쓸한 마음을 감추고 자식들이 찾아갈 때면 온몸으로 반가움을 표현하곤 하셨다.

어머니는 부침개를 좋아하는 딸을 생각해서인지 김치부침개, 부추부침개, 감자전을 채반에 가득 담아, 자식들과 손주들을 환영하는 웰컴상을 한 상 차려 내신다. 저 불편한 몸으로 이 많은 음식을 어떻게 만드셨을까. 언제부터 준비했을까. 명절이 되면 자식들과 손주들에게 먹이려고 음식을 만드는 사랑의 수고가 부모님께는 기쁨이고 기다림이며 최고 마음의 표현인 것이다. 특히 할머니가 만들어 준 살얼음 살짝 덮인 '할머니표 식혜'를 손주는 최고로 좋아했다. 몇 그릇 먹고도 또 먹고 싶어 하는 걸 보며, 갈 때는 큰 병에 한가득 담아주신다. 지금도 엄마의 된장찌개, 특히 엄마가 제일 좋아했던 삼겹살을 구워 먹고 난 후에 먹는 그 맛은 그 어느 것도 따라 올 수가 없다. 돼지 등뼈를 푹 고아 살만 따로 발라내, 깊은 맛이 나도록 된장을 살짝 풀어 만든 등뼈국은 남편이 참 좋아하는 음식이다. 손녀 어릴 때 당신이 구구단도 가르쳐줬다고 애정이 남다르다 보니, 뭐든 잘 먹는 손녀 앞으로 많이 먹으라 여러 반찬을 놓아 주신다. 그런 엄마에 대한 추억이 엊그제 같은데 이제는 요양원에서 눈빛만으로 인사를 나눈다.

얼마 전 엄마의 요양원 입원으로 5년째 비어 있는 고향 집을 지인이 사고 싶다고 의사 타진을 해왔다. 엄마가 피땀 흘려 만들어 온 가장 귀한 재산인 집에 대한 집착은 대단하다. 누구보다 아들에 대한 한이 맺혀 딸 다섯을 낳고 기어코 아들을 낳은 엄마다 보니 아들에 대한 애착은 이루 말할 수가 없다. 딸들에게 말하면 반대할까봐 그랬는지, 딸들 모르게 당신이 수해 후에 새로 지은 집은 아들 앞으로 명의를 해놓고, 수원에 작은 아파트 산 것은 손주 앞으로 해놓으셨다. 그만큼 아들에 대한 애착과 손주에 대한 사랑은 상상 이상이었다. 그런 그 집을 팔아야 할 때다. 당신 평생의 삶이 다 들어 있는 소중한 재산이다. 이제 다시 돌아가 살 수도 없고, 그렇다고 귀한 아들이 저 멀리 거제에서 일부러 와 살 리도 만무하다.

그런 이야기를 안 할 수가 없어 어렵게 꺼냈더니 엄마의 눈가가 촉촉이 젖는다. 얼마나 만감이 교차할까. 가볍게 치료하면 되겠지 마음먹고 떠난 집이 다시 돌아와 살 수 없는 그리움의 대상이요, 삶의 애환이 담긴 집을 결국은 남에게 넘겨야 할 운명에 놓인 것이다. 엄마가 병원에 입원하고 일 년 내내 그 집 관리하느라 얼마나 힘들었던가. 사람이 살지 않는 집은 폐가나 다름없었다. 마당의 풀은 사람의 키만큼 자라 밀림에 온 것같이 황망하다. 젖 먹던 힘까지 다 해도 잘 뽑히지도 않아 비가 온 후가 아니면 그나마 엄두도 내지 못했다. 어머니가 병원에 입원하던 첫해에는 당신이 손수 심어 놓은 감자며 고추, 가지 등은 금세 풀과 한 몸이 되어 있었다.

그러던 차 올해 초 친한 친구가 늘 입버릇처럼 시골에서 살고 싶다는 이야기를 몇 번 했었다. 우연찮은 모임 자리에서 친정집이 비어 있고 관리가 안 되어 걱정이라 했더니, 얼마 후 자신이 우리 집에서 살면 안 되겠냐는 것이다. 나는 두말 할 것도 없이 살도록 하였다. 여러 사정도 있고 본인이 늘 시골집에 채송화도 심고 장독대도 예쁘게 해놓고, 친구들 찾아오면 밥 한 끼 나누며 살고 싶다는 이야기를 여러 번 들었던 차여서, 진짜 임자가 나타났다고 생각했다.

엄마 평생의 추억이 담긴 옷과 살림살이를 친구가 살도록 정리해야 했다. 아끼고 아꼈던 옷은 옷장 깊숙이 들어 있었구나 서랍 깊숙이 넣어져 주인의 손길을 기다리고 있었다. 엄마가 아꼈던 평소의 좋은 것들을 하나하나 밖으로 꺼내 놓으니 한 트럭도 더 되는 것 같았다. '아끼다 똥 된다'라는 말이 이럴 때 두고 하는 것인가. 이제는 누구도 입을 사람이 없고 물건도 쓸 사람이 없다. 큰 비닐봉지 50개 한 묶음이 순식간에 다 없어진다. 엄마의 옛 모습과 어릴 적 형제들의 사진이 담긴 너덜너덜해진 사진첩, 농사지으면서 적었던 각종 달력, 오래된 부엌살림, 먹을거리가 한가득 들어 있는 냉장고 등 어떻게 정리해야 할지 난감했다.

두 달 후에 가 본 고향 집은 모든 것이 살아있었다. 제 자리에 놓인 가구, 소파, 식탁, 이불장 등 다시 주인이 바뀐 집은 깔끔하게 재탄생되어 반긴다. 장독대 위치도 바꾸고 아버지가 산 같이 쌓아 놓은 장작도 이젠 사그라져, 뒤 곁으로 자리를 옮기고, 안채에 엄마의 짐은 정갈하게 정리되어 있었다. 담벼락과 대문도 예쁘게 교체했고, 다시 마당 텃밭에도 고추며 상추, 토마토가 열리고 꽃도 몇 그루 심어 놓았다. 새 단장한 집안 곳곳이 엄마의 향기가 나는 것 같다. 친구는 집을 아주 마음에 들어 하며 그렇게 편할 수가 없다고 한다. 매일 아침, 봄이면 흐드러지게 핀 벚꽃 나무가 이어지는 산책로를 거닐며 신선한 공기를 마시고 사는 삶이 너무 좋다고 한다. 희망을 갖게 하고, 새 삶을 찾게 해주고, 마음의 안정을 찾았다는 말이 더 고맙게 느껴진다.

친정이란 엄마가 있어야 친정이라 생각하고 몇 년째 고향 집을 찾지 않았는데 다시 고향 집이 생겼다. 엄마가 최고로 힘들 때, 죽을 쓰어 주고 힘을 불어넣어 준 친구를 엄마처럼 생각하니, 친정집이 다시 살아났다. 든든히 지키고 아름답게 가꾸며 살고 있는 친구를 보며 마음이 뿌듯하다. 엄마가 없는 고향 집엔 가게 되지 않는데 지금은 친구가 엄마의 빈자리를 대신하며, 언제라도 고향에 가고 싶은 마음을 갖게 해 든든하고 행복하다.

지금도 고향에 가면 부모님이 온몸으로 반겨주며, 떠날 때는 차가 보이지 않을 때까지 배웅하던 일이 엊그제처럼 생생하다. 정겨운 고향 집의 모습이다.

오지랖

'오지랖'은 웃옷이나 윗도리에 입는 앞자락을 뜻한다. 오지랖이 넓으면 그 안의 옷을 다 가리니 하등 불필요함에도 타고난 성향은 쉽게 고쳐지지 않는다. 나는 참 오지랖이 넓다. 나 하나 추스르기도 힘든 세상에 남의 인생까지 걱정하고 도와주려다 보니 생긴 일들이 많다. 순간순간 그런 나 자신을 경계하면서도 잘 안되고, 알아차리는 순간은 이미 후회하고 있을 때이다.

시대가 한창 대형 유통매장들이 붐을 이루고 있을 20여 년 전 일이다. 청주에도 백화점다운 백화점이 없으니 터미널 옆에 대형 매장이 들어와 청주의 강남이 된다는 것이다. 유명 배우들을 내세워 엄청난 TV 광고를 하고, 가가호호 전화를 하여 홍보하는 방식으로 세뇌를 시키고 있었다. 노후를 위해 항상 걱정하는 부모님을 위해 상담을 받아보자고 한 것이 발목을 잡는 시발점이 되었다.

성공한 서울의 예를 들며 화려한 청사진을 제시하는 분양대행사들의 말을 들으니 순간 상전벽해가 될 것 같은 상상에 빠진다. 꼼꼼하게 적은 평수별 수익률을 제시하니 이것 하나 가지고 있으면 노후는 걱정 않고 마음 편히 살 수 있을 것 같았다. 투자에 대해 문의한

인 나는 그들의 말에 마음을 빼앗겨 벌써 미래의 그림을 그리고 있었다. 나 혼자 하기에는 아까워 엄마도 분양받는 것이 좋겠다 싶어 엄마를 모시고 가서 계약했다. 그 엄청난 계약을 하면서 가까운 전문가들에게라도 자문하면 되었을 것을, 무슨 복이 나에게만 넝쿨째 굴러들어 온 양 그렇게 쉽게 결정하고 말았는지.

분양이 완료되고 착공에 들어갔다. 2~3년이 넘는 긴긴 공사를 바라보며 언제 완공이 되어 우리의 꿈이 이루어질 수 있을지 애태우며 기다렸다. 더뎌지는 공사를 보며 조금만 기다리면 우린 백화점의 주인이 되는 거야! 어느 누가 백화점의 지분을 가질 수 있어? 휘황찬란하게 지어질 백화점을 상상하며 앞으로 펼쳐질 여러 우려를 애써 불식시키려 노력하였다. 기다림은 진이 빠질 무렵 겨우 끝이 났다. 4년여의 시간이 흐른 후 겨우 준공하고 오픈하게 되었다.

희망 고문으로 기다렸던 꿈들은 시대의 운이 따라주지 않아 산산조각이 나는 결과를 낳았다. 한창 대형 유통매장들이 막 시작하던 단계였는데 내가 분양받았던 대형 매장이 준공된 시기는 과포화 상태가 되어 외국계 대형 매장은 버티질 못하고 밀려나는 비운을 맞이하기도 했다. 거기다 평당 분양가가 너무 높았다.

분양받은 점포들은 텅텅 비고 1층의 의류 점포 일부와 영화관, 찜질방 등만 겨우 명맥을 유지하고 있었다. '개점 휴업'은 이런 경우를 두고 한 말인가. 힘들게 지어 올린 대형 백화점은 겉모습만 번지르르한 실속 없는 신사의 모습과 흡사했고 빈 매장은 땡처리 업체의 단골 매장이 된 이런 아이러니가 또 있을까. 돈만 먹고 있는 콘크리트 하마의 무서움을 알기에는 이제 서막에 불과할 뿐이었다.

어찌 되었든 백화점의 한 매장의 주인이었기에 비어 있는 상태일지라도, 매월 감당해야 하는 관리비, 대출이자, 재산세 등 이루 말할 수 없는 돈 폭탄이 숨통을 조여 왔다. 그들이 제시한 매월 엄청난 임대수익이 들어와도 될까 말까 하는 상황인데, 거꾸로 생돈을 부담해야 하는 이 아이러니를 어떻게 받아들여야 할까. 사려 깊지 못하고 남들의 말에 쉽게 현혹되어 일생일대의 비극에 휘말린 이 어리석음을 어디다 하소연해야 할까. 막막하기만 했다.

어리석음의 대가는 상상할 수 없을 만큼 가슴을 짓눌렀다. 매월 봉급에서 큰 부분이 금융비용으로 빠져나갔다. 남편에겐 단 한마디의 상의도 없이 일을 저질렀던 터라 뭐라 도움을 요청할 수도 없는 상황이 된 것이다. 엄마는 시골에서 매월 봉급이 나오는 것도 아니고 한숨 소리는 나날이 깊어졌다. 딸을 원망하고 싶지만 그래도 가장 믿을만한 자식이라고 생각했기 때문에 같이 한 일이었다. 결국 엄마는 시골의 땅을 팔아 대출금을 다 갚을 수밖에 없었다. 나도 보험을 다 해약하여 그 고통으로부터 해방되었다. 밤마다 식은땀이 흐르고 이 악순환의 고리에서 어떻게 벗어나야 할지 아무리 생각해도 방법이 없었다. 최후의 선택이었지만 정신병에 걸리는 것보다는 그래도 낫겠지 생각했다. 텅텅 비어 있던 백화점은 12년이 지나서야 새로운 주인을 맞아 악몽에 시달리던 사람들을 해방시켰다. 분양가의 60프로에서 정산은 끝났다.

결국 엄마의 노후를 위한다고 투자를 권유한 것이 평생의 불효를 저지른 것이 되었다. 그 죄책감으로 십여 년간 매월 엄마에게 일정 금액의 보상을 해드렸지만, 천하의 불효녀가 되었다. 평생 일구며 삶을 이어왔던 땅을 팔았을 때의 엄마 심정은 어떠했을까 생각하면 가슴이 먹먹하다. 그래도 단 한마디 자식 원망 안 하는 그 모습이 더 안쓰럽다.

아무리 피를 나눈 가족이라도 남의 인생에 함부로 개입하는 일은 없어야 했다. 선의를 가지고 했더라도 어떤 결과를 가져올지는 아무도 모르는 일이기 때문이다. 아무리 좋은 금은보석이라도 내가 철저히 검증하고 좋다고 판단하여도 남이 요청하지 않은 일에 관여하거나 충고해서는 안 된다는 것을 절실히 깨달았다. 이제 어떤 오지랖도 No Thank you!

방목(放牧)

사람들이 모여 이런저런 이야기를 하다 보면 결국은 자녀들의 근황을 듣게 된다. 서로 주거니 받거니 하다 보면, 속 깊은 이야기도 하게 되고 서로 의견을 나누기도 한다. 당신은 도대체 어려운 일이 무엇이었냐고, 그러면 어떤 친구는 말한다. 우스갯소리로 우리 살아가는데 세 가지는 내 마음대로 안 된다는 것이다.

첫째가 내 인생 내 맘대로 되지 않는 것이고, 둘째는 자식은 절대로 내가 낳았지만 내 뜻대로 되지 않으며 셋째는 골프는 아무리 구력이 붙어도 그날의 일기나 컨디션, 골프장 상황에 따라 공이 어디로 튈지 모른다는 것이다. 겉으로는 아무 걱정 근심 없어 보이는 사람들조차 그 어려움을 지혜롭게 넘기고 지나왔기에 다만 큰 굴곡 없이 살아올 수 있었다고 입을 모은다.

나에게도 아들과 딸 두 아이가 있지만 한 배 속에서 나왔다고 하기엔 어쩜 성격도, 살아가는 방식도 그렇게 다른지 신기하기만 하다. 큰아이는 어려서부터 남달랐다. 성격이 활발해 많은 친구와 어울리기를 좋아했고, 특별히 할아버지의 호탕한 성품을 닮았다. 그래서인가 큰아이에 대한 시아버님의 사랑은 유별나셨다. 아이가 태어날 때도 신랑이 근무 중이었기에 퇴원할 때 아버님이 아이를 안고 오셨다. 나는 동산만 한 배가 푹 꺼져 허허로운 마음으로 집으로 돌아오는데 아버님은 눈도 못 뜨는 아이를 보며 아이가 코도 오뚝하고 귀도 잘생겼다며 연신 입가에 웃음이 끊이지 않으셨다. 아이가 잘 때도 조금만 기침해도 아이 깬다고 걱정하시고, 목욕시킬 때도 조금만 찬바람이 들어와도 아이 감기 걸린다고 염려하시곤 했다.

그런 아이가 유치원엘 가는데 아버님이 밤새 줄을 서서 집 가까이 있는 유치원을 입학할 수 있었고, 등원이나 하원 시 자전거를 태워주며 손주와의 데이트를 즐겨 하셨다. 그런데 어느 날 참관 학습이 있다며 부모를 오라고 하여 갔더니, 다른 아이들은 모두 그리고 만들고 주어진 과제에 집중해 있는데 우리 아이와 장난기 가득한 어떤 아이만이 소파 위에 올라가 장난을 치며 놀고 있었다. 히히 헤헤하며 이리 뛰고 저리 뛰며, 자기들만의 세계에 푹 빠져 엄마 아빠가 온 줄도 모르고 놀고 있었다. 놀기만 좋아하면 어떡하지? 걱정스러웠다. 초등학교 들어가서도 생활 기록부에 준비물도 잘 안 해오고, 엄마의 손길이 매우 필요한 아이라고 적혀 있는 것을 보고 어찌나 당황스럽고 얼굴이 화끈거리는지 내가 엄마 맞는지 하는 생각에 부끄러움이 밀려왔다. 직장 다닌다고 일찍 출근하다 보니 봄이 왔는데도 아이가 겨울옷을 입고 등교하고, 선생님 처지에서 그런 생각이 들었던 것은 당연한 일이었는지 모른다. 그래도 다른 학부모들이 하는 말이 우근이는 캠프 갈 때 버스 안에서 마이크 잡고 남행열차 부르고 아주 밝고 신나게 노는 모습이 모두를 즐겁게 해준다고 인기

짱이니 걱정하지 말라고 위로 아닌 위로하는 소리를 들으며 더 속이 상했다.

고등학교 때는 기숙사 생활하는 학교에서 방학 때 신종플루로 인하여 1주일 방학을 주었는데 그때 일본에 친구들을 데리고 가, 일본의 유명한 고등학교를 방문하니 교장선생님이 학교에 대하여 자세히 설명해 주며 수영장 등 좋은 시설을 하나하나 보여주었다고 한다. 동경역 앞에서 댄스도 하며 즐겁게 노니 일본 사람들이 모여들어 같이 어울리고 즐거운 놀이 한마당이 벌어졌다고 한다. 나중에 다른 친구들의 부모님, 선생님께 꾸중 듣는 것은 생각도 못 하고.

대학 때는 응원단장으로 야구 경기가 펼쳐질 때면 목이 쉬어라 응원하며 끝나고 상대 학교의 학생들과 뒤풀이도 같이하며 즐거운 학창 시절을 보냈다.

또한 캐나다 교환학생으로 공부하러 가서는 세계의 젊은이들을 모아 자전거를 타고 일대 일주를 하기도 하고 여러 좋은 추억을 만들고 왔다고 한다.

또한 친구 네다섯 명과 함께 미국 동부, 서부를 캠핑카를 이끌고 눈 속을 달리다가 바퀴가 빠지는 바람에 경찰이 와서 구조를 해주고 여러 난관을 헤치며 겨우 살아서 왔다고 엄살을 부린다. 각각 한 달 이상의 미국 일주를 하며 좋은 추억을 만들고 많은 공부가 되었다고 한다.

이제는 어엿한 한 가정의 가장으로 자신에게 주어진 삶을 긍정하면서 늘 즐겁게 사는 모습이 기특하기만 하다. 그냥 지켜만 봐줬고, 즐겁게 부모가 사는 모습을 보여줬을 뿐인데 말이다. 물론 전국을 다니며 근무하느라 세심하게 손길이 미치지 못한 부분을 남편이 많이 채워줬지만 말이다.

우리가 이 세상에 나와 자식을 낳고 부모 역할 하는 것처럼 어려운 일은 없다고 한다. 자식은 나의 분신이 아니라 태어나는 순간 나와는 다른 개체라는 사실을 인식하고, 이 세상을 무대 삼아 마음껏 놀 수 있도록 환경을 만들어 주고 또 책임 있는 인간으로 성장할 수 있도록 뒷받침해 주는 일 말고 또 무엇이 있으랴. 부모의 욕심대로 키우기 위해 어려서부터 일거수일투족을 간섭하고 통제하는 일은 오히려 아이를 망치는 일임을 명심해야 하리라. 오늘도 우리의 자녀들이 신나게 놀 수 있도록 멋진 멍석을 펴주어야겠다. 아이들이 펼칠 미래가 궁금하고 자못 기대가 된다.

보리밥 추억

태어나서 처음으로 밥 짓는 것을 시도해 본 것은 70년대 초반 초등학교 4학년 때였다. 그날도 부모님은 늦게까지 논에 피를 뽑고 거름을 주고 집에 오셨다. 늦게 집에 돌아오시면 허기져 있을 부모님께 따뜻한 밥 지어 깜짝 놀라게 해주고 싶은 마음에 평소 들었던 대로 따라 했다. 밥할 때는 물을 손 등 쏙 들어가 있는 부분까지 오게 하면 된다는 이야기를 떠올렸다.

쌀이 흔치 않던 시절이었으니 보리를 삶아서 밑에 깔고 쌀을 씻어 위에 놓고 밥을 짓는 것이다. 그런데 보리를 삶을 때도 똑같이 하는 줄 알고 보리쌀도 물을 딱 그만큼 붓고 불을 때어 삶았다. 그런데 이게 웬일인지, 타는 냄새가 나 열어보니 '아뿔싸' 새까맣게 탄 보리쌀은 도저히 먹을 수가 없었다. 집에 도착한 엄마는 '뭐 하는 데 이렇게 탄내가 나냐?'라고 하셨다. 상황을 파악한 후 '괜찮다' 하시며 새로 보리쌀을 씻어 물을 손목까지 붓고 다시 삶아 저녁을 준비하셨다. 그 이후 더 이상 실수하지 않고 보리밥을 잘 지을 수 있게 되었다. 그럼에도 그때의 당황스러웠던 마음은 아직도 생생한 기억으로 남아있다.

6.25 전쟁을 치르며 황폐한 나라에 경제개발계획을 세우며 나라의 발전을 이끌었던 70년대는 굶지는 않았지만 60년대 보릿고개의 상황에서 크게 나아지지 않았다. 공업의 발전 속도에 비하면 식량자급률이 낮아 외국에 의존하던, 그때 상황에서 다수확 품종인 통일벼의 개발은 그야말로 획기적이었다. 그때의 통일벼 덕분에 모두가 배고픔에서 벗어난 걸 보면 그야말로 '녹색혁명'은 나라를 발전시키는 큰 원동력이 되었다.

그럼에도 '쌀'은 여전히 귀했다. 온전히 쌀밥을 먹는 것은 할머니 할아버지 생신 때였다. 더구나 평상시에 고기를 먹는다는 것은, 일반 가정에서는 쉽지 않았다. 대량 양계나 축산이 이루어지지 않아, 고기 먹는 것은 거의 드문 일이었다. 자반이나 계란찜이 상위에 올라오는 것도 조부모 생신 때나 특별한 손님이 오셨을 때다. 딸만 다섯인 상황에서, 할머니는 복스럽게 밥 잘 먹는다고 늘 내 밥그릇에 쌀밥을 크게 한 숟가락을 덜어 주셨다. 그때나 지금이나 먹성 좋았던 나는, 게 눈 감추듯 먹고 할머니의 덤을 기다리는 것이 큰 재미였다.

보리밥은 먹을 것이 없던 시절, 허기를 채워주던 생존 양식이었다. 푹 퍼지게 보리를 삶아 쌀을 넣은 후 부드럽게 지은 보리밥은 꿀맛이었다. 특별한 반찬이 없던 그때는 수돗물에 담가 놓은 시원한 열무김치와 오이에 양파를 뚝뚝 썰어 고추장 양념으로 버무려 무친 반찬만 있으면 술술 넘어갔다. 거기에 고추 몇 개 있으면 여름 식사로는 훌륭했다. 별이 총총한 밤에는 마당 한가운데 멍석을 깔고 가족 모두 누워 별자리를 관찰하며 두런두런 이야기를 나누는 게 큰

낙이었다. 어머니는 우리들의 배가 출출해지는 것을 어떻게 아셨는지 감자와 옥수수 등 간식을 준비해 주시고 모기가 귀찮게 하면 모깃불을 놓아 쫓아버렸다. 스르르 잠들다 보면 여명이 밝아오고 서늘해진 기운에 슬금슬금 방으로 들어갔다.

또한 학창 시절 친구들과 삭풍 부는 겨울에 집 가까이 있는 속리산에 오르면 문장대 근처에 간이음식점이 우리를 기다리고 있었다. 그곳에서 먹는 보리밥과 시래기 된장국의 맛은 가히 일품이었고, 겨울의 추위를 온전히 녹여주었다. 큰 멸치를 우려내어 시래기를 듬뿍 넣어 끓인 된장국에 보리밥 한 술 넣어 말아 먹으면 구수한 고향의 맛이 났다. 꽁꽁 얼어붙었던 몸과 마음이 시래기 국밥 한 숟갈 입에 넣는 순간 모든 피로와 세상 시름이 다 사라지곤 했다. 지금은 환경보호 차원에서 다 없어진 문장대 보리밥집이 추억의 한 페이지로 남아있다.

먹는 것에서 해방된 지금은 입맛 없을 때 보리밥이 별미이고 가까운 사람들 간에 가볍게 식사를 함께하자고 권유할 때 '보리밥 먹으러 가자'고 한다. 얼마 전에도 친한 고향 선배가 점심이라도 같이하자고 한다. 유난히 힘들어하는 나를 제대로 살펴주지 못해 미안하다고 하면서 전통 가마솥에서 만든 보리밥을 사줬다. 심심한 콩나물무침, 상추 겉절이, 생채, 고사리 등 나물이 가득하다. 거기에 어우러진 보글보글 끓어오르는 시골 된장은 구수한 맛과 동시에 속을 부드럽게 어루만진다. '그래, 바로 이 맛이야!' 마치 옛날 고향에서 먹던 그 추억의 음식이 시공을 초월해 내 앞에 있는 것 같아 수저를 놓을 수 없다.

올해 들어와 모든 일이 순탄하게 풀리지 않아 무척 힘들었고, 길고 긴 폭염에 지쳐있었다. 그런데 선배의 마음이 담긴 '사랑의 보리밥'으로 한순간 모든 게 녹아내렸다. 든든한 마음에 무엇이라도 다 할 것 같은 힘이 생긴다. 곁에 있는 누군가가 인생의 풀리지 않는 일로 고민하고 있을 때 '따뜻한 보리밥 한 그릇 먹으러 갑시다'하고 권유 한번 해보면 어떨까. '보리밥'은 어릴 적 원초적인 우리의 입맛을 자극하는 엄마와 고향의 사랑이 듬뿍 들어 있는 음식이다.

5월의 어느 멋진 날에

오늘따라 유난히 날이 화창하고 청명하다. 봄이라 해도 연이어 비가 오기도 하여 우울한 마음이 컸었는데 오늘은 마치 우리를 축복해 주는 것처럼 마음이 상큼하다. 불과 한 시간여밖에 걸리지 않는 사돈네 댁을 향해 세종 쪽의 새로 난 길을 이용하여 유성으로 달려간다. 온 산을 뒤덮은 신록의 청신함은 눈을 호강시키기 충분하고 바람마저 마음의 때를 다 씻어주는 듯하다.

첫아이를 결혼시키고서는 나름대로 많은 꿈을 꾸었었다. 아이들이 화목하고 즐겁게 사는 것은 당연한 일이고 가장 소중한 자식을 나눠 가진 양가 사돈끼리 자주 만나 식사도 하고 여행도 함께 떠나고 싶었다.

초대를 받고서 너무나 반가웠다. '뭘 어떻게 준비하지? 가서 뭘 하며 즐겁게 보내지?' 등 여러 상념으로 마음이 바빴다. 며느리가 자라온 가정환경은 어땠을까. 사돈 내외는 어떤 모습으로 살고 있을지 여러 가지가 궁금했다.

대전 초입에 들어서니 벌써 마음이 설렌다. 대전극동방송을 지나니 하얀 이층집이 보인다. 바로 며늘아기 친정집이다. 담장에는 굽

이굽이 엮어진 빨간 장미 넝쿨이 5월의 푸르름을 한껏 돋보이게 한다. 달려 나와 반기는 바깥사돈, 아들 내외, 사돈처녀와 총각은 손님 맞을 준비에 분주하고 얼굴엔 웃음이 가득하다. 주방에서 이것저것 준비하느라 바빴던 안사돈은 얼싸안고 반가움을 온몸으로 표현한다.

사돈은 아기자기하게 꾸며진 정원부터 보여주며 꽃에 관해 설명한다. 한 눈에도 꽃과 나무들을 얼마나 정성을 들여 가꿨는지 알 수 있었다. 형형색색의 마거릿, 팬지, 붓꽃, 패랭이 등은 어릴 적 추억을 생각나게 해, 꽃들이 더 정겹게 느껴지고 마음의 고향에 돌아온 것처럼 즐겁기만 하다. 안사돈은 이미 만개했다가 지기 시작하는 작약을 어루만지며 안타까운 표정이다. 꽃이 너무 고와 그 모습을 보여주고 싶어 우리가 올 때까지 지지 말라고 한 송이 한 송이 묶어두고 싶었다며, 사진에 담아 둔 한껏 농염했을 때의 자태를 보여준다. 거기에 어우러진 소나무와 향나무는 마치 이 정원의 주인인 양 딱 버티고 서 있어 전체적인 조화와 품격을 높여주고 있다.

바깥사돈은 야외식탁과 바비큐 하는 것까지 직접 만들었다며 자랑스러워한다. 그 옆에는 양가의 뜨거운 화합을 예고하듯 숯불이 타오르고 있다. 또 비 올 것을 대비하여 준비한 작은 카페가 운치를 더해준다. 문 쪽 구석에 있던 그네를 타고 낭만 가득한 정원을 구경하며 즐거워하는 우리의 모습을 사돈총각은 사진에 담기에 바쁘다. 결혼식에서 만났을 때는 해병대에 입대한다고 했는데 벌써 제대하여 복학한 상태라 하니 세월의 빠름을 실감한다.

상에 차려진 고기가 풍성하다. 평소 비싸서 사서 먹기 힘든 한우가 한가득 올라와 있고 집에서 키운 싱싱한 야채에 발사믹 식초를 넣어 만든 샐러드는 보는 것만으로도 식욕을 자극한다. 아들과 사돈 총각은 숯불에 고기 구워내기에 여념이 없고 사돈 내외와 우리는 이야기꽃을 피우느라 정신이 없다. 살살 녹는다는 표현이 딱 들어맞게 어쩜 이리도 부드럽게 넘어가는지, 고기 굽는 솜씨도 일품이라 먹기에 딱 좋다. 마지막에 마시멜로와 치즈를 숯불에 살짝 구어 아이들처럼 장난스럽게 먹으니, 그것도 특별한 이벤트로서 재미를 더 해준다. 그 많던 고기는 어디로 갔을까. 모두의 입가에는 미소가 번진다.

행사의 마지막은 집 안에 들어가 그동안 아이들이 갈고 닦은 재롱잔치를 하는 가족음악회 순서였다. 거실은 층고가 높아 마치 공연장에 온 것 같은 느낌이 들었다. 막내 사돈총각의 기타 솜씨는 독학으로 터득했다고 하기엔 믿기지 않을 만큼 수준급이다. 몇 곡을 연주해도 지루하지 않고 즐겁다. 특히 3남매가 어릴 때부터 해온 첼로 바이올린 기타의 합주는 마치 오케스트라의 연주처럼 화음이 참으로 듣기 좋다. 늘 작은 음악회를 하며 어린 시절을 보냈을 사돈네의 화목한 가정의 모습이 보이는 듯했다. 이어서 남편과 아들이 울긋불긋 선글라스를 끼고 특별한 공연장에서나 볼 법한 마이크를 들고 연예인이라도 된 양 합동공연 하는 모습을 보며 안사돈이 방금 홍콩 공연 마치고 돌아온 공연단 같다고 해 배꼽을 잡았다.

사돈 내외에게도 노래라도 한 곡 하라고 하니 극구 사양한다. 괜히 자신들로 인해 귀한 시간을 빼앗는 게 아닌가 배려하는 모습이다. 마지막으로 일 년 중 가장 아름다운 계절에 초대해 주시고 진심으로 환대해 주심에 감사드린다는 인사를 하였다. 이어서 애송시 '어머니의 찔레꽃'을 잔잔하게 낭송하며 마무리하니 모두 박수를 보낸다. 그리고 마음의 선물로 평소 좋아하는 모란도를 여름 이불에 그려 안사돈에게 선물하니 펄쩍펄쩍 뛰며 좋아한다. 정성 가득한 음식과 고심하며 준비했을 그 마음에 비하면 약소하기 짝이 없지만 말이다.

계절의 여왕 5월에 아들 내외를 비롯한 사돈네 가족과 함께 한 시간은 장미꽃처럼 아름답고 향기로운 추억의 한 페이지가 되었다. 이 시간이 영원히 지속되길 바라며 화목한 양가가 되길 마음속으로 빌었다. 돌아오는 길은 비가 추적추적 내린다. 과연 두 가족의 만남은 우리에게 어떤 의미를 주는 것일까. 전혀 몰랐던 남남이 만나 가정을 이루고 자녀들로 인해 가장 가까운 인척이 된다는 사실이 참으로 신기하다. 그저 오늘처럼 아이들이 행복할 수 있도록 양가의 부모들도 끊임없이 지켜보며 도움을 줄 수 있는 존재가 되어야 하리라. 좋은 가정에서 화목하게 자란 며느리가 우리 가정에 와 줌이 그저 감사하고 고마울 따름이다. 우리 가정에 와서도 늘 웃으며 화목하게 여러 사람을 너른 품으로 아우를 수 있길 바라본다.

빛나는 계절

누구에게나 인생에 가장 빛나는 계절이 있다. 아들의 외모는 남편을 많이 닮았지만, 성격과 기질은 나를 닮은 면이 많다. 나름, 고집이 세지만 무엇이든 도전하는 모습이나 사람들과 잘 어울리며 긍정적인 모습이 나와 비슷하다.

전국 고교생 경제 경시대회, 금융 모의 증권대회 등에 참여하더니 논술 생활경제대회 등 각종 대회에서 큰 상을 받아 와 부모를 기쁘게 해준 적이 많다. 대회를 준비하는 동안 뇌수막염에 걸려 간신히 죽을 고비를 넘기고 어렵게 출전하였는데 큰 상을 받았던 그때가 특히 기억에 남는다. 남대문에 있는 매일경제 본사에서 상금 100만 원을 받는 영광에 부모도 함께 참석하여 인터뷰까지 했으니 얼마나 대견스러웠는지 모른다. 졸업 때는 학교를 빛낸 학생으로 정몽준 회장의 축전과 함께 명예의 전당에 오르는 영예도 안았다. 어릴 때부터 하고자 하는 것은 반드시 하였고, 그의 도전은 지금까지도 멈추지 않는다.

아들에게 너는 부모가 별로 관심도 가지지 않고 특별한 과외도 받지 않았는데 어떻게 경제 분야에 그렇게 관심을 두게 되었느냐

물은 적이 있다. 어릴 때 아버지가 자기 방에 던져 준 신문을 열심히 읽었고 특히 경제 분야가 자기 마음에 들어 계속 공부하였단다. 구석구석 샅샅이 신문을 읽고 스크랩을 한 흔적을 남겼다. 서울 학생들은 전문가에게 별도로 특별 지도를 받고 출전한다는데 우리 부부는 그런 쪽으로는 문외한이었다. 그 모두가 스스로 노력한 자기 주도적 학습이었다니 그저 고맙고 놀라울 뿐이다.

내가 서기관으로 승진할 무렵 진천 법무연수원이 설립되었고 나는 그곳 연수원 과장으로 발령이 났다. 새로 문을 연 곳이고 보니 할 일이 산더미 같았다. 여러 교정교육 프로그램을 만들고 주변 경관을 조성하는 데 최선을 다했다. 해놓고 보니 한 폭의 그림 같았다. 한가로운 연못엔 물고기가 노닐고 솟구치는 분수는 시원함과 평온한 분위기를 더한다. 최고의 건물에 최신식 강의동과 교정의 역사를 한눈에 볼 수 있는 박물관, 영상 사격장, 실제 교도소와 유사하게 만들어 수용 생활 체험도 할 수 있는 교정 훈련센터도 있다. 멋지고 아름다운 기관이고 처음 이사 와서 직원들과 땀 흘려 만든 곳이다 보니 더 애정이 갔다. 그래서인가 엄마가 일하는 곳도 보여 줄 겸, 주변 구경도 시켜주고 싶어 가족들을 초청했다. 여기저기 들러보던 식구들은 놀라움을 금치 못하는 듯했다. 아이들은 그냥 엄마가 큰일을 하는 사람이라고만 알고 있었지, 이렇게 대단한 사람인 줄 몰랐다며 환호성을 지른다. 남편 역시 당신 참 대단하다며 대견스러운 표정이다. 나 또한 그동안 가정과 직업을 병행하며 힘들었던 모든 것들이 봄눈 녹듯 녹아내렸다.

어느 날, 아들에게서 전화가 왔다. 자기가 다니는 학교의 학생들이 법무연수원에서 워크숍을 할 수 있었으면 좋겠다고 한다. 늘 열린 마음으로 뭐든 흔쾌히 허락하시는 원장님께 보고하니 오케이 사인이 떨어졌다.

서울에서 스쿨버스 한 대가 내려왔다. 아이들은 밤을 새워 발표를 준비하며 열정을 다했다. 법에 대해서는 많이 공부했지만, 현장에서 법이 어떻게 적용되는지, 법무부 산하에는 어떤 파트의 업무가 있는지를 공부했다. 검찰, 교정, 소년 보호, 출입국 등 다양한 분야가 어떻게 이루어지는지에 대한 교육이 이루어졌다.

교정교육에 대한 열정으로 충만한 원장님은, 워크샵에 참여한 학생들에게 교정직에 종사하는 관리자들이, 각 교도소에 수용되어 있는 수용자들을 어떻게 관리하고 돌보아야 하는가에 대한 교육이 이루어지고 있는가를 보여주고 싶으셨는지 이곳에서 교육을 담당하는 교수들을 통해 특강을 하도록 해주셨다. 덕분에 학생들은 특별한 강의를 들을 수 있었다. 자유전공학부 학생들은 거의 로스쿨을 희망하고 있거나 여러 분야를 탐색하고 있었기에, 더 없는 좋은 기회가 되었다. 워크숍을 마친 후 법무 연수 수료증을 전달했고 교수님들은 저렇게 열심히 하는 학생들만 있으면 가르치는 것이 정말 신날 것이라며 칭찬이 자자했다. 학생들이 더없이 만족스러워 하였고 엄마 덕분에 큰 공부가 되었다며 아들은 어깨를 으쓱했다.

뭔가 뜻깊은 일을 해보고 싶은 아들의 도전은 멈추지 않았다. 처음 소장발령을 받은 충주구치소에 있을 때 아들에게서 전화가 왔다. 단과대 학생회장이 되었다며 어머니가 근무하는 곳에 학생들과 교정 참관을 하고 싶단다. 다소 낯선 곳을 찾은 학생들이 호기심 어린 모습으로 차에서 내린다. 청사 교육실에서 교정의 전반적인 부분과 구치소 내에서 이루어지는 여러 프로그램에 대해서 브리핑해 주었다. 시설 참관을 하며 궁금한 것은 무엇이든 물어봐도 좋다고 했다. 포승, 수갑, 보호대, 머리 보호구 등 교정 보호 장비들의 사용 방법 등을 시연, 설명해 주었다. 그리고 교정 장비가 수용자들의 신체 보호는 물론 적정하게 사용해야 하는 인권적인 측면도 강조했다. 참관한 학생들은 이구동성 머리로 아는 것만이 아닌 현장을 이해하는 데 도움이 되고 진로 탐색에 도움이 되는 시간이었다며 흡족해했다. 아들의 반짝이는 눈빛에서 '우리 엄마가 이런 곳에서 평생을 근무하셨구나.' 하는 이심전심이 느껴졌다.

새벽부터 서울서 내려오느라 아침을 걸렀을 것 같아 참관을 마치고 오리백숙을 예약해 학생들의 허기진 배를 채워주었다. 혹 궁금했거나 참관 시에 질문하지 못한 것을 자유롭게 주고받는 동안 학생들이 어찌나 유머와 재치가 뛰어난지 시간 내내 즐거움이 가득 넘쳤다. 큰맘 먹고 온 참관이니 충주만 보고 가는 것은 아쉬움이 클 것 같아, 서울로 올라가는 길에 우리나라 유일의 민영교도소인 여주 소망교도소를 참관하는 기회를 주십사 소장에게 협조 요청을 했다. 국영과 민영교도소가 무엇이 다른지, 운영 방식에는 어떤 차이가 있는지 등 눈으로 보고 확인하는 귀한 학습이 되길 바랐다. 평소 지론이 교도소도 일반 국민과 함께하는 형사사법기관 최후의 보루라는 생각으로 요청이 오면 언제든 개방하여 있는 그대로 보여 주려 했다. 독방에서 수용 생활 체험도 해보고 교도관 체험도 해보면 더 깊이 교정을 이해할 수 있을 것이다. 특히 법을 공부하는 학생들에게는 이보다 더 실질적인 공부도 없으며 두 번 다시 오지 않을 좋은 기회였으리라.

어느새 아들은 예쁜 딸아이의 아빠가 되어 여전히 도전 정신이 강한 성실한 가장으로 살고 있다. 엄마의 빛나는 계절에 아들이 있어 찬란한 꽃을 피울 수 있었다. 지나간 시간이 주마등처럼 스쳐 지나간다. "아들아, 내 아들이 되어주어 고맙고 앞으로도 계속 도전하며 멋진 삶을 이루길 응원한다. 사랑한다." 아들의 인생 또한 가장 빛나는 계절이 오기를 엄마는 늘 기도한다.

기다리는 마음

아들이 결혼한 지 벌써 3년이 가까워져 온다. 세월은 말없이 흐르지만, 날개를 단 모양이다. 결혼행진곡에 맞춰 발걸음을 떼자마자 마이클 잭슨보다도 더 그럴듯하게 퍼포먼스를 하여, 하객들의 배꼽을 잡게 만든 때가 엊그제 같은데 말이다. 며느리도 동그란 얼굴로 세상 다 가진 사람처럼 환한 미소를 지었다.

그때 사진을 보니 며느리를 안아주는 내 모습은 너무나 반갑게 두 팔 벌려 환호하고 있다. 반면 안사돈의 표정은 딸을 떠나보내는 아쉬움이 가득했던지 눈물을 닦고 있다. 가끔 사람들이 놀러와 웨딩 앨범을 보여주면 어쩜 시어머니와 친정어머니의 마음이 그대로 드러나 있다고 재미있어한다.

하지만 두 집안의 만남으로 누구를 보내고 맞이하고 개념을 떠나 양가 한 식구를 얻은 것이 되어 결혼시키기 전보다 훨씬 삶은 재미있어지고 풍요로워졌다. 며느리는 명절이나 집안에 일이 있어 오면 환하게 웃으며 딸보다 더 반갑게 인사하고 포옹해 준다. 그 모습이 어찌나 살갑게 느껴지는지 한편으론 어색하기도 하다. 사돈들이 나이도 비슷하고 살아온 과정도 크게 차이가 나지 않아서인가 며느리와 서로 공감하고 마음의 대화도 잘 통하는 편이다.

사돈 댁에서도 사위를 너무 좋아해 가기만 하면 온 집안 분위기가 들썩거린다고 한다. 특히 어른들의 마음을 잘 헤아리고 어딜 가도 분위기 메이커 역할을 톡톡히 하다 보니 일가친척이 모이는 곳에서도 폭소를 자아내는 모양이다. 안사돈은 늘 '우리 송 서방, 우리 송 서방'을 입에 달고, 둘이 예쁘게 사는 모습이 그렇게 좋은지 웃음이 떠나지 않는다. 지난 5월 초청해 안사돈 집을 방문했을 때도 처제 처남들과도 뭔 얘기를 그렇게 재미있게 나누는지 화기애애한 분위기를 보며 흐뭇했다.

그런데 어느 순간부터 남편은 애들이 재미있게 사는 것도 좋은데 벌써 시간이 많이 흘렀는데도 저러고 있으면 어쩌느냐고 내심 걱정을 한다. 비슷한 시기에 결혼한 큰 집의 조카도 아기를 낳아 온 집안의 관심이 아기에게 쏠려 있는 것을 보며 부러워 어쩔 줄 모른다. 아이의 재롱과 안아 본 느낌이 남다른지 우리는 언제쯤 손주를 안을 수 있느냐 혼잣말로 중얼거린다.

그럼에도 속 시원히 아들 며느리에게 아기 낳는 문제를 얘기하기가 어렵다. 혹시나 부담을 주어 자연스레 아이를 갖는 데 방해될까 봐 단 한마디도 묻지 않았다. 얼핏 그런 얘기를 비추면 저희도 다 계획이 있다고 말한다. 요즘 젊은 층 삶의 트렌드가 여행 등을 통해 스트레스를 해소하고 삶의 즐거움을 만끽하는데 관심이 쏠리는 것 같다. 신혼여행을 빼고도 해외여행을 벌써 몇 번 다녀오고 틈틈이 국내 여행도 자주 다니는 것 같다. 하지만 모든 것은 때가 있는 법! 뭔가 해야 할 시점에 하지 않고 인생의 중대사를 놓치다 보면 인생의 스케줄은 점점 늦어지게 마련인데 싶어 조바심하는 것은 어쩔 수가 없다.

국가적으로도 저출산의 문제는 심각한 문제가 된 지 오래다. 출산장려정책을 모든 국가 정책의 우선순위에 두고 천문학적 예산을 투입하고 있지만, 올해의 합계 출산율은 0.65로 떨어진 상황이다. 결혼은 고사하고 심지어는 연애까지도 포기하는 청춘들의 고달픔을 어찌 모를까만 점점 미래에 대한 희망을 잃어가는 지금의 현실이 안타까울 뿐이다. 나 혼자도 힘든데 가정을 꾸려 다른 사람들의 인생까지 책임진다는 것이 젊은이들로서는 너무 버거운 상황이다. 오랜 시간 공부에 매진했지만, 취업도 힘든데 천문학적인 수억의 집값을 감당하며 결혼을 감행한다는 것은 모험에 가까운 일이 되어 버렸다.

결혼을 겨우 했더라도 신혼부부가 감당해야 할 빚의 무게와 아이 양육에 대한 부담은 말로 표현할 수 없을 만큼 힘들다. 거기에 모든 사회환경이 스트레스가 심하고, 환경은 날로 악화하다 보니 아이를 갖고 싶어도 자연스럽게 되지 않는다. 일부러 갖지 않는 경우보다 생기지 않다 보니 그냥 그대로 살거나 시험관 시술을 수도 없이 시도하며 겨우 갖는 현실이다.

이번 추석에도 아이들 왔을 때 진지하게 묻고 싶었다. 아기는 언제 가질 거냐고. 그런데 그 말이 나오지 않았다. 남편은 아들에게 슬쩍 운을 떼었나 보다. 사돈네가 아기 봐줄 형편이 안 되면 우리가 아기를 키워주겠노라고. 나는 그냥 맡겨두는 편인데, 오히려 남자들이 손주를 기다리는 마음이 저리도 간절할까 싶어 안쓰러운 마음이 든다.

며칠 전에 요양원에 계신 친정엄마께 다녀왔다. 그 많은 손주 중에도 오로지 우리 아들에 대해 관심이 많으시다. 들리지도 않은 목소리로 뭔가 입을 움직인다. "뭐라고? 다시 얘기해 보세요" 몇 번을 소리쳐 들은 이야기는 '우근이 댁 아기 가졌느냐'라는 것이었다. '아직'이라고 말씀드리니 실망하는 빛이 역력했다. 몇 명 나면 되냐고 하니 '세 명' 그리고 '빨리' 낳으라고 하신다.

인생에 있어 가장 어려운 것이 뭐냐고 묻는다면 '한 생명을 낳고 기르는 일'이라고 할 수 있겠다. 또한 그것처럼 인간 맘대로 되지 않는 일도 없다. 하늘이 허락해야만 되는 일이다. 엄마를 비롯한 나와 남편의 간절한 바람이 어서 빨리 이루어지길 기도한다.

이렇게 기쁜 날엔

아들에게 전화가 왔다. 집에 내려간다고. 친구결혼식에 왔다며 다녀간 지 1주일밖에 안 되었는데 또 온다니 반가우면서도 뭔 일 있나 의아했다. 모처럼 전 가족이 외식했다. 잘하는 고깃집에서 마음 편히 즐겁게 먹는 모습이 아주 보기 좋다. 농부가 논에 물들어가는 것과 부모가 자식 밥 먹는 모습처럼 보기 좋은 게 없다더니 그 말이 맞는가 보다.

집에 들어오더니 지난주 있었던 신혼부부의 일상을 유튜브를 통해서 보여준다고 한다. 뭔가 호기심 어린 눈으로 바라보니 교회에서 아기들과 율동하며 즐겁게 놀며 또 성경 퀴즈대회에서 상금을 타는 모습도 나온다. 역시 성실하게 잘살고 있구나, 생각하고 있는데 갑자기 초음파 사진이 찌지직 등장한다. 심장 뛰는 소리가 힘차게 들린다.

'이게 뭐지?' 한참을 생각하고 있는데 옆에서 딸내미가 얼른 눈치채고 축하 인사를 건넨다. "아이구, 그런 거였어?" 우리 부부는 너무 반가워 잠시 넋을 잃은 채 어리벙벙한 모습으로 있으려니 좋은 소식 있어 달려왔다고, 함박웃음을 날리며 임신 9주 차라고 한다.

태명도 '씨앗'이라고 지었단다. 그렇게 애태우며 간절하게 바랐던 새 생명이 이렇게도 갑자기 우리 가정에 올 줄 몰랐다. 결혼하고 2년 반 이상을 기다리다 보니 그 기쁨은 말할 수 없었다. 옆에 있는 남편 얼굴을 보니 좋아 어쩔 줄 모른다. 살다 보니 이런 날도 있구나. "어찌 이 좋은 소식을 지금껏 알리지 않고 있었던 것이냐?"라고 반가워한다. 워낙 깜짝쇼에 달인인 것은 알았지만 이렇게 애간장을 태우다 우리를 놀라게 할 줄은 꿈에도 생각지 못했다.

아들 내외랑 그 기쁨을 오래도록 나누고 싶었지만, 사돈댁에도 빨리 가서 좋은 소식을 알려야 하니 바로 대전으로 떠났다. 그 이튿날 들려온 소식은 온 식구가 너무 좋아 손에 손잡고 강강수월래를 하며 춤을 추었다고 한다. 딸 가진 집에서 느낀 부담감과 안타까움은 우리보다 훨씬 더했음을 가히 짐작하고도 남았다. 안사돈의 감격어린 기쁨의 눈물이 전화기를 통해서 느껴져 온다. 처남과 처제도 너무 좋아 울었다고 아들이 전해준다. 생전 하지도 않던 전화를 걸어 바깥사돈과 통화하는 남편의 목소리가 하늘을 찌를 듯이 힘 있고 생기가 넘친다.

생명이 어디서 와서 어디로 가는지 우린 알 수 없고 이 세상을 지으신 창조주만이 아는 비밀이다. 생명을 주시는 것도 거두어가는 것도 창조주만이 할 수 있는 일이니 그저 감사하게 받으면 되는 것이다. 그렇게 애태우는 데도 아무런 응답도 없어 잠시 야속한 마음도 들었지만, 간절히 바랐던 만큼 그 기쁨은 수백 배 수천 배 더 큰 것은 나만이 느끼는 감정은 아닐 것이다. 오래전 내가 큰애를 가졌을 때 아버님이 그랬던 것처럼 남편의 손주 바람은 유난히 컸다. 진즉부터 아기 낳으면 아이들 집 근처로 이사가 아기 돌봐 주는 것은 어떨까, 이 세상에 생명을 돌보는 것처럼 중요한 일이 어디 있냐며 벌써 마음의 준비를 마친 상태다.

아! 새 생명이 온다는 것이 이렇게 대단한 일이구나. 그 어떤 것으로도 설명할 수 없을 만큼의 넘치는 감사와 생명에 대한 환희가 이런 것을 두고 하는 말이던가. 조용하고 침체되었던 가정의 분위기가 다시 살아나며 출근하는 남편의 모습이 새로운 기운으로 가득 찼다. 잘 다녀오라는 인사와 함께 "이제 주름살 제거 수술은 안 해도 되겠네"라며 농담까지 했다. 환해진 얼굴을 얼마 만에 보는 것인가.

손주 소식을 들으며 그 옛날 첫아이 임신했을 때 생각이 뇌리를 스친다. 아들에 대한 욕심이 있었던 남편은 한의원에서 지어 온, 이름하여 '아들 낳는 약'을 밤 12시에 정확하게 먹도록 했다. 예측한 대로 바로 임신했고 또 아들을 낳았다. 초음파의 작은 점이 점점 그럴듯하게 형태를 띠며 손과 발, 얼굴 등이 사람의 형상으로 바뀌어 가는 과정이 참으로 신비스럽고 생명의 오묘함을 확인한 순간이었다. 생명에 대한 경외심, 놀라움, 배 속에 있을 때 태동을 오롯이 느끼며 이 세상 엄마처럼 숭고한 존재가 그 어디에 있을까.

첫 아이를 출산했을 때 세상을 다 얻은 것처럼 자랑스러웠다. 벅찬 마음 표현할 수 없었다. 그리고 누구보다 좋아하시던 아버님은 그저 아기만 바라보면 좋아서 늘 허허 웃으셨다. 아직도 그 모습이 생생하다. 아이는 때로 안타까움과 아픔도 주지만 그 무엇으로도 살 수 없는 무한한 기쁨과 행복을 가져다주는 집안의 꽃이다.

걱정 근심 가득했던 내 얼굴에도 꽃이 피었다. 오래 묵은 체증이 내려간 것 같이 온몸이 가벼워지고 날아갈 것 같은 이 기분을 뭐라 설명해야 할지. 나도 모르게 콧노래가 흥얼거려지고 시큰둥했던 일들에 의욕이 생긴다.

며느리는 임신임을 확인한 날부터 태아 일기를 빼곡히 적고 있단다. 안사돈이 아이 셋의 육아일기를 빠짐없이 썼던 것처럼 며느리도 엄마가 했던 대로 정성을 다하고 있는 것 같다. 그래서 우리의 삶은 이어지고 또 대대손손 생명은 아름답게 꽃을 피우고 있는가 보다. 씨앗이 건강하게 무럭무럭 자라 좋은 열매를 맺어, 내년 아카시아 향기 가득한 5월에 기쁜 마음으로 만나길 간절히 기대한다.

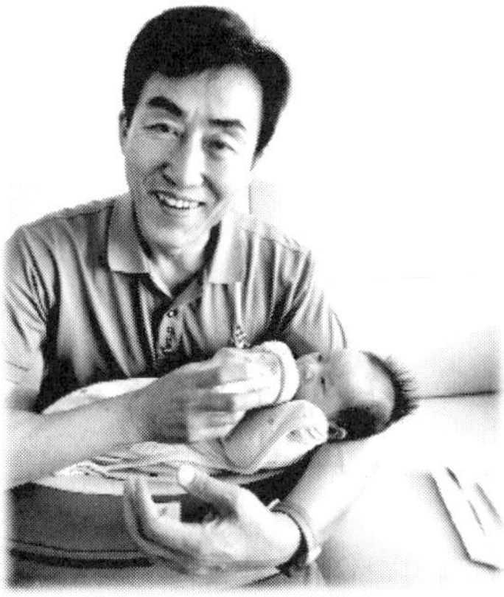

남편의 손주 사랑

하마터면

나에게는 어릴 때부터 고칠 수 없는 병이 있다. '여유 부리는 병', '늦장 부리는 병', '게으름 병'이다. 천성이 팔딱팔딱하지 못해서인지 여유 병은 때로 나를 들볶지 않아서 마음은 편하지만, 지금 생각하면 그 여유가 남들을 매우 힘들게 했다는 생각도 든다. 느긋한 성격, 여유로운 마음이 얼마나 참담한 결과 들을 가져왔는지 아무도 모른다.

중학교 시절을 떠올리면 몇 가지 추억 중에 잊을 수 없던 쓰라린 일이 있다. 집에서 학교까지 걸어서 30분 걸리는데 늘 등교 시간에 늦는다는 것이다. 부랴부랴 서둘러 달려가도 학교 입구에는 생활지도 하는 선생님이 늦게 오는 학생들을 불러 모아 운동장을 열 바퀴 돌라고 명령하신다. 그러잖아도, 집에서 달려오느라 숨이 턱까지 차 있는데 또 운동장 열 바퀴를 돌아야 한다니, 한숨만 나오고 인간의 한계를 느끼게 했다. 이런 쓰라린 일을 당하면 다음엔 일등으로 등교해야 하는데 게으른 습관은 고쳐지지 않았다. 그다음에도 학교를 지각하면 했지, 엄마가 해주신 따뜻한 밥을 국에 말아 다 먹고서야 헐레벌떡 100미터 달리기를 하기 시작한다. 식사를 거르지 않은 덕분에 위장은 튼튼하여 지금까지도 누구 못지않은 건강을 자신하고 있다.

1994년~95년은 잊을 수 없는 한 해이다. 승진되어 내 공직 인생 중 가장 멀리 부산으로 발령을 받았다. 1년 반 동안 주말마다 왕복 10시간 기차로 왔다 갔다 했다. 어느 날 한밤중에 아버님으로부터 전화가 왔다. 불길한 마음이 엄습했다. 아니나 다를까. "엄마가 교통사고 났는데 병원에서는 가망 없다고 한다"라고 하셨다. 하늘이 무너지는 심정으로 심야 열차를 타고 조치원을 향해 달렸다. '우리 어머니만 살려주면 나는 뭐라도 다하겠다고, 식물인간이라도 좋으니 살려만 달라고' 누구도 아랑곳하지 않고 큰소리로 울부짖으며 4시간 동안 달려왔다. 내 생애 최고의 간절한 기도를 올린 덕분인지 엄마는 기적적으로 눈을 뜨고 살아나셨다. 어머니가 9개월간 입원해 있는 동안 매주 집에 와 하룻밤 자고 잠시 엄마 면회하고 바로 부산 내려가야 하는 시간의 연속이었다.

그날도 일 마친 후, 바로 무궁화호 열차를 타러 대전역으로 향하였다. 여유 있게 출발한다고 했는데 그날따라 차가 밀려 신탄진 건너는 다리에서 5분, 10분, 20분 기약도 없이 기다려야 했다. 기차 시간은 정신없이 다가오는데 다리에서 기다리는 1분의 시간은 왜 그리도 길고 지옥같이 느껴지던지. 이 기차 놓치면 부산 갈 수도 없는데. 결국은 신(神)께서도 만삭의 배로 힘들게 1인 몇 역을 하는 내 현실이 너무 가엽게 느껴졌는지 관용을 베푸시어 1분 전에 가까스로 역에 도착하여 기차에 올라타는 행운을 얻었다. 타자마자 바로 출발하는 그때의 드라마틱한 상황은 영화의 한 장면 같다고 생각했다. 예측하지 못한 여러 변수를 생각하여, 아주 일찍 출발 전에 도착해야 한다는 교훈을 얻었지만, 그 이후로도 몇 번은 식은땀을 흘렸음을 고백한다.

2020년 3월부터 지금에 이르기까지는 전 세계가 지금껏 경험하지 못한 코로나바이러스로 큰 홍역을 치르고 있다. 2020년은 코로나 막 시작할 때라 공무원들의 교육, 출장, 모든 시험, 행사 등이 중지가 되었던 상황이었다. 마침 공직의 마지막 코스인 고위공직자 역량평가 시험을 앞두고 있었다. 코로나로 시험이 중지되어 코로나가 완전히 끝나면 다시 시작하겠지, 생각하고 마음 놓고 있었던 것이 내 일생일대의 후회스러운 일을 만들고 말았다. 코로나였지만 제한된 범위에서 조금씩 이루어지고 있었던 것을 알아보지 않아 준비도 안 된 상태에서 시험을 봤는데 결국 낙방 하고 말았다. 가장 중요한 시험이었고 치밀하게 준비해도 될까 말까 하는 시험을 너무 쉽게 생각하였고, 안일하게 대처한 나 자신이 용납되지 않았다. 그 시험을 통과해야 청장도 되고 본부장이 되는 것이었는데, 중요한 기회를 놓치다 보니 공직 생활의 마지막이 너무 안타까웠다. 공든 탑의 마지막을 쌓아 올리지 못하고 애석해했던 그 순간이 최고로 어리석게 생각되며, 다시 돌아올 수 없는 그 시간이 후회스럽게 느껴져 오랜 시간 긴 자책을 하였다. 수도 없이 느긋함으로 인해 곤란함을 겪었으면서도 정신을 차리지 못한 자신이 얼마나 원망스러웠는지 모른다.

우리의 인생은 작은 행동이 쌓여 습관을 만들고, 습관이 거듭되며 자신의 운명을 만든다고 한다. 돌이켜보면 누가 나를 이렇게 만든 것도 아니고 어릴 때부터 치밀하지 못하고 허술한, 너무 느긋하고 여유를 부리는 내 작은 습관이 오늘의 나를 이끌어온 것이다. 인생 전반부의 여러 실수, 어리석음 등을 거울삼아 인생 2막은 뭐든 미리미리 준비하고 철저하게 하여 스스로 자신에게 실망하지 않도록 노력하련다. '김응분! 너무 자책하지 말고 툴툴 털고 다시 일어나, 넌 할 수 있어!'

우리의 영원한 친구, 윤석주 선생님

중학교를 졸업하고 여고에 갓 입학한 친구들은 설렘으로 가득했다. 중학교와는 좀 더 차원이 다른 뭔가가 기다리고 있겠지 하는 기대감과 가슴 뛰는 청춘이 끊임없이 이성에 대한 호기심을 갖게 했다. 그래서인가. 여고에서의 총각 선생님들에 대한 인기는 하늘을 찌르고 어떤 친구는 좋아하는 선생님의 수업 시간만 되면 수돗가에 나가 세수하고 오는 등 꽃단장을 하기도 했다. 그중에도 국어 선생님은 키도 작고 까무잡잡하며 미남은 아니었지만, 수수한 외모에 뭔가 철학적이고 지적인 느낌이 들게 하는 동시에 순수함이 느껴져 좋았다.

선생님은 수업 중간중간에 여담으로 이런저런 이야기를 해주셨는데, 특히 기억에 남는 것은 자신이 돈을 많이 벌면 속리산 문장대 정상에 올라가 돈을 다 뿌린다는 것이었다. 다들 "와~"하며 나중에 선생님 돈 뿌릴 때 미리 알려달라고 하며, 그때 주우러 간다고 난리들이었다. 선생님은 3학년 신학기가 시작될 무렵 다른 학교로 전근을 가셨다. 처음엔 아쉽고 섭섭했지만, 입시 준비하느라 여념 없었고 그런 가운데 졸업을 하게 되었다. 그 후에도 이따금 생각이 났지만 거의 잊고 살았던 것 같다.

그 후 오랜 시간이 흐른 뒤, 늘 가슴 속에 있는 분은 언젠가는 다시 만나는 법인가 어찌어찌 선생님의 소식을 듣게 되었다. 친구들 모임에 초청하여 그동안 어찌 사셨는지 근황을 듣고도 싶었고, 선생님의 모습이 어떻게 변했는지 참으로 궁금하였다. 오랜만에 만난 선생님은 반백이 다 되어 성성한 머리카락이 몇 가닥 남지 않은 초로(初老)의 모습이었지만, 따스한 표정과 목소리는 여전하셨다. 문득 옛 기억이 떠올라 그 말씀하신 거 기억하시느냐고 하니 다 잊어버렸다고 하셔서 한참을 웃었다.

선생님은 누구보다 자연에 관심이 많아 은퇴 후 '충북 숲 해설학교'를 만들어 초대 교장을 하며 지역사회에 많은 숲 해설가를 양성하여 배출하였다. 지금도 미원에 있는 미동산 수목원에 가면 선생님의 제자들이 달려 나와 반기며 선생님에 대한 존경을 표하곤 한다. 친구들과 어쩌다가 산이나 들에 선생님과 동행하게 되면 뭐든 상세하게 일러 주기에 바쁘시다. 어쩜 자연에 대한 그리도 해박한 지식을 가지고 계시는지 감탄사가 절로 나온다. 모르는 것이 없는 만물박사 같다.

특히 기억에 남는 것은 내가 현직에 있을 때 근무하던 기관에 수용자 인성교육 차 선생님을 모시면 아주 세심하게 강의 준비를 해오시곤 했다. 현미경까지 갖고 오셔서 수용자들에게 자상한 선생님이 되어 설명해 주셨다. 한 명 한 명에게 현미경을 나누어주고 준비해 오신 목화송이를 들여다보게 하고, 하나의 목화송이에 1억 개 이상의 포자가 있다고 일러주시며 나태주 님의 시를 들려주기도 하셨다.

"자세히 보아야 예쁘다, 오래 보아야 사랑스럽다, 너도 그렇다"고. 시 '풀꽃'을 통해 수용자들의 자존감을 살려주고 모두가 사랑받아 마땅한 존재라고 일러 주시니 좋아하지 않을 사람이 없다. 작은 포자가 이 세상에 퍼져 많은 영향력을 미치는 것처럼, 지금은 가장 낮은 곳에 있지만 앞으로 더 멋진 삶을 살 것을 주문하셨다. 전출 가는 곳곳에 선생님을 모셔 자연과 인간에 대한 인문학적 접근을 통해 수용자들의 마음을 바꿔놓으며 좋은 반응을 불러일으켰다.

또한 어찌나 날렵하고 운동신경이 탁월하신지 지금껏 히말라야 산맥을 16번 등반하시고 대원들과 함께 네팔의 학교들을 방문하셨다. 작년에도 제주에 사는 친구 화영이가 선생님 네팔 가시는 길에 여러 선물을 후원해 주어 한국문화도 알릴 겸, 그곳 소년 소녀들에게 일일이 전해주셔서 그들에게 꿈과 희망을 심어주시기도 했다. 올해도 30여 명의 대원과 히말라야에 다녀오셨고 꾸준히 네팔학교에 학용품이며 교육기자재, 교육프로그램 등을 지원하며 네팔과 네팔의 산 사나이들에게서 받은 은혜를 갚고 있다고 하신다.

특히 대추 농사를 하는 순이와 제주에서 귤 농사를 하는 화영이의 일손이 많이 필요할 때면, 언제든 먼저 손을 걷어붙이고 나서서 도와주러 달려가신다. 어설픈 우리 친구들에 비하면 마치 프로 농사꾼처럼 날아다니며 일하시는 모습이 마치 청년 같다. 선생님과 우리는 스승과 제자를 넘어 길고 긴 인생길 함께 하는 친구 같은 삶의 동반자가 되어가고 있다. 나의 퇴임식 때도 친구들과 특별히 참석하시어 제자의 오랜 공직 생활 마무리를 축하해 주시고, 깊은 울림이 있는 편지도 건네주셨다. 돌아가는 길에도 예산 수덕사에 들러 수덕사에 얽힌 여러 사실(史實)과 오래된 나무들에 대해 깊은 통찰의 설명을 해주시어 친구들에게 큰 추억을 만들어 주셨다고 한다. 보은 창리에서 축사 일을 하는 동남아 및 동유럽에서 온 청년들에게 정기적으로 한글도 가르치며 이주민들의 정착과 한국문화를 이해시키는 데 큰 역할을 하신다. 사모님과는 여러 해 전에 갑작스러운 사별로 혼자 사시다 보니 쓸쓸하실 텐데도 평정심을 잘 유지하며 살고 계신다.

다음 주면, 선생님과 약속한 문학관을 돌며 어느 문화 해설사보다 해박한 선생님의 설명을 듣게 된다. 경기도 광주에 가 허난설헌님의 묘도 보고, 그녀의 문학세계를 들여다보며 그 일대의 풍광도 감상하게 되는데 벌써 그날이 기대된다. 또 가을이 되면 보은 대추밭에서 겨울이 되면 제주에서 선생님과 동심으로 돌아가 깔깔대며 일하고, 밤에는 데굴데굴 뒹굴며 고스톱 치는 그 일들이 벌써 기다려지는 것은 어인 일일까. 마침, 내일이 스승의 날인지라 선생님께 감사의 마음을 전하고 싶다. 오래오래 제자들과 재미있는 세상 만들어보자고. "선생님 늘 건강하시고 행복하세요! 존경하고 사랑합니다!"

인사의 품격

지난달, 20년간 나의 발이 되어 내가 가고자 하는 어느 곳에든 데려다주며 나의 삶을 만들어 준 애마와 영원히 이별하였다. 그 이후 시내 볼 일이 있거나 멀리 이동할 때면 종종 대중교통을 이용하는데 아직 사회 초년생으로서 모든 것이 서툴고 어렵다. 대중교통을 원활하게 이용하는 것은 정말 쉽지 않은 일이다. 얼마 전 공주에 볼일이 있어서 가야 하는데 차가 없다 보니 우여곡절을 겪을 수밖에 없었다. 산전수전 공중전까지 치러야 하는 것처럼 내게는 벅차게 느껴졌다.

아침 일찍 배낭을 둘러메고 검색을 하니 일단 오송으로 가는 시내버스를 타야 한다. 방향과 번호를 확인하고 버스에 오르자 짙은 청록색 유니폼을 입고 단정한 커트 머리를 한 40대 정도의 여성 운전자가 반갑게 맞이하며, “어서 오세요” 인사를 한다. 청주에서 여성 운전자를 만난 것은 처음이라, 새로운 느낌이었는데 거기에다 인사까지 하는 것 보니 신선한 충격이었다. 사무적으로 대하거나 아예 말 한마디 없는 게 운전자와 승객의 모습이 대부분인데 얼마나 생경하고 신선하게 다가왔는지 기쁜 마음이었다. 그리고 유심히 살펴봤다. 나에게만 이렇게 하는지. 하지만 그게 아니었다. 남녀노소 누구를 불문하고 한 분 한 분 오를 때마다 인사하며, 또 내릴 곳을 놓치는 분은 없는지, 계속 승객들의 동태를 살피는 것이 업무 면에서도 철저해 보였다. 그러면서 자신의 불편함보다는 승객들의 안위를 우선으로 하며 내릴 때는 "좋은 날 되세요!" 하며 친절하게 내리는 것까지 챙긴다. 아! 이런 대접을 받고 하루의 시작이 어찌 기분 좋지 않을 수가 있겠는가.

시외버스를 타고 학교에 강의하러 갈 때마다 느끼는 것은, 운전자분이 승객들에게 단 한마디 말도 건네지 않고 시간 되면 그냥 출발하고 때론 급브레이크를 밟는 바람에 가슴이 철렁 내려앉기도 한다. 똑같은 일을 함에서도 어쩜 이리도 하늘과 땅 차이가 나는지. 그것은 바로 직업의식에서 비롯되는 것이 아닐까.

6년 전 광주지방교정청에 1년을 근무한 적이 있었다. 주말부부로 살다 보니 매주 월요일이면 새벽 첫차를 타고 광주로 갔다. 아침이라 승객이 10여 명밖에 되지 않는데도, 그 시각에 출발하는 그 기사는 한결같이 승객이 편하게 느낄 환경을 적정하게 만들어 놓고, 출발 시간이 되면 승객을 맞이하기 위해 앞에 서 있다. 유니폼을 깔끔하게 갖추어 입고 승객들 앞에 서서 인사를 정중하게 한 다음 자기소개를 한 후 목적지까지 손님들을 편안하고 안전하게 모시겠다며 좋은 여행하시라는 말까지 덧붙인다. 얼마나 마음이 놓이고 기사에 대한 믿음이 생기는지 그래 바로 저런 분이 있기에 우리 사회는 살맛이 나는 것이겠지. 그 회사의 많은 기사의 차를 타봤지만 누가 시킨 것이 아님에도 자발적으로 일관되게 인사하는 분은 그 기사뿐이었다. 손님을 내 일의 대상이 아니라 한 인간으로 존중하고 귀하게 여기는 그 마음이 얼마나 훌륭하게 느껴지던지, 오래전 일이지만 아름다운 기억으로 남아있다.

우리의 삶은 만남으로부터 시작된다고 해도 과언이 아니다. 삶의 현장에서 이루어지는 수많은 만남을 통해 희로애락을 경험한다. 특별히 서비스업에 종사하는 이들의 경우 수많은 이들과의 만남이 이루어진다. 직업상 비록 스치듯 지나가는 만남일지라도 서로 수인사를 나눌 수 있다면 이 또한 소소한 행복 나눔일 터. 동시대를 함께 살아가는 사람으로서의 자긍심과 진정 행복이 무엇인지를 느끼게 되었다. 우리 후손들에게도 이런 의식을 심어주는 것이 기성세대가 보여주어야 할 마땅한 역할이라는 걸 다시 생각하게 된다.

직업의 귀천을 떠나 자신이 맡은 일이 얼마나 귀하고 소중한 일인가, 나로 인해 세상에 미치는 영향력이 얼마나 대단하고 중요한지를 새삼 깨닫게 된다. 인사는 서로를 기분 좋게 만들고 인간관계를 부드럽게 만들며 자신의 품격을 스스로 높이는 행위이다. 돈도 들지 않고 힘도 들지 않는데 이런 간단한 행위를 우리는 참 힘들어하고 그 중요성을 놓치고 산다.

중학교 3학년 때 백발의 교감 선생님이 교실마다 다니시면서 가장 강조하시던 말씀이 떠오르는 것은 어인 일인지. '出必告 反必面'이라고 집에서 나갈 때는 부모님께 반드시 어디를 가는지를 고하고 돌아와서는 얼굴을 보여주어야 한다는 이야기로 중국 사서오경 애기의 곡례편에 나오는 이야기다. 가장 소중한 부모 자식과의 관계도 인사로 시작해서 인사로 마무리된다. 하물며 일반 사회생활은 말할 것도 없다. 인사는 인간관계의 시작이고 끝이다. 인간의 관계를 부드럽게 만들고 더 서로를 존중하고 품격 있게 해준다. 삶에 있어서 각자 가장 중요하다고 생각하는 '소소한' 일들이 진정으로 위대한 일일 수 있다. 누구랄 것도 없이 먼저 본 내가 인사하고 서로 격려하며 작은 것에도 감사를 표현할 수 있는 인사를 나눌 수 있다면 우리 사회는 한결 더 부드럽고 살아갈 만하다고 느끼지 않을까. 인간의 품격은, 또 이 사회의 품격은 서로를 존중하는 인사에서 비롯됨을 다시 깨닫게 되는 시간이다.

인도네시아 젤리앙 지역의 현지 주민들과 선교팀

3

꿈과 희망을 노래하는 하모니 합창단

두 수용자의 자살

교도관의 업무는 수용자를 교정교화(矯正敎化)하여 형기를 다 마친 후 원활한 사회복귀가 이루어질 수 있도록 돕는 역할에 초점을 맞춰 모든 일을 진행한다.

수용자들 또한 자기의 죄로 인한 형벌을 잘 살아내는 것이 그들의 임무이다. 수용자들마다 다양한 삶의 이력과 사연을 갖고, 징역이라는 무거운 짐을 지고 먼 길을 가고 있다. 두 발 달린 사람이 교도소라는 폐쇄적인 울타리 안에 갇혀, 인간으로서 가장 기본적인 신체의 자유를 결박당한 채 긴긴 세월을 지내야 한다. 교도관의 지시명령이 없으면 그 안에서도 단 한 발짝도 꼼짝할 수 없는 것이 수용자의 숙명이다.

1990년 봄, 대한민국에서 유일한 청주여자교도소가 개청식을 하기 얼마 전 사동 2층에 수용되어 있던 7년 형을 선고받은 J수용자가 갑자기 자살하는 사고가 발생했다. 수용자를 전국 각 교도소에서 받은 지 얼마 지나지 않은 시점이라 당황하지 않을 수 없었다. 그동안 별 특이 사항 없이 지내다가, 사고가 난 날은 갑자기 눈동자가 돌아가며 고래고래 소리를 지르고 식기, 신발, 온갖 물품 등을 화장실에 집어넣고 소란 난동을 피웠다. 이러다간 큰일 나겠다는 위험을 감지하고 수갑과 포승으로 본인을 보호하려는 조처를 하였다. 조금 잠잠해지긴 하였지만, 제정신이 아니었고 계속하여 소리 지르는 행위를 멈추지는 않았다. 주간에는 전 직원이 출근하여 근무하니 어떤 일이든 대응할 수 있는 여건이 되지만 야간에는 최소한의 인원으로 수용자를 관리하기에 걱정이 되었다. 그리하여 한 직원이 그 사람이 자해하거나 엉뚱한 행동을 하지 못하도록 그 수용자 방 앞에서 야간 대면하였다. 그럼에도 불구하고 눈 깜작할 사이, 화장실에 들어가 누워서 얕게 설치된 수도꼭지에 포승줄을 걸어 자신의 경부를 압박하여 자살한 것이다.

교도소가 발칵 뒤집히고 개청식도 하기 전 교정 사고가 터진 것이니 얼마나 당황스러웠으랴. 바로 검찰에 통보하여 검사가 달려와 모든 과정을 현인하였다. 처음 겪는 교정 사고다 보니 전 직원들의 충격은 말로 다 할 수 없고, 오래도록 트라우마로 남는 사고가 되어, 어떤 수용자도 이런 불상사가 없도록 더 잘 살펴야겠다는 다짐을 하기도 하였다.

그로부터 몇 년이 지난 이른 봄날 담당 근무자가 달려와 40대 초반의 P수용자가 계장 면담을 요청한다는 보고였다. 뭔가 심상치 않은 것 같아 데려오라 하여 면담했더니, 밑도 끝도 없이 빨리 집에 보내달라는 것이었다. 뭔가에 씐 사람처럼 불안한 모습이 역력했다. 담당 근무자에게 요즘 특이 사항이 있었느냐 물으니 그런 것은 없었다고 한다. 한참을 실랑이하다가 징역 15년에 10년 남짓 살았으니 조금만 더 기다리면 가석방의 가능성이 있다고 설득하여 돌려 보냈다.

그때 그 수용자는 의무적으로 받아야 하는 정신교육을 받는 상태였다. 사고가 나던 그날도 평소와 다름없이 수용자 강당에서 50명이 정신교육을 받고 있었는데 갑자기 비상 연락이 왔다. 정신 교육장에서 사고가 났다고. 부랴부랴 달려가 보니 강당과 교육 교화과 사무실은 사람 타는 냄새가 가득한 채 물바다가 되어 있었다. 전쟁터도 그런 전쟁터가 없었다. 순식간에 일이 발생해 이미 상황이 종료되어, 그 수용자는 분신한 몸이 거의 다 타서 들것에 실려 하얀 천으로 뒤덮여 있었다. 보안과 앞에 구급차가 와 있었고 꿈틀꿈틀하며 목숨은 살아있었다.

수용자는 곧바로 병원으로 이송되었고, 직원들로부터 전후 상황 이야기를 들었다. 교육 중에 화장실에 가고 싶다 하여 보내 주었는데 화장실 옆 비품 창고에 남아있던 석유를 화장실 연탄 잔여 불씨에 들어붓고 자살을 시도한 것이었다. 연기가 나고 큰 소리가 들리니 직원들이 달려 나와 소화기와 소화전으로 초동 진화를 하여 그나마 많은 생명을 살릴 수 있었다.

그 수용자는 이튿날 사망하였고, 가족과 친척 지인들이 기자를 대동하고 와 교도소 당국의 책임을 물어왔다. 전후 사정을 이해하도록 잘 설명하여 큰 문제를 제기하진 않았지만 소중한 생명을 지키지 못했다는 자괴감이 오래도록 힘들게 하였고 그 여파는 직원들의 심각한 트라우마로 남았다. 일이 일어난 후

원인 분석을 해보면 여러 허술한 점을 발견하게 되는데, 그 중요한 교육에 직원이 부족하다 보니 한 명의 직원만 배치한 상황이었

고, 비품 창고도 잠그지 않은 상태였다. 책임을 질 수밖에 없어 직원들도 근무 평가에 불이익을 받을 수밖에 없는 씻을 수 없는 오점을 남겼다.

'아무리 잘 지킨다고 해도 직원 열 명이 한 명 도둑 못 지킨다는 말'이 있다. 또 '열 길 물속은 알아도 한 길 사람 속은 모른다.'라는 속담이 있다. 24시간 그들과 함께 삶을 나누며 자세히 살피는 교도관마저 수용자의 평범한 일상의 삶 속에서 그런 예측불허의 끔찍한 마음속 징후를 발견해 내는 것은 참으로 어렵고도 어려운 일이다. 굽은 나무 펴기보다 쉽지 않다는, 사람을 교정교화(矯正敎化)하는 것은 얼마나 지난한 일인가. 형기를 마치는 그날까지 온전하게 건강한 모습으로 출소할 수 있도록 그들을 지켜주는 일마저도 이렇게 쉽지 않은데 말이다.

내가 교도관이 되고 겪었던 초창기 교정 사고는 너무나 큰 충격으로 다가왔다. 소중한 생명을 지켜주지 못했다는 자괴감이 오래도록 마음을 괴롭게 하고, 때때로 악몽으로 떠올라 많이도 힘들었다. 우리에게 맡겨진 이 업무가 참으로 숭고하며 소명감 없이 감당하기란 정말 쉽지 않은 일임을 다시 한번 깨닫는 계기가 되어 마음을 다잡게 되었다.

그녀들의 아이

"여기 보세요, 까꿍 까꿍!" "원, 투, 쓰리 짠!" 셔터를 누르느라 정신이 없다. 오늘은 특별한 날이다. 이제 첫돌을 맞이한 아기를 위해 기념사진을 찍어주려고 아기와 아기 엄마를 사동舍棟 밖으로 데리고 나오려니 아침부터 분주하다. 교도소 안에 딱히 양육 유아에 대한 처우나 프로그램이 없다 보니 직원들이 사진이라도 찍어주지 않으면 평생 돌 사진 한 장 간직할 수 없는 상황이다. 그래서 휴일로 날을 잡아 아기 엄마와 아기를 특별히 예쁘게 꾸미고 방에서 나오게 하여 잔디밭에 앉히고 온갖 포즈를 취하게 하고 돌 분위기를 내어보았다. 지금 같았으면 돌상도 한가득 차려 아기의 앞날을 축복해 주었을 텐데.

다양한 자세를 취하며 찍은 사진들을 미니앨범으로 만들어 선물했더니 아기 엄마는 평생 잊을 수 없을 거라며 눈시울을 붉힌다. 직원들과 십시일반으로 준비한 선물에, 우리 아들이 썼던 장난감과 그림책도 가져다주고, 인정 많은 보안과장 사모님은 아기 돌복을 직접 솜을 넣어 만들어 몇 벌을 선물로 주셔서 그 추운 겨울도 큰 탈 없이 지낼 수 있게 되어 얼마나 다행스러웠는지 모른다.

여자교도소를 개청하고 오래지 않아 양육 유아가 들어왔는데 그 당시만 해도 어찌나 시설이 열악하고 추웠는지 아기를 키우기에는 턱없이 부족하고 안타까운 상황이었다. 짙은 회색의 담벼락과 육중한 철문 소리가 교도소의 분위기를 상징적으로 나타내주지만 그래도 아기 웃음소리가 있어 사람 사는 냄새가 나고 활기가 넘치는 것 같다며 모두 기뻐했다.

갖가지 사연들을 안고 이곳에 온 사람들을 관리하는 교도관을 가리켜 성직자와 같은 마음 없이는 이들을 돌볼 수 없다고 한다. 때론 이들의 부모가 되어야 하고, 어느 때는 따끔한 가르침을 주는 선생님이 되어야 한다. 마음의 병을 치료해 주는 의사가 되어야 할 때도 많다. '죗값'을 치르러 온 사람들에게 형벌을 집행하는 일이 첫 번째 역할이지만, 24시간 이들과 희로애락을 함께 나누다 보니 교도관이기 이전에 한 인간으로서 그들의 마음을 먼저 살피는 것이 교도관의 본분이다. 기쁜 일보다 힘들고 슬픈 일, 밖에 있는 수용자 가족들이 겪는 수많은 고통을 함께 아파하며 이들과 함께 삶을 나누는 인생의 동반자가 바로 교도관이다. 그러다 보니 자식 키우는 부모 처지에서 어린 자식들을 떼어 놓고 들어와 고통 속에 살아가는 수용자들을 바라보면 측은하고 안타까울 때가 많다. 멀쩡히 부모와 같이 생활하던 아이들은 어느 날 갑자기 엄마나 아빠가 교도소로 가버렸으니, 얼마나 슬프고 당황스러울까. 부모의 부재가 아이들의 삶에 끼치는 영향은 실로 엄청나다.

그녀들의 아이들 대부분은 친척이나 지인들 또는 시설에 맡겨져 생활하고 있고, 소년 소녀 가장으로 살아가는 아이들도 있다. 돌보는 보호자나 스스로 생활하는 아이들 대부분은 자신의 존재가 드러나는 것을 원하지 않는 경우가 더 많다. 상황이 그렇다 보니 사회에서도 그들의 존재 자체를 제대로 파악하지 못해 돌봄의 사각지대에 놓일 수밖에 없는 것이 현실이다. 부모의 잘못으로 인해 보호받고 사랑받으며 자라야 할 아이들이 끼니도 제대로 해결하지 못하고 난방도 되지 않는 상태에서 지내고 있다는 이야기를 들을 때면 늘 안타까웠다.

이런 사실들을 교정 현장에서 생생히 듣고 겪으며 부모의 죄로 인해 아무 이유도 모른 채, 힘든 삶을 살고 있는 아이들에게 용기를 주고 싶었다. "소자에게 물 한 그릇 준 것이, 내게 한 것과 같다."라는 그분의 언명에 순종하는 마음으로 수용자들의 어린 자녀가 건강하게 희망 잃지 않고 살아가는 데 미력하나마 힘이 되고 싶었다. 오랜 시간 기도하며 고민한 끝에 15년 전부터 한 해 다섯 명의 자녀에게 장학금을 주게 되었다. 도움을 바라는 손길은 너무 많은데 월급쟁이로서 한계가 있고 보니 늘 아쉬움이 있었다. 그러던 차, 교정사역에 헌신하시는 모 선교회 목사님과 수용자들의 어린 자녀들이 돌봄의 사각지대에 놓여 있는 안타까운 현실에 관한 이야기를 나누게 되었고 목사님도 흔쾌히 동참하겠다고 하셨다. 그때부터 다섯 명에서 열 명의 자녀에게 장학금을 주게 되었다. 천군만마를 얻은 것처럼 힘이 났다. 매년 5월에 직접 교도소로 가 장학 증서를 아이들 부모인 수용자들에게 전달하고 있다. 그리고 그녀들에게 늘 당부한다. 이 세상에서 가장 위대한 이름인 '엄마'라는 자신의 존재에 대해 책임감을 가질 것과 자녀들을 위해 항상 기도하며 중심을 지키고 바로 서야 한다는 것을 누누이 부탁한다.

수혜 대상자는 담당 교도관들의 세심한 선정 기준에 의해 결정된다. 해마다 그렇지만 올해 수혜자들이 처한 현실이 너무나 안타깝다. 부부가 구속되어 12년 중 6년 남짓 살고 있는 탈북자 H씨만 해도 그렇다. 부부가 수감 되어 있으니 아이들 처지는 이루 말할 수 없이 곤궁한 상태다. 그녀는 작년에 이어 올해도 이런 혜택을 받게 되어 너무 감사하다며 울먹인다. 한 수용자는 다단계 투자에 연루되어 부부가 구속되어 고아원에서 아이가 자라고 있다고 하고, 태국에서 온 외국인 수용자는 남편이 지난달에 면회도 오고 영상통화도 했는데 며칠 전에 갑자기 자살하는 바람에 시어머니가 어린아이를 돌보고 있다며 연로하신 어른께 너무 죄송하다고 한다.

저들은 각양각색의 사연들을 가지고 이곳에 왔다. 그럼에도 하나같이 자신의 죄로 인해 고통받는 자식들에 대해 안타까움을 토로한다. 그럴 때면 아! 저들에게도 자식은 무엇보다 소중한 존재구나! 저들도 아이들의 엄마구나! 싶어 가슴이 아리다. 그들이 뿌린 생명이 더 이상 불행해지지 않고 건강하게 희망 잃지 않고 살아가기를 바라는 마음 간절하다. 아이들은 우리의 미래고 엄마인 그녀들이 살아갈 이유이기에.

1평 인생

세상을 떠들썩하게 했던 사람들도 죄를 지어 교도소에 들어오는 순간 영락없는 '1평'의 인생으로 바뀐다. 그러기에 모든 수단을 동원해 필사적으로 구속되지 않으려 발버둥 치게 되는 것이고, 또 어쩔 수 없이 형을 받게 되더라도 빨리 나가고자 수단 방법을 가리지 않는다. 그러면서도 밖의 사회에서 누리던 것처럼 각종 편의를 누리고 싶어 한다.

처음 직장생활을 할 때는 수용자들을 하나하나 분석하게 되었다. 너무나 평범하게 생긴 우리네 이웃들인데 어떤 사연이 있어 이런 곳에 왔을까. 모두 우리네 어머니요, 아버지요, 이웃집 아주머니, 아저씨 같은 사람들이 너무나 선한 모습을 하고 있다는 것이 의아스러웠다. 선입견을 품고 사람을 대하게 될까 봐 처음에는 그 사람에 대한 범죄기록을 보지 않으려 했다. 하지만 그 사람이 어떻게 들어왔는지 너무너무 궁금하였고 그 사람의 특성을 알아야만 거기에 맞게 대응할 수 있을 거로 생각하여, 살아온 이력, 범죄사실 및 재판기록을 깊이 검토하였다. 더러는 안타까운 사연도 있고 죄는 밉지만, 사람은 미워하지 말라고 했는데 그들의 죄상을 살펴보며 사람까지

밉기도 했다.

그중 세상을 떠들썩하게 했던 J여인은, 80년대 초 권력을 이용한 어음할인 사건으로 15년 형을 받고 10년 남짓 살고 가석방 받은 후 가석방 기간에 재범해 다시 들어오게 되었다. 5년씩이나 가석방 혜택을 받았기에 대부분은 조심에 또 조심하며 근신하는 삶을 살아야 하는 것이 일반적인 생각인데, 그녀는 죄성을 버리지 못하고 또다시 재범하여 그 당시 4년 형을 받고도 추가 기소가 되어 있는 건이 여러 개였다.

하루는 남편 L씨가 면회를 왔다 하여 입회하게 되었는데, 초로의 남편에게 듣기 힘든 면박 주는 것을 보고 놀라움을 금치 못했다. "밖에서 뭘 하길래 그런 사건 하나 제대로 처리하지 못하느냐, 당신은 장군이 아니라 이등병이고 똥장군"이라며 온갖 독설을 퍼부어대고 있다. 남편은 듣기가 거북한지 할 말을 잃고 우두커니 앉아 있다. 허공만 바라볼 뿐이다. 이를 어이할꼬. 평생을 군인의 명예와 자부심으로 살아온 사람인데 남편의 인격을 이렇게 짓밟아도 되는지 그저 안쓰럽기만 했다. 밖에서 온갖 사기 사건을 자신이 벌여 놓고 어찌 그걸 남편이 수습하기를 바라는지 이해할 수가 없었다.

주간은 물론이고 야간에도 그녀가 독방에서 제대로 지내고 있는지 수시로 살펴야 했는데 그녀의 독방에서의 일상생활은 오로지 본인의 얼굴 다듬는 데 초점이 맞춰져 있었다. 얼굴이 반질반질하다. 가꾸지 않아도 고운 피부와 빼어난 미모를 타고나 누가 봐도 단번에 사람의 눈을 사로잡는 얼굴은 단연 빛났다. 80년대 초 처음 수용생활 할 때도 자신은 남자를 넘어뜨리는 데 5분도 안 걸린다는 말을 공공연하게 하였다는 이야기를 들었다. 자기 얼굴은 온갖 크림으로 문지르며 젊음을 유지할 수 있다고 생각하는 것 같았다. 돈도 권력도 사람도 뭐든 내 맘대로 할 수 있다는 허황한 생각이 그녀를 범죄자로 만들었는지 모른다.

하지만 그녀의 정신은 병들어 자신이 머무는 방조차 청소도 안 하고 몸도 제대로 씻지 아니하여 그 방 앞에만 서면 냄새가 코를 찔렀다. 교도소 인근지역에서 방을 얻어 징역수발을 하는 남편에게 이불이며 옷 등을 내보내며 빨아오도록 만들었다. 또한 과일이 썩어 나가도 청소하는 수용자들에게 사과 하나 내어주지 않는 인색함이 사람을 정떨어지게 만들기도 했다. 밤에도 거의 잠을 자지 않고 자신의 삶을 바탕으로 자전적 소설을 쓴다고 눈이 빨갛도록 밤을 지새우는 걸 볼 때면 어이없었다. 혹시나 이런 식으로 책을 내게 되면 일찍 나가는 데 조금이라도 도움이 될까 하여 안간힘을 쓰는데 정신이 온전할 리가 없다. 이 여인이 쏟아내는 언어는 얼마나 사납고 험한지, 직원이 조금이라도 자신에게 지적할라치면 들어보지도 못한 욕을 한 바가지 쏟아낸다. 초창기에 그런 험악한 욕을 듣고 사표를 낸 직원도 있다. 수틀리면 사회적으로 매장을 한다고 협박까지 하면서 말이다. 아직도 권력의 끄나풀이 남았다고 착각하는 것인지도 모른다. 정상적인 사고를 하는 사람이 아닌 망상증 환자라 해도 과언이 아니다. 최고의 삶을 누리던 데서 오는 박탈감, 더 이상 내려갈 곳이 없는 최악의 상황에서 돌파구를 찾을 길 없다 보니 수용생활 내내 정신과 약을 복용하며 버티는 생활이었다.

이십여 년이 흐른 후, 그녀와 교도소에서 세 번째 만났을 때 그 남편이 세상을 등졌다. 제대로 아내로부터 대접도 못 받고 따뜻한 밥 한 그릇 얻어먹어 본 적 없지만, 그저 아내를 측은히 여기는 순정파 사나이의 사랑을 보여주었던 사람이었다. 여인은 단 한 번도 남편을 사랑해 본 적 없는 사람, 남편의 권력과 사랑을 이용해 자신의 부를 축적하는 데 사람을 이용했을 뿐이다.

그녀의 남편은 직원들 보면 언제나 깍듯하며, 규정에 어긋나는 것은 절대로 무리하게 부탁하는 일도 없던 지극히 젠틀한 노신사 그대로였다. 교도소 인근에 방을 얻어 놓고 아내의 궂은 징역 뒷바라지를 하며 인생 말년을 보내고 있는 그는 얼마나 많은 상념에 빠졌을까. 군에서 최고의 위치까지 갔던 모든 영광을 뒤로한 채 허황된 아내로 인해 최악의 굴욕스럽고 초라한 말년을 보냈다.

그녀는 남편의 부고에도 전혀 슬퍼하거나 애달픈 표정이 없었다. 보통 사람들은 통곡하며 가슴을 치는데 그 남편을 위한 마지막 저승 쌈짓돈으로 영치금 한 푼 찾아가지도 않았다. 직원이 대동하여 서울의 보라매 병원까지 문상하러 갔다. 하지만 장례식장에서도 눈물 한 방울 흘리지도 않으며 애도하는 모습도 보이지 않았다고 한다. 무표정한 얼굴로 교도소에 돌아와서도 출소 후 타고 다닐 외제 차며 본인 얼굴 이쁘게 해줄 외제크림 등에만 관심을 보였다.

또 한 명의 큰 손 여인은 70년대 장 여인과 같이 활동했던 C 여인이다. 가짜 아파트 분양권을 피해자에게 주고 분양사기를 쳐 수백원대의 피해를 낸 사람이다. 유들유들하고 풍채 좋은 모습에 사람들과도 스스럼없다. 직원들에게도 특별히 문제되거나 돌출 행동을 하는 일은 없었지만 큰 손들의 머릿속에는 늘 출소 후에도 어떤 식으로 사업을 펼쳐갈지 그 구상에 여념이 없다. 그리고 아주 고단수의 능력으로 직원들에게 접근해 마치 이곳에서 빨리 나가게 해주면 대단한 보상이라도 해줄 것처럼 직원들을 구워삶았다. 모두 거짓말이었지만 거기에 현혹되었던 직원은 품위유지 위반으로 징계를 받았고 그 수용자도 가중처벌 되는 불행한 사태를 맞았다. 출소하고도 몇 차례 더 사기 사건으로 구속되는 아픔을 맛보고 있지만, 이들의 머릿속은 온통 허황된 생각과 실현 불가능한 사기를 계획하는 일에만 모든 관심이 집중되어 있다.

또 한 명은 부산의 큰 손으로 군인아파트를 분양한다고 속여 여러 사람에게 수십억의 피해를 준 K 여인이다. 최고의 학교를 나와 성악가로서 활동하다 교수가 되기 위해 돈이 필요하다는 이야기를 듣고 가짜 군인아파트 분양권을 싸게 할인하여 준다고 속여 수많은 피해자를 발생케 한 여인이다. 남편은 병원을 운영하던 의사였는데 남편까지 끌어들여 같이 징역을 살았다. 남편은 의료인이라는 경력으로 의료과 보조 일을 하며 수용 생활을 하였다. 김 여인은 평생 노래를 하였기에 교도소에서도 합창반에서 활동하며 반주를 맡기도 했다. 하지만 탐욕스러운 성격을 고치지 못해 먹는 것에 유난히 집착하여 사람들과 종종 다툼이 일어나기도 하였다. 자신의 과시욕과 명예욕이 강하다 보니 여러 사람이 자신을 대단하게 인정해 주기를 바랐다. 현재의 삶에 만족하지 못하고 주위에 가까운 많은 사람을 희생양으로 삼은 안타까운 인물이다. 출소 후에는 얼마 살지 못하고 교통사고를 당하여 사망했다고 한다.

이들을 오래 지켜보면서 느낀 것은 자신의 본분을 망각하고 헛된 꿈을 꾸며 산다는 것이 얼마나 허망한 것인가를 평생 깨닫지 못하고 산다는 것이다. 최고의 배움과 좋은 가정에서 성장한 것만으로도 엄청난 행운아 중의 행운아임에도 끝없는 탐욕이 그들을 인생의 나락으로 빠트렸다. 그리고 한 인간으로서 또 한 남편의 아내와 자식들의 어머니로서 자신을 망각하며 산다는 것이다. 남편을 자신의 발에 때만큼도 여기지 않고 우습게 보는 경향은 이들의 공통점이다. 자식을 위하는 마음도 거의 없다. 자식 때문에 애달파 하는 다른 많은 수용자와의 차이점도 바로 이런 점이다. 그러기에 단 한 번도 자식들로부터 편지나 면회가 오지도 않고 부모로부터도 연락이 없다. 한 인간의 삶으로 볼 때도 완전 실패작 인생인 것이다.

이들의 말로가 교도소 내에서의 사망 아니면 젊은 시절 대부분은 물론 80이 넘은 늙은 나이에도 희대의 사기꾼으로서 30년 이상을 교도소에서 인생의 마지막을 보내고 있다는 사실이다. 평생 고칠 수 없는 남을 속이는 병을 가지고 수많은 가정을 파괴하여 많은 가슴에 한을 남긴 사람들이, 과연 피해자들의 아픔을 얼마나 공감하고 자신의 죄를 속죄하고 있을지. 그들이 앓고 있는 탐욕이라는 병이 가져다준 결과는 무엇인가. 그들에게 허락된 공간은 한 평뿐이다. 살아서도 한 평, 죽어서도 한 평이다. 인과응보다.

꿈과 희망을 노래하는 하모니 합창단

교도소로 출근하는 여자! 남들은 교도소의 '교' 자만 들어도 긴장되고 마음이 움찔한다는데 나는 매일 교도소로 발걸음을 향한다. 그곳에 있는 사람들과 삶의 대부분을 나누는 교도관이다. 그들과 함께 한 시간이 수십 년 되는데도 높은 담벼락을 마주하며 몇 겹의 철문을 지나는 일은 쉽지 않다. 현장에 다다를 때면 머리가 쭈뼛쭈뼛 서고 오늘은 별 일없이 그저 무탈하게 지나가기만을 마음속으로 간절히 바라게 된다.

겉으로 봐서는 교도소가 아무 일도 없이 무거운 침묵만이 흐르고 있는 것처럼 보이지만 그곳도 작은 사회인지라 한시도 조용할 날이 없다. 특수한 사람들만 모아 놓은 곳이다 보니 아무 일 없기를 바라는 것이 이상한 일이다. 수용자들이 생활하는 사동(舍棟)은 하루 종일 시끄럽다. 약을 먹지 않겠다고 씨름하는 수용자, 방 사람들과 화장실 문제로 싸우는 수용자, 오랜 시간 간절히 바라던 가석방에 탈락해 상심하여, 며칠 동안 꿈적도 하지 않고 식음을 전폐한 채 누워 있는 수용자, 예초기로 작업을 하다가 손가락을 다친 수용자, 하루에도 셀 수 없이 많은 사건 사고가 발생하여 이를 처리하기도 바쁘다.

그런 와중에도 수용자들의 심리적인 안정과 정서 함양을 위한 다양한 활동이 이루어진다. 외부 문인협회의 도움을 받거나 수필, 소설 등을 공모해 시상도 하고, 미술 수업을 하기도 한다. 그중에도 이곳 청주여자교도소의 하모니 합창단은 전국적으로 유명하다.

요즈음은 몇 군데 큰 공연을 앞두고 있어 한창 연습 중이다. 강당 근처를 지나려는데 아름다운 화음이 흘러나온다. 살그머니 뒷자리에 앉아 천상의 소리를 내기 위해 애쓰는 수용자들의 노력을 엿본다. 내가 잘한다고 너무 튀게 소리를 내어도 안 되고 남들과 조화를 이루며 화음을 맞추려 애쓰고 있다. 절제를 배우는 순간이다. 또한 소리를 내기 위해서 무한히 반복해야 하는 끈기와 인내심, 특히 기본을 철저히 하기 위해 무한 연습하는 그들의 노력이 가상하다.

처음엔 기본적인 음을 내는 법도, 악보를 볼 줄도 모르는 사람들이 각고의 노력 끝에 화음을 만들어내는 것을 보면 놀라울 따름이다. 지휘자의 이마에 송골송골 땀이 스미는 걸 보면, 가르치는 사람이나 배우는 사람이나 무에서 유를 창조하는 기쁨 이면에 숨겨진 무한한 고통을 헤아리게 된다.

또한 장기형을 받은 많은 수용자가 복잡하게 얽힌 내면의 갈등, 분노, 미움 등이 보이지 않게 여러 사람과 불협화음을 만들고, 본인은 물론 많은 사람을 힘들게 하는 경우도 있다. 좁은 공간에서 세대 간, 성격상, 단기 수들과 부딪히는 일이 많았는데, 여러 갈등을 녹여 내는 이들을 보며 역시 합창은 마음의 비타민이요, 치료제라는 생각도 든다.

이제 며칠 있으면 법무부 주관의 가장 큰 행사인 '교정의 날'에 몇 곡의 축하곡을 부르게 된다. 의상업체 관계자와 행사의 목적과 합창곡에 잘 어울리는 드레스의 디자인, 색상 등을 의논하는 일부터 수용자들의 화장 등 신경 쓸게 한둘이 아니다. 외부의 여러 일로부터 수용자를 보호하는 일이며 그곳에서 식사할 장소, 음식, 차량 등 신경 쓸 것이 참으로 많다. 그럼에도 모든 일이 일사천리로 진행되며 각자의 자리에서 합창단원들이 최고의 실력을 발휘하도록 직원들은 세심하게 신경을 쓴다. 수용자들에게 문제가 생겨 불편함을 겪지 않도록 하기 위해서다.

또한 법무부 행사 후에도 세종문화회관 공연이 예정되어 있다. 수용자 가족들은 물론 일반 시민들이 특별한 공연을 보려고 한참 전부터 설렘으로 기다리고 있다. '교정의 날'은 그동안 수고한 교도관들의 노고를 위로하고, 공적이 있는 사람들에게는 특별히 큰 상도 주게 된다. 물론 교정위원으로 수십 년간 수용자 교정 교화에 헌신봉사한 분들에게도 감사를 표하며 격려하는 아주 큰 행사고 축제의 자리다. 그날을 더욱 빛나게 하는 청주여자교도소 합창단의 합창은 천상의 소리가 따로 없고, 이들이 만들어내는 화음은 외부의 어느 프로 합창단보다도 아름답다. 공연 후, 우레와 같은 박수는 이들의 땀방울을 더 값지게 느끼게 하고, 늘 소외되고 그늘졌던 그들의 존재를 당당하게 이 세상의 중심에 서게 만든다.

세종문화회관에서의 공연은 특별히 더 깊은 의미로 다가왔다. 공연 내내 감동의 물결이 출렁였다. 거의 많은 수용자의 대부분이 장기수들이지만 한 수용자는 사형수로 살다가 감형되어 무기수로 사는 자신의 이야기를 편지로 관객에게 전달했다. 버려지만도 못한 자신의 인생이 음악을 통해 치유되고 다시 삶의 희망을 품게 되었다는 내용의 이야기는 모두를 감동의 도가니로 이끌었다. 편지의 내용은 단지 사형수의 이야기가 아닌 우리 모두의 이야기처럼 공감되며 여기저기서 훌쩍거리는 소리가 공연에 더 깊이 빠져들게 했다. 합창단원들의 가족들도 초청되어 공연이 끝난 후, 아기 아빠가 무대 위로 올라와 엄마에게 아기를 안겨주자, 아기를 안아 보고 뜨겁게 흘리는 눈물은 엄마의 사랑과 자리가 얼마나 중요한지 일깨워주었다. 그래도 희망이 있는 것은 가족이 든든히 지지해 주며 엄마를 기다리고 있다는 것이며 이 메시지는 가족 구성원으로서의 우리를 되돌아보게 했다.

법무부 행사를 하던 그날은 과천의 가로수 단풍들이 유난히 더 화려하게 불타고 있었다. 공연을 마치고 오는 길에 청주동물원에 들러 우리만이 관객이 되어, 마음 편히 동물들의 앙증스러운 모습들도 구경하고 그들과 함께 놀아주며 친구가 되기도 했다. 십수 년간 보지 못했던 아름다운 단풍을 눈에 담으며 인생 최고의 행복을 만끽한다. 자유를 잃기 전에는 늘상 누렸던 일상이 이렇게 특별하게 다가올 줄은 몰랐다는 합창단원들의 이야기는 우리 모두를 가슴 찐하게 만들었다.

여자교도소 합창단에 대한 시민들 반응은 뜨거웠다. 서로를 이해하고 성장시켜 나가는 그들의 노래가 많은 이들의 가슴을 뭉클하게 만들었다. 하모니의 내용을 주제로 한 영화도 만들어졌다. 원로배우 나문희를 비롯한 배우들이 다양한 캐릭터를 가진 수용자들의 아픔과 사연들을 어루만져주면서 음악 속에 웃음과 울음, 슬픔 등을 녹여 냈다. 청주여자교도소의 상징이 된, 하모니 합창단은 비록 자유롭지 못한 몸이지만 갇힌 자들도 많은 사람에게 꿈과 희망을 줄 수 있다는 것을 보여주었다. 교도소 내부 공연은 물론 세종문화회관, 사랑의 교회, 여의도 순복음교회, KBS, 청주예술의 전당 등에서 수십 차례 공연하며 새로운 역사를 써가고 있다. 앞으로도 이들이 음악을 통한 자기 치유를 넘어 많은 수용자와 시민들에게 감동을 전해주길 기대하며 이들의 활동이 계속 이어지길 간절히 바란다. 비록 현재의 모습은 가장 낮은 곳에서 비루한 모습일지라도 언젠가는 엄마의 자리로 돌아갈 희망을 꿈꾸는 그들의 꿈이 이루어지길 소망한다.

특별한 만남

만남이란 무엇일까. 늘 묻게 된다. 길고 긴 인생길 많은 사람과 어울려 살며 사람 속에서 희로애락을 나누며 살 수밖에 없는 존재가 우리 인간이다. 행복은 서로를 배려하고 존중하는 가운데 서로 따뜻하게 손잡고 가는 여정이다. 특히 몸이 자유롭지 못한 상황에 있는 당사자나 그 가족은 말할 것도 없다. 별거 아닌 것에 세상을 다 얻은 것 같은 느낌을 받고 사소한 말 한마디에 의기소침해질 때도 있다. 아무리 절망적인 상황에서도 누군가 따뜻한 손 내밀어주며 그 사람의 마음에 귀 기울여 들어 준다면 다시 살 수 있는 힘을 얻기 때문이리라.

지난 5월은 유난히 바빴다. 가정의 달이기도 하고 챙겨야 할 곳도 많아서다. 15년 전부터 여성 수용자들의 청소년 자녀들에게 관심을 두고 장학금을 주고 있다. '수용자'를 넘어서 자식을 키우는 같은 엄마의 처지에서 그들의 안타까운 사정을 늘 보고 듣게 되다 보니 비록 적은 액수지만 조금이라도 도움을 주고 싶어서 시작하게 되었다. 수용자 자녀들이 직접 교도소를 방문하는 일이 쉽지 않아 그 어머니들에게 장학 증서를 수여한다. 그 자리에서 비록 갇혀 있는 처지지만 더 모범적인 수용 생활을 하도록 당부한다. 엄마의 반듯한 삶의 자세와 가치관이 그대로 자식들에게 전해지기 때문이다. 또 부모의 죄로 인하여 자식에게 죄가 대물림되지 않도록 특별히 더 신경 쓰지 않으면 어떤 결과를 초래할지 모르기에 그렇다.

엄마의 구속으로 인해 아이들이 겪어야 할 마음의 상처와 성장 과정에서의 아픔은 누구도 쉽게 헤아리기 어렵다. 엄마인 수용자도 자신의 삶을 살아내기도 쉽지 않고 자녀들에 대해서도 뭘 어떻게 해줄 수 있는 것이 없다. 성장단계에 맞게 해줘야 할 수많은 엄마의 역할을 아무도 대신해 줄 수 없는 현실에 엄마나 그 자녀들은 그저 마음으로 울 수밖에 없다. 그래도 친정엄마가 계셔 손주 손녀들을 거두는 경우는 그나마 행복한 편이다. 시댁 식구나 친척 또는 시설에 맡겨진 아이들은 엄마의 형기만큼 그곳에서 또 다른 창살 없는 마음의 감옥을 경험하며 어린 시절을 보내게 된다. 교도소에서는 그런 점을 살펴, 매년 5월에는 장기수 수용자 가족들에게 '가족 만남의 날'* 혜택을 주어 아이들이 엄마를 만날 수 있는 시간을 제공한다. 마치 소풍 오는 기분으로 가족들은 모처럼 갈비, 잡채, 치킨, 과일 등을 준비해서 가족 중 이곳에서 수용자로 있는 이들을 만나러 온다. 마음껏 손도 잡아보고 그동안 나누지 못한 사랑을 아낌없이 표현한다.

무기수 C 씨의 80이 다 되어가는 친정어머니와 아버지는 C 여인의 다섯이나 되는 자녀를 기르고 있다. 중3에서 이제 아장아장 걷는 두 돌 된 딸아이까지 돌보고 있다. 그분들은 자신들도 노쇠하여 몸

건사하기도 힘든데 다섯 아이 먹이고 입히고 공부도 신경 써야 하니 너무 버겁다고 몇 번을 울먹이며 신세 한탄을 한다. “인생 막판에 이 무슨 청천벽력이고 운명의 장난이냐”라고 자식 잘 못 키운 부모로서의 속상함과 딸에 대해 안타까움도 표출한다.

그녀의 맏아들은 먼발치에서 우두커니 엄마와 동생들이 얼싸안고 있는 모습을 바라만 보고 있다. 수년 만의 첫 만남이니 얼른 달려가 엄마와 포옹이라도 한번 해보라 하여도 자신은 괜찮다고, 동생들이 먼저라고 한다. 엄마에 대한 진한 그리움, 동생들에 대한 지극한 사랑이 담긴 그 애처로우면서도 속 깊은 그 아이의 표정이 잊히지 않는다.

그 아이는 두 번이나 장학생으로 선정되어 또박또박 쓴 감사의 편지를 보내왔다. 백군의 깊은 마음은 할아버지 할머니를 도와 동생들이 더 잘 자랄 수 있도록 많이 애쓰고 있다고 도와주셔서 감사하다고 한다. 그 아이와는 쭉 연결되어 입대할 때도 만나게 되었다. 군 생활 잘할 것을 당부도 할 겸 따뜻한 밥 한 끼 나누며 앞으로의 계획에 관해 물었더니 엄마가 억울하게 이렇게 된 것 같다고 재심청구*에 대한 진지한 문의를 해왔다. 장남으로서 엄마의 억울함을 꼭 풀어주고 싶다는 결심이 확고하다. 그리고 컴퓨터에 관심이 많아 그쪽의 공부를 하고 싶다 한다. 컴퓨터 관련 책을 몇 권 사줬더니 좋아하며, 군에 가서도 열심히 공부해서 자격증도 따겠다고 한다. 입대해서도 정보 업무를 맡고 있고 선임이며 동료들하고도 원만하게 잘 지내고 있다는 반가운 소식이다.

교정에 몸담고 있을 때 스쳐 간 수많은 인연 중 백군에 관한 생각만 하면 가슴이 아리고 안타까운 마음이 깊이 밀려온다. 엄마를 잘못 둔 죄로 아빠 잃고 대가족의 가장이 되어 짊어지고 갈 삶의 무게가 너무 무겁게 느껴졌기 때문이다. 하지만 그동안 지켜본 백군의 모습은 누구보다 의젓하고 진중했으며

작은 친절에도 베푼 것보다 더 크게 고마워하였고 더 도움을 주고자 했지만 의존하기보다는 스스로 힘으로 일어서려고 했다. 수많은 어려움을 딛고 반듯하게 성장한 백군을 생각하면 가슴이 뿌듯해진다. 힘들고 고단한 현실에 좌절하기보다는 두 발을 땅에 굳게 내딛고 희망을 향해 나아가는 B군에게 뜨거운 응원의 박수를 보낸다.
"백군, 파이팅!"

1) 가족관계의 회복을 위하여 가족들이 음식을 준비해와 함께 나누며 서로의 사랑을 확인하는 행사

2) 형이 확정된 후 새로운 증거가 발견되었을 때 증거를 제시하며 다시 재판해 달라고 요청하는 것

기막힌 악연

교도관으로서 첫발을 내디딘 것이, 올림픽이 열리던 해 4월 초였으니 아마 35년 전 이맘때이지 싶다. 그때만 하더라도 수용자 중에 학력이 높은 사람이 많지 않았다. 그래서 틈이 나면 수용자를 불러내어 한글도 가르치고 영어도 가르치곤 했는데 그것이 꽤 재미있고 나름, 보람을 느껴 열정을 다했다.

그때 첫 발령 받아 근무하던 원주 교도소에서, 관리하는 여성 수용자 중 어느 보호 감호자가 있었다. 그녀를 마주칠 때면, 학벌도 좋은 사람이 어찌하여 보호 감호자가 되었을까 의아했다. 동종의 상습범들에게 형벌 이외에 사회로부터 격리시키는 보안처분의 성격을 갖는 보호감호제도가 있어 사회 기강이 엄격하던 시절이었다.

그런 그녀를 6년이 흐른 뒤 부산에서 만났다. 어느 날 운동장에서 수용자들이 운동하는 걸 지켜보고 있는데, 어느 수용자가 달려오더니 인사를 꾸벅하며 자신이 원주에서 만났던 H 씨란다. 깜짝 놀라 자세히 보니 옛날 50대의 모습은 찾을 수 없었고 성형을 하여 갸름해진 얼굴에 아가씨처럼 머리를 길러 완전히 다른 사람처럼 보였다. 반갑다기보다는 이런 곳에서 다시 만났다는 것이 안타까웠다. 그래도 나를 만나 반가웠는지 그녀는, 직설적인 이야기를 늘어놓는다. 아버지가 이북 사람이었는데 6·25 때 가족을 이끌고 내려와 강원도에서 정착한 입지전적인 인물이고 버스회사도 크게 운영했다고 한다. 한평생 버스회사를 운영하던 아버지가 돌아가시면서 가족들은 모두 뿔뿔이 흩어졌고 남편마저 자기 동생에게 빼앗겼다며 이런 기구한 운명도 있느냐고 되묻는다. 출소 후 자신의 버릇을 고치기 어려웠다며 어찌하다 보니 또 이렇게 되었다고 하소연하는 것이었다.

그녀의 말을 생각하며, 재판기록을 살펴보니 참으로 어처구니가 없었다. 그녀는, 당시 세상을 떠들썩하게 했던 방화 살인범이었다. 어떤 남자와 부산의 모 호텔에 투숙했다가 다툼이 벌어져 호텔에 불을 놓는 바람에 큰 화재로 번져 그녀와 동행한 남성이 사망하는 등 여러 명의 사상자를 낸 주범이었다. 불을 지르고 일본으로 도주해 2년 동안 숨어 살다가 한국에 돌아와 검거되어 재판 중으로 1심에서 사형이 구형된 상태였다. 그녀의 범죄 이력은 살인 이외에 범죄 이력도 대단했다.

수차례에 걸쳐 기차 내에서, 또는 여러 사람이 있는 곳에서 좀 있을 법한 사람들에게 접근해 수면제가 든 음료를 권해 그들이 잠이 들면 금품을 갈취하는 등 강도질을 밥 먹듯 하던 여인이었다. 뭇 남자들과 사귀며 못된 짓을 일삼는 여자에게 꽃뱀이라 부르게 된 첫 주인공이 바로 그 여인이다. 당시 국선 변호사가 선임된 상태에서 재판받고 있던 그녀는 똑같은 내용의 탄원서를 13번 이상 제출했는데 한결같은 이야기는'나는 사람을 죽이지 않았다'라는 것이다.

자신이 저지른 행위로 인해 어떤 결과가 벌어졌는지는 전혀 알고 싶지도 않고 그저 형량을 줄이고자 하는 인면수심의 행동일 뿐이었다. 오랜 재판 결과 무기징역이 확정되었다.

그런데 이게 무슨 악연이란 말인가. 내가 청주여자교도소로 온 지 3년 후 그녀도 이곳으로 이송되었고, 나는 또 그녀를 마주하게 되었다. 긴 수용 생활 때문인가. 그녀는, 늘 고혈압과 심장병, 두드러기, 척추 협착증 등 만성질환을 앓으며 수용 생활의 힘든 고통을 처절한 몸 짓으로 하소연하곤 했다. 본인의 잘못을 반성하지는 않고 지인들과 자신을 면회 오지 않은 자식들을 원망하며 나날을 보내는 그녀를 볼 때면 어찌 저럴 수 있을까 의아스러웠다.

그래도 일말의 양심은 있었는지 자신으로 인해 돌아가시지도 못하고 그녀가 나올 때만을 기다리는 90 넘은 노모에게 용서를 빌고 싶다며 한번 만나게 해달라고 애걸복걸할 때면 안타깝기도 했다. 그녀가 청주로 이송되어 온 지 20여 년이 흐른 어느 날 갑자기 병동의 막상막하 대단한 성질을 가진 다른 무기수와 말싸움 끝에 정신을 잃는 바람에, 바로 외부병원으로 이송했는데 지병인 심장에 심근경색으로 사망했다.

그 당시 최고의 인텔리였고, 재주도 많아 못 하는 게 없는 그녀였지만 자신의 업보로 인한 인생의 결말이 비극으로 끝난 이 상황을 어떻게 해석해야 할까. 허영심에 들떠 자신의 인생을 역전시켜 보고자 했던 모든 일이, 남의 목숨까지 빼앗는 비극으로 끝을 맺었다. 가장 사랑하는 자식들에게조차 철저하게 버림받고 평생을 외롭게 살다 간 그녀를 보며 많은 생각을 하게 한다. 인생은 누구를 원망하고 환경을 탓하기 전에 가장 절망적인 상황에서도 자신의 중심을 잃지 않고 꿋꿋이 묵묵하게 나만의 인생을 만들어 가는 것이 끝까지 나를 지키는 길이라는 것을. 그리고 자신이 배운 지식과 재능을 내가 아닌 남을 위해 사용하며, 선한 인간의 본성을 되찾으려 노력하며 살았다면 비록 갇힌 곳에서의 삶이지만 영원한 영혼의 자유를 누리며 살았을 텐데 싶어서다.

돌이켜 보면 내 삶의 전반을 수용자들과 관련된 일을 하며 살아온 셈이다. 그들과 부대끼며 살아오는 동안, '죄는 미워하되 사람을 미워하지 말라'는 말이 올무가 되어 힘든 시간을 보내기도 했다. 차마 입에 담기조차 힘든 죄를 범했으면서도 일말의 반성도 없이 당당한 이들을 볼 때, 출소한 지 얼마 되지 않아 다시 들어오는 이들을 볼 때면 그 사람이, 그가 범한 죄보다 더 미워지는 마음을 걷잡을 수 없어 안간힘 했다. 마음의 갈피를 잡을 수 없을 때면 현실과는 동떨어진 이상의 세상에서나 가능한 일임을 알면서도 범죄자도, 범죄도 없는 세상은 정말 없는 것일까. 유토피아를 꿈꾸기도 했다.

탈주

탈주! 교도관에게는 그 말만으로도 머리가 쭈뼛 서는 일이다. 하지만 지킴을 당하는 자에게는 이보다 더 큰 모험과 스릴이 따로 없다. 물론 탈주 후의 위험감수 등은 막연한 마음으로 상상하지만. 이렇게 같은 현상을 두고도 지키는 자와 지킴을 받는 자 간의 입장 차이는 하늘과 땅 사이이다. 탈주가 일어났을 때의 파장은 상상한 것 이상으로 우리 사회에 미치는 영향은 엄청나다 할 것이다.

올림픽이 끝나고 얼마 지나지 않아 10월 8일 지강헌 일당 12명이 탈주를 한 날이다. 영등포교도소에서 재판이 확정된 25명을 대전교도소, 공주교도소, 공주 치료 감호소로 각각 이송하게 되었다. 출발하기 전 호송에 관한 여러 규정대로 수용자에게 수갑과 포승은 제대로 채웠는지 확인하고 호송계획에 따라 정확하게 호송버스에 앉힌다. 운전자와 피호송자, 직원들을 구분하고 안전을 확보하는 버스 내 빗장을 채웠는지 등을 정확하게 확인하고 출발하여야 한다. 특히 보안상 위험한 물건을 소지했는지 등 몸수색을 철저히 해야 함은 말할 것도 없다. 다수의 수용자가 이송되는 경우여서 더 세심한 주의와 경계가 필요했는데 일이 터지고 나니 모든 게 허술했다.

서울을 빠져나간 지 얼마 지나지 않아 수용자가 직원을 흉기로 찌르고 운전대를 빼앗았다. 그 과정에서 직원들은 총기를 탈취당했고, 탈주범들은 차를 돌이켜 다시 서울로 진입했다. 탈주한 12명 중 7명은 붙잡히고 5명은 서울 시내를 전전하다 4명은 서대문구 북가좌동으로 잠입하여 고씨 일가의 가족을 인질로 잡았다. 새벽 4시쯤 탈주자들이 한눈을 파는 사이 고씨는 담을 넘어 인근 파출소에 신고하여 경찰 특공대 1,000여 명이 출동하여 진압 작전이 펼쳐졌다.

그때는 교도관으로 입문한 지 얼마 안 된 시점이라 손에 땀을 쥐며 조마조마한 마음으로 전국에 생중계되는 인질극을 시청하였다. 진압 과정에서 혹시라도 다칠까 싶어 많은 국민은 가슴을 졸이며 지켜볼 수밖에 없었다. 경찰과 대치하며 최악의 상황으로 치닫는 상황에서 인질로 잡힌 가족들은 생명이 탈주자들의 손에 넘어가니 사색이 되어 살려 달라 애원한다. 여차하면 일가족 모두 죽음의 위기에 놓여 있다 보니 일가족은 탈주자들의 요구를 들어주며 조금이라도 그들의 뜻을 거스르지 않기 위해 안절부절 일수밖에 없었다. 교정 역사상 수용자 탈주가 이렇게 전국적으로 생중계되며 국민을 공포의 도가니로 몰아넣은 것은 아마 유사 이래 처음일 것이다.

생중계되는 과정에서 그들은 평소 불만인 사법 정의에 대해 계속 외쳐대고 있었다. '무전유죄, 유전무죄', 지강헌이 34세이고 나머지 세 사람은 20대 초반의 젊은이들이었다. 불우한 가정에서 제대로 교육도 받지 못한 이들이 어린 시절부터 절도, 폭력, 강도 등 여러 차례 범죄를 저질러 범죄 인생에 발을 들여놓은 상황이었다. 자신들의 생각으로는 얼마 되지 않은 돈을 훔쳤을 뿐인데 자신들의 범죄로 인한 죄 이외에 보호감호 10년을 선고받은 것이 부당하다며 불만을 품었다. 그런데 권력 있고 돈 있는 이들은 어마어마한 액수를 횡령하고도 자신들보다 형을 적게 받는 것에 불만을 품었고, 공정하지 못한 사법 시스템에 돌을 던지고 싶었다.

경찰과 격렬하게 대치하던 두 명은 권총으로 자살하고 지강헌은 사살되었으며, 9일간의 탈주극 대단원의 막이 내려졌다. 한 명은 경찰과 협상 차 나가 있었다. 다행히 고씨 가족들은 다치진 않았지만 밤새 불안과 공포에 떨며 죽음의 문턱까지 갔었다. 그 과정에서 탈주자들의 일거수일투족을 지켜보며 평생 지워지지 않을 끔찍한 상처를 경험하게 된 것이다. 이렇게 해서 지강헌 일당의 인질극은 실질적으로는 1년 9개월이 지나서야 마지막 한 명이 잡힘으로써 탈주극의 대단원이 막이 내려진 것이었다. 하지만 사회를 불안과 공포에 떨게 한 탈주의 책임은 고스란히 교도소와 교도관의 책임으로 돌아가게 된 것이다. 그때 호송을 책임졌던 직원들은 공무원으로서의 가장 중한 징계를 받음으로써 평생 잊히지 않는 트라우마와 씻을 수 없는 아픔을 겪게 되었다.

이 엄청난 탈주극은 교정 역사상 최다수의 직원들이 문책을 받는 결과로 참담하게 끝났지만, 여기에서 머물지 않고 제도의 개선을 해야 한다는 여론이 형성되었다. 교도관의 2부제 시스템이 3부제로 전환되는 계기가 되었다. 그리고 탈주 사건을 계기로 사회보호법의 개정이 이루어져 10년이었던 보호감호 기간이 7년으로 축소되는 획기적 계기가 되었다. 그 이후에도 이중 처벌의 논란을 벌여오다가

2005년 7월 사회보호법이 완전히 폐지되어 보호감호가 폐지되는 시발점이 되었다.

교정직 근무 체계가 2부제에서 3부제로 전환되는 것은 사상 최고의 인원 충원이 이루어져야 하는 엄청난 일이었다. 1989년 10월 31은 2부제에서 3부제로의 전환이 된 교정 역사상 '혁명'이라고도 부른다. 그때의 신건 교정국장은 교정 역사상 최고로 존경받는 교정의 총수가 된 것이었다. 늘 과로에 시달리고, 연탄가스에 절어, 반 징역을 살던 교도관들에게 3부제로의 전환은 이 자체만으로도 획기적인 처우인 동시에, 교도관들이 인간다운 생활을 누리며 수용자 교정 교화에 더 매진할 수 있는 계기가 된 것이다.

부산구치소에 근무할 당시인 1994년 9월 초쯤 비상이 걸렸다. 공문서위조로 검찰 조사를 받고 있던 수용자가 부산 동부지청 화장실에서 도주한 것이다. 다리를 다쳐 평소 목발을 하고 다니던 그 수용자는 그날도 2층에서 근무자에게 화장실 보내 달라고 요청하였다. 특별한 의심 없이 보내 주었는데 나오지 않아 가보니, 거기서 목발을 내던지고 화장실 환풍구를 통해 도주한 상태였다.

모든 시스템이 비상 체제로 전환되었다. 72시간 내 체포해야 하기 때문이었다. 바로 경찰에 통보하고, 신속하게 도주자의 연고지, 역, 터미널 등 요소요소에 직원들을 파견하여 도주로를 차단하고, 경찰과 공조 체제로 도주자를 잡는 데 총력을 기울이지 않으면 안 되었다. 신속하게 잡지 못하면 민간인들에게 어떤 해코지를 할지 모르고 또한 2차 범죄를 저질러 사회를 불안과 공포로 떨게 할 수도 있어서였다. 시간이 지날수록 직원들의 마음은 타들어 갔다. 추석은 가까워져 오는데 직원들은 추석은커녕 잡히지 않은 수용자를 어떻게 하면 잡을 수 있을까 고심했다. 접견 및 서신 기록을 샅샅이 훑으며 혹시라도 단서가 될 만한 것이 있을지 촉각을 곤두세웠다. 추석이 지나고 옛 연인과 만난 사실을 알아내어 그 인근을 샅샅이 수색하였다. 결국은 애인이 거주하는 근처에서 잡게 되었다. 2차 범죄가 일어나지 않은 상황에서 탈주범을 검거해서 다행이었지만 참으로 난감하고 사회적으로도 비난과 지탄받을 수밖에 없었다.

근무하다 보면 외부병원 근무나 출정 근무 등 소수의 직원이 여러 업무를 봐야 하는 경우가 많다. 이런 경우 오랜 시간 체력을 키우고 몸을 만들어 철저하게 도주를 계획하고 시도하는 수용자들을 막기는 쉽지 않다. 남들의 인권을 아무렇지도 않게 짓밟고 들어 온 수용자이지만 교도소에 입소하면 수용자로서의 자유와 인권에 목숨을 건다. 그래서인가 어떤 수용자들은 틈만 나면 탈주를 시도한다. 탈주해도 결국은 잡혀 형량만 무거워질 뿐이다. 어떤 수용자들은 틈만 나면 탈주를 시도한다. 교정 역사상 신창원의 907일간의 도주, 이낙성의 1년 7개월의 도주, 사형수의 도주 미수, 2023년 김길수 병원 도주 등 굵직굵직한 도주 사고가 있어 왔다. 그들 모두 정도의 차이가 있을 뿐 재수감 되었다.

교정 사고 중 수용자의 도주는 한시도 교도관을 긴장하지 않으면 안 되게 만드는 가장 큰 중요한 사고다. 시설 내에서는 감히 도주를 꿈꾸기 어렵지만, 시설을 벗어나는 경우 누구든 직원들의 감시를 피해 치밀하게 도주를 꿈꾸고, 도주할 마음을 먹게 된다. 교도관들이 단 한 순간이라도 자기 일을 소홀히 했을 때는 엄청난 파장을 몰고 와 사회를 불안과 공포에 떨게 한다는 사실을 알기에 초긴장 상태에 있을 수밖에 없다. 과거의 일을 교훈 삼아, 경각심을 가지고 철저하게 자신의 책임을 다하지 않으면 안 된다. 1994년에 부산구치소에서 일어났던 탈주 사건은 내 교정 공무원 인생에 큰 가르침과 깨달음을 주었다.

벽을 뚫다

공주에 교도소장으로 발령받아 가던 첫날은 비가 억수같이 쏟아졌다. 폭우를 뚫고 가는데 네비게이션도 작동을 멈췄는지 한참을 헤매다 겨우 취임식 직전 직장에 도착했다. 취임사를 제대로 읽어보지도 못하고 도착하자마자 물에 빠진 생쥐 같은 모습을 하고 취임식을 했다.

전국을 돌면서 근무하는 게 우리들의 일이다. 국가의 발령장 하나에 어디든 짐 보따리를 싸는 게 우리들의 숙명이지만, 때론 발걸음이 떨어지지 않고 피하고 싶은 곳도 있다. 그만큼 힘들다고 소문난 교도소는 누구나 감당하기 쉽지 않고 또 무슨 일이 발생할지 아무도 예측할 수 없기 때문이다. 내가 아무리 노력한다고 해도 수용자들이 끊임없이 사고를 일으키고, 그것이 이슈화하여 언론에라도 크게 날 때는 모든 책임을 기관장이 다 짊어지지 않으면 안 되기 때문이다.

그곳은, 충청도에서 가장 오래된 교도소였고 규모도 아담하였기에 발령받아 갈 때는 크게 걱정하지 않고 담담한 마음으로 갔다. 그런데 웬걸, 내가 생각했던 것과는 매우 달랐다. 시설은 노후화하여 수용자들이 생활하기에 많은 불편함이 있었고 수용자 구성원의 질도 좋지 않았다. 장기수가 많은 데다 재범, 3범, 4범 등. 전과가 많은 수용자가 여러 교도소를 돌며 문제를 일으키고 이곳으로 온 경우가 다수였다.

전체적인 상황도 파악할 겸 교도소 전반을 둘러보니 50여 년 전에 지어진 건물이라서 아주 협소하고 생활하기가 불편하기 짝이 없었다. 거기에 관의 규정을 어겨, 징벌을 받고 있는 '꾸러기 수용자'들의 사동은 마치 피난민들의 집합소처럼 열악하고 그들의 짐 보따리가 아무렇게나 쌓여 있었다. 뭔가 내가 기대했던 질서정연한 모습과 달랐고, 청결함도 부족하고 직원들의 얼굴도 굳어 있었다. 아니나 다를까. 하루가 멀다 하고 사고치고 다치는 수용자, 자기네들끼리 속이고 속여 사기를 당했다고 호소하는 수용자들도 부지기수였다. 직원이 제대로 자기들의 요구를 들어주지 않는다고 직무 유기로 직원을 고소한다는 수용자, 부식이 시원찮다고 정확하게 예산을 집행했는지 정보를 공개해달라는 수용자 등, 별의별 일들로 직원들은 골머리를 앓고 있었다. 불만을 제기하는 수법이 아주 교묘하고 다분히 의도적이었다. 한두 번 해본 솜씨들이 아니다. 자기네 주장을 관철해 수용자 세계에서 자신의 위상을 높이고 직원들도 함부로 못 건드리게 만들려는 심산이었다.

충청권에서 가장 만만치 않은 곳이구나 생각하며, 여러모로 그들의 처우를 개선해 줄 수 있는 방안을 직원들과 머리를 맞대고 고민하였다. 좁은 공간이지만 물리적인 환경개선을 시작으로 새로운 발자국을 떼기 시작했다. 방안 정리 정돈부터 시작하여 작은 곳부터 공간이 사람을 만든다는 생각을 가지고 쾌적한 모습으로 변모시켜 나갔다. 모든 변화에는 저항이 있게 마련이다. 기존의 관행과 질서를 그대로 유지하려는 것은 직원들도 매한가지였다. 그들을 먼저 설득하는 것은 말할 것도 없었다. 동시에 순탄하게 개선이 이루어져도 쉽지 않은 일인데, 오랜 기간 담 안에서 생활하다 보니 직원들의 사고가 경직되어 뭣이든 부정적으로 생각하는 습관에서 오는 어려움은 이루 말할 수 없었다.

지키는 것도 쉽지 않은 교정 업무다 보니, 교정(矯正)의 가장 궁극적인 목표인 사람을 변화시키는 일은 뒷전으로 밀려, 수용자의 변화를 끌어내려는 생각을 갖게 하는 일 자체가 어려웠다. 그래도 수용자가 있기에 우리가 존재하는 것이고 그들의 마음을 들여다보는 일이 우선이라 생각했다. 마침, 인성교육이 진행되고 있었는데 교육의 시작부터 정성을 다했다. 비록 갇혀 있는 상황이지만 수용자가 단지 관리의 대상이 아닌 자신의 인생을 꾸려가는 주체임을 인식시키고, 교육의 주체로서 모든 프로그램이 진행되길 주문했다. 직원들은 인성교육을 시작하기 전 영상을 찍는데, 한 사람 한 사람 인터뷰를 하여 마음 자세를 가다듬고 교육에 기대하는 바를 말하도록 하였다. 자신들과의 약속인 것이다. 그들은 매 순간 진정성 있는 모습으로 강사들과 하나가 되어 분노 조절, 자존감 높이기, 남의 감정 헤아리기, 준법정신 등 열성을 다해 교육에 임했다. 그리고 교육을 수료하는 날은 교육과정 중에 찍은 영상을 보여주며, 자신이 변화되어 가는 모습을 직접 보도록 하였다. 얼굴은 환해지고 당당하게 발표하는 영상 속의 저 사람이 나인가 하는 모습들이다. 옆은 미소가 입가에 번지며 순해지는 그들의 모습 속에서 직원들이 열정을 다할 때 수용자들도 그들의 열정에 감동되어 변화될 수 있다는 가능성을 보았다.

특히 문화예술을 통해 그들의 심성을 순화시키고자, 지역사회 서예가, 미술가, 도예가 등을 초청하여 그들의 숨은 재능을 발견하고 꾸준히 자기 계발을 하도록 하였다. 누구보다 숨은 재능이 많아 어디다 내놓아도 부족함 없는 예술가적 기질을 가진 이들이 많았다. 자신의 재능을 잘못 사용하여 이곳에 들어 온 경우가 대부분이었다. 그리고 꾸러기 중의 꾸러기를 특별 선발하여 도자기 공예반을 편성하였다. 수용자 세계에서 말썽만 부리고 존중받지 못하는 그들의 소외감을 감안하면, 더 특별한 사랑이 필요한 사람들이었다. 말랑말랑한 흙을 통하여 그들이 상상한 그 무엇들을 만들고, 밖의 가마에다 굽는 과정을 통하여 그들은 인내를 배웠다. 프로 작가처럼 온 심혈을 기울여, 한 점 한 점 만들며 그들 안에 있는 악의 뿌리를 빼내고, 햇살처럼 밝게 빛나는 자신을 발견하는 이들이 많아졌다. 이렇게 말간 얼굴을 언제쯤 봤을까. 스스로를 뿌듯하게 여기며 그들의 자존감은 높아갔다. 특히 그들이 작품을 만드는 과정을 담당 직원은 손수 사진으로 찍어 도록을 만들고 전시회도 가졌다. 전시회를 하며 느끼는 뿌듯함과 성취감은 아마 태어나서 처음이었을 것이다. 그들에게 큰 선물이 되었으리라 믿으며 잘 포장하여 도록과 함께 작품들을 출소할 때 가지고 갈 수 있도록 하였다.

또한 직원들을 통해 무기수를 비롯한 장기수들이 너무 오랫동안 숨이 콱 막힌 것같이 답답함을 느껴, 이들에게 출구를 만들어 줄 필요가 있다는 이야기를 듣고 멍석을 깔아주기로 했다. 예산이 별도로 없기에 지인들과 교정 참여 인사들에게 부탁하여 신디사이저, 기타, 드럼 등 여러 악기를 기증받아 별도의 시간을 만들어 음악을 하게 시켰다. 그리고 음악동호회 직원들은 색소폰이며 기타 등을 연습하도록 하였다. 수용자와 직원이 함께 어우러져 만드는 '어울림 음악회'를 기획하며 전무후무한 역사를 만들어야겠다고 생각했다. 음악회 날이 다가올수록 마음이 콩닥콩닥 뛰었다. 제대로 잘 해낼 수 있을까. 실수하지는 않을까 여러 생각으로 마음이 복잡하고 또 한편으로는 설렜다. 처음 시도해 보는 것이기에.

아예 사회도 수용자에게 맡기고 주도권을 수용자들에게 넘겼다. 교정위원을 비롯한 직원들은 관객이 되어 그들을 지켜본다. 음악회 들어가기 전 퀴즈도 내고 하여 분위기를 고조시킨 다음 라면, 과자, 생활용품 등 선물도 많이 나눠줬다. 음악회가 시작되자 '열린 음악회' 못지않은 노래 실력과 연주가 눈을 휘둥그레 만든다. 우레와 같은 박수가 쏟아진다. 멍석을 깔아주지 않아서였지. 그들의 숨은 내공이 프로 연주자, 프로 가수 저리 가라 한다. 직원들이 제복을 입고 나를 중심으로 10여 명이 색소폰 연주를 하며 그들과 하나가 되는 멋진 풍경을 만들어낸다. 수준급은 아니지만, 자신들의 마음을 이해하고 함께 해주었다는 그것만으로도 수용자들은 감동하고 그동안 직원들과 신분의 차이에서 오는 여러 복잡한 감정이 다 녹아져 내렸다.

화려한 외출

사람은 무엇으로 사는가, 이 문제는 우리 인간이 평생의 삶을 살면서 부딪치는 가장 근원적인 질문이고, 우리가 추구하는 궁극적 삶의 목표이다. 톨스토이는 '사람은 사랑을 베풀고 나누며 사는 존재'라고 설파한다. 사랑을 누리고 사랑을 베풀기 위한 근본 바탕은 무엇일까? 그것은 바로 '자유'라고 할 수 있는데 인류 역사 역시 자유를 쟁취하기 위한 투쟁의 역사라고 해도 과언이 아닐 것이다. 하물며 인간의 자유를 제한하는 구속을 뜻하는 징역을 선고받은 사람들은 자유를 박탈당함으로 인해 자신이 추구하는 그 어느 것도 할 수 없는 안타까운 상황에 놓이게 된다.

오늘은 장기수들이 수용 생활 이후 처음 바깥세상으로 외출하는 날이다. 모두 초등학생 소풍 가는 것처럼 즐겁게 재잘거린다. 오랫동안 징역살이를 하다 보니 이런 날도 온다고 흥분을 감추지 못한다. 어젯밤 한숨도 자지 못했다고 한목소리로 합창한다. 이번 모범수 사회 견학에 거는 기대가 크기 때문이리라.

이번 사회 견학은 10년 이상 장기형을 받은 수용자 중에 모범적으로 살아가는 모범수 16명을 상대로 수용자 한 명에 직원 한 명이 동행하여 진행하게 되었다. 단기수들은 조금 있으면 사회로 나가 가족들도 만나고 사회생활을 할 수 있는 시간이 금세 다가오지만 장기수들은 구속된 이후 몸이 아파 간혹 외부병원에 간 경우 외에는 실질적으로 제대로 된 외출을 한 번도 해보지 못했다. 몸 검사, 안전 교육, 주의 사항 등의 모든 절차를 마치고 대형 버스는 큰 철문을 서서히 지나 가을이 한창 무르익어가는 바깥세상을 향해 달렸다.

아래의 글은 외출을 마치고 돌아온 수용자가 쓴 소감문이다.

나는 무기형을 선고받고 16년째 살고 있는 사람이다. '와!' 나도 모르게 탄성이 나오며 가슴이 뻥 뚫리는 느낌이다. 날아갈 것만 같다. 사각 빌딩의 숨 막히는 곳에서 자유로운 공기 한번 마셔보지 못했는데. 이게 얼마 만인가. 들어올 때의 시골스러운 도시 풍경들은 쭉쭉 뻗은 아파트와 빌딩 숲으로 상전벽해가 되어 전혀 알아볼 수가 없다. 그럼에도 황금색으로 물들어가는 들판과 나무들의 모습은 여지없이 계절의 감각도 잊고 사는 우리에게 지금이 가을임을 확인시켜 주었다. 우리들은 마치 낯선 이방인이 된 것처럼 그저 감탄사만을 날릴 뿐이었다. 눈에 스치는 모든 것이 새롭고 경이로움 그 자체였다. 매일 보는 하늘마저도 회색이 아니고 어찌 이리 푸르고 아름다우며 모든 풍경이 신선하게 다가올까. 거리를 지나는 수많은 사람은 어찌 이리도 자유롭고 활기차게 느껴지는지, 부러움에 눈가에 이슬이 맺혔다. 우린 하루 주어지는 30분의 운동시간 동안 사각형의 벽으로 둘러싸여, 뻥 뚫린 사각형의 하늘만 보고 틀에 박힌 생활만 하며 지내왔는데….

처음으로 간 청주국립박물관은, 해설사가 마중 나와 한 사람 한 사람 친절하게 맞아주었다. 친절한 말 한마디에 사람으로 따뜻하게 대접받는 느낌을 받는 것은 나 혼자만의 생각일까. 밖의 세상에 있을 때도 사느라 바빠 이런 곳에 한 번 오질 못했는데, 유물들에 대한 역사적인 배경에 관해 설명을 들으니 유구한 우리의 역사와 문화에 대한 새로운 이해가 생기며 가슴 벅차오르는 한국인의 자부심을 느낄 수 있었다. 또한 자세하게 많은 것을 공부하는 느낌이라 마음이 뿌듯했다.

두 번째로 간 곳은 청주 미원면에 위치한 미동산 수목원이다. 잘 가꾸어진 수많은 종류의 수목이 보는 것만으로도 눈이 부시고 아름답다. 나무 한 그루 한 그루를 만져보며, 내가 선 땅의 느낌을 오롯이 느껴보는 힐링의 시간을 가졌다. 살아있는 자연을 접해본 것이 언제였던가. 신선한 공기를 마시며 걷는 숲길은 살아있다는 사실을 실감 나게 했고, 마치 왕이 된 것 같은 느낌에 사로잡혔다. 누구나 당연히 누리는 삶의 기쁨을 자그마치 16년 만에 처음 맛보다니. 땅을 밟고 한발 한 발 내딛는 감각이 새롭고 촉촉했다. 마치 붕붕 떠다니는 것 같은 느낌과 함께 천상의 세계에 도달해 꿈꿔왔던 모든 호사를 누리는 착각에 빠지며, 다시 현실로 돌아가야 하는 사실에 울컥함이 밀려왔다.

미동산을 뒤로 하고 말로만 들었던 역대 대통령이 머물던 별장, 청남대에 도착했다. 조성된 지 35년의 세월이 흘러서인지, 멋진 본관과 정원은 잘 가꾸어진 청와대를 보는 것 같은 느낌이 들었다. 역대 대통령이 머무르며 업무를 보았던 집무실, 손님을 영접했던 곳, 침실, 식당 등 곳곳을 돌아보며 청남대를 만든 대통령을 비롯한 그 이후, 여러 대통령의 삶의 발자취를 엿볼 수 있는 뜻깊은 시간이 되었다.

직원들 계호(戒護) 없이 한 발짝도 내 마음대로 걸을 수 없는 현실은 이곳에서도 마찬가지다. 직원이 없으면 불안하고, 마치 어린애가 엄마 손 놓치면 금세 울상 짓고 찾는 것처럼, 완전 두려움과 다른 한편으로는 설렘을 가득 안은 감정을 가진 그런 존재가 되었다. 청남대 구경을 한 후 샛길로 나오면 여러 개의 산책길이 잘 조성되어 있었는데, 길마다 대통령 이름을 붙인 길들이 나름대로 특색 있고 운치 있게 가꾸어져 감탄사가 절로 나왔다. 대청호와 아름답게 어우러진 산책길을 걸으며 대통령이 된 듯한 착각에도 잠시 빠졌다. 하지만 대통령은 관두고라도, 징역살이의 고단함을 이곳에 다 풀어 놓고, 원 없이 하루 종일 숲길에서 놀았으면 하는 허황한 꿈을 꾸며, 시간상 아쉬운 발길을 돌렸다.

견학을 마치고 오는 길에 별도로 마련된 우리들만의 오붓한 공간에서 십수 년 만에 처음으로 삼겹살을 먹었다. 어찌나 꿀맛이었는지 거기에다 김치와 절묘하게 어우러진 밥을 볶아먹는 것은, 이 세상 그 무엇으로도 표현할 수 없는 황홀한 맛이다. 직원들은 커피에 만두, 아이스크림, 옥수수, 찐빵 등 교도소에서 먹어보지 못한 것을 한 아름 사가지고 와 우리의 입과 눈을 사로잡았다. 직원들의 따듯한 정을 이곳에서 진하게 느낄 줄이야. 그저 우리에겐 엄한 선생님으로만 알았는데….

이번 사회 견학을 통해 가둬두는 것만이 최선인가? 어차피 출소 후 사회로 돌아와 우리의 이웃으로 함께 살아가야 하는 그들인데 숨통을 틔워주면서 함께 갈 수 있는 방법은 없을까? 하는 질문을 다시 던져 보는 계기가 되었다. 교정 행정을 하는 우리 자신들에게 끊임없이 물어야 하는 화두다. 인간 세상에 문제가 일어나지 않을 수가 없다. 또 특별한 분들을 모셔 놓은 교도소에 문제가 없길 바란다는 것은 말도 되지 않는다. '구더기 무서워 장 못 담그랴'라는 말이 있듯이 수용자를 살아있는 한 인간으로 인정하고, 그들에게 생명만큼 소중한 자유를 가끔은 허락하여 새로운 마음으로 살아갈 수 있는 힘을 주는 것이야말로, 그들이 팍팍해진 마음을 사랑으로 가득 채우는 일인지도 모른다.

사람은 무엇으로 사는가? 자유가 있으므로 인해 사랑도 행복도 영위할 수 있음을 이번 수용자 사회 견학 프로그램을 통해 다시금 깨닫게 되었다. 그들에게 평생 잊을 수 없는 아름다운 추억을 만들어 준 것 같아 오히려 내가 더 행복했다. 그리고 수년이 지났음에도 동행했던 교정위원들은 그때의 추억을 되새기며 참으로 보람된 순간이었다고 몇 번을 이야기한다. 그만큼 동시대를 살아가는 우리도 비록 죄를 지어 형을 살고 있는 수용자들이지만 희망을 품고 살아갈 때 함께 행복해하며 원활한 사회로의 복귀도 성공적으로 이루어질 수 있지 않나 생각한다. 오늘은 이들에게 아주 짧은 꿈같은 시간이었으리라. 하지만 평생 잊을 수 없는 감사한 화려한 외출이었지 싶다.

예술혼으로 사로잡다

가을이 무르익고 있다. 가로수며 황금벌판은 자신의 소임을 다한 양, 마지막 찬란한 제 모습을 뽐내며 최상의 아름다움을 보여준다. 여기저기 오라는 손짓에 모처럼 오랜만에 만나는 지인들의 근황도 알고 싶어 축제가 열리는 청주 문화제조창으로 발길을 향한다. 교정의 날을 전후하여 수용자와 교정위원 및 직원들의 작품이 전시되는 행사에 가기 위해서다. 53회째 이어져 오는 이번 교정 작품 전시회는 6년여 전부터는 교정청 단위별로 일정 장소를 정해 일반시민도 작품을 감상하고 또 구매도 할 수 있는 다채로운 행사다. 수용자들이 1년 내내 고생하여 만든 작품이 선을 보인다는 것도 큰 행운이다.

반기는 후배들과 여기저기 오랜 시간 연을 맺어온 교정위원들의 인사가 그동안의 보고 싶음을 일순간에 해소해 준다. 혹시나 퇴직한 사람을 불편해 여길까 봐 자주 만남을 가져오지 않았기에 특별한 날 우연찮게 만나니 그 기쁨은 배가된 느낌이다. 모두 더 성숙해지고 연륜이 더해진 모습이 나만 늙고 퇴보한 것은 아닌지 돌아보게 만드는 시간이기도 하다. 함께 임관한 김 청장과도 처음 교정으로 입문할 때의 에피소드를 나누며 오랜만에 웃어본다.

작품을 둘러본다. 그동안의 노고가 고스란히 배어있다. 시대정신이 담긴 지구를 살려야 한다는 메시지를 담고 있는 작품, 지구를 중심으로 인간과 로봇이 등을 맞대고 고민하는 것이 눈길을 끈다. 환경의 문제가 심각하긴 심각한 모양이다. 목공예 분야도 나뭇결을 살려 다듬고 찌고 윤기 내기 등의 여러 공정을 거쳐 만든 큰 장롱, 서랍장, 약장이 자연스러운 느낌으로 많은 사람의 마음을 사로잡는다. 자신의 죄를 참회라도 하는 듯 예수의 형상을 사실적으로 그린 그림, 용이 금방이라도 승천할 것 같은 실감 나는 그림 등이 생생한 느낌을 주기도 한다. 섬세한 붓 터치가 느낌을 강렬하게 하기도 하고, 작가가 의도하는 내면의 메시지를 은은하게 묘사하기도 한다.

교정 현장에 있을 때 장기수들이 특별활동의 하나로 예술 작품에 몰두하는 모습을 지켜보며 놀라움을 금치 못할 때가 많았다. 예술이 하루아침에 되는 것이 아니기에 무수한 세월을 갈아 넣어 예술혼을 불사르는 모습은 마치 구도자의 경건한 수행의 장면과 다르지 않았다. 그동안 자신으로 인해 피해 입고 평생을 원망할 피해자와 그 가족들, 자식 잘 못 키운 죄로 자신을 탓하며 일생을 보내야만 하는 부모님과 형제들에게 용서를 빌고 참회하는 모습이 그대로 작품에 투영되어 있다. 뭐라고 변명하고 정당화시켜도 결코 세월을 돌이킬 수 없는 불가역의 업보, 어떻게 긴긴 세월 제정신으로 돌아와 피해 본 많은 이들에게 마음의 용서라도 빌고 위로를 받을 수 있을까?

청주교도소 수용자의 한국화를 비롯한 서예 작품에는 자신의 마음을 담은 성경 한 구절 한 구절이 심금을 울린다. 또박또박 붓으로 적은 글귀와 그림이 묵향과 어우러져 우리 삶이 추구해야 할 본질과 그윽한 분위기를 알려주는 듯하다. 인문학의 작품들에 배인 그들의 마음을 읽어 내는 그 시간이 감사하다. 자신들의 예술세계가 갇혀 있지 않고 많은 사람과 소통하며 한 인간으로 존중받고 사랑받길 바라는 마음이 그곳에 있었다. 찻상, 도마, 서랍장, 한지 등, 편백나무 발 마사지기, 각종 기능성 제품, 한 땀 한 땀 수놓은 앞치마 등 수용자들의 작품이 인기가 있다. 가정에 한 작품이라도 있으면 액운을 쫓는다는 속설이 있어서인지 부담스럽지 않은 소품을 구입하며 즐거워하는 시민들의 모습이 보기 좋다.

홍성교도소 장기수 K 씨는 벼루의 왕이다. 보령에서 나는 오석으로 오랜 시간 무형문화재 선생님으로부터 가르침을 받아 벼루를 만들어왔다. 봉황, 사군자, 용, 십장생 등 조각을 입혀 만든 벼루는 먹이 잘 갈릴 뿐만 아니라 우리 민족의 소박한 정서와 순수함, 선인들의 생활이 담겨있어 예술적 작품을 만드는데 자부심을 느끼는 모습이 인상 깊게 남아있다. 소장품으로도 손색이 없어 누구나 한 점씩은 가지고 싶어 하는 벼루다.

목공도 마찬가지다. 장인의 정신과 혼을 불어넣어 유일의 작품을 만들지만 대량으로 만들어내는 기성품에 밀려 십수 년간에 걸쳐 직업훈련을 통해 터득한 기술로 만드는 수용자들의 예술품은 설 곳이 없다. 그나마 공주교도소의 약장, 장롱, 침대 등은 다른 곳에서 흉내 낼 수 없는 수작으로 인기가 많다. 출소 후의 직업이 교도소 내에서의 일과 연계가 되면 좋으련만, 값싸고 좋은 기성품이 쏟아져 나오는 현실에서 아까운 기술이 출소 후에도 직업으로 자리매김할 수 있도록 제도가 만들어지길 바라는 마음 간절하다.

교도소 안의 수용자들은 만들기의 천재라 한다. 재료만 주어지면 비행기도 만들어 타고, 밖의 세상으로 나갈 수 있는 사람들이라고 우스갯소리로 이야기하는데 이들이 가진 예술성, 상상력은 일반인들 못지않다. 온갖 말썽을 부려 오래전 청송으로 이송 보낸 잘생긴 P 수용자가 떠오른다. 볼펜 하나 주었을 뿐인데 금세 호랑이를 그리는 모습이 범상치 않았다. 마치 호랑이가 살아 움직이며 금방 포효할 것 같은 그 광기에 소름이 끼쳤던 기억을 잊을 수가 없다.

한해의 결실이 풍성하다. 수용자들이 자신들이 가진 좋은 재능과 기술을 그곳에서 더 갈고 닦아 이 세상에 조금이라도 기여한다면 이 세상은 훨씬 아름답고 풍요로워 지리라 믿는다. 이들의 작품을 통해서 사람들의 얼굴이 환하게 빛나며 영혼이 맑아졌으면 하는 바람이다.

4부

물들다

계족산 황톳길

인생사 뜻대로 되지 않다 보니 마음이 축 처져있고 우울하다. 어떤 일을 시도해도 기분이 살아나지 않는다. 조금만 표정 없이 있어도 무슨 일 있느냐고 물어오는 사람들을 보면, 늘 에너지 넘치고 호탕한 웃음으로 모든 걸 다 날려 버리는 사람이 나인 줄 안다. 그동안 살아온 내 삶의 정체성으로 자리 잡힌 측면도 있지만 퇴직하고 나니 뭘 해도 즐겁지 않다. 잘 달려오던 말이 갑자기 멈추었을 때의 막막함, 뜻대로 되지 않는 일에 늘 기운 없어 하고 주눅 들어 있는 나 자신을 보며 안타까움만 더해진다.

마음도 달랠 겸 주섬주섬 간단한 짐을 챙겨 현충일 연휴라 쉬고 있는 남편에게 가까운 계족산(鷄足山) 황톳길을 걷자고 차를 몰고 신탄진으로 향했다. 계족산은 닭발처럼 산줄기가 뻗어나간다고 하여 계족이라고 하였고 해발 429미터의 비교적 얕은 산이다. 계족산성의 둘레는 1,200미터 정도의 석축산성으로 백제 시대에 만들어졌다고 한다. 대전 장동에 있고 전망대에서 보면 대전 시내가 다 보인다.

역시 걷기 열풍이 불었나보다 생각하며 입구에 도달하니 넓은 주차장은 만석이다. 오가는 사람들로 장동산림욕장이 활기가 넘친다. 인산인해를 이루며, 그 입구에는 여러 간식거리를 파는 이들과 시골에서 나물 등 팔러 나온 할머니들로 장이 서고 있었다.

뜨거운 태양이 이글거리는 6월이라 걱정했는데 입구에 다다르자, 숲으로 이루어진 터널이 계속 이어진다. 모두 신발을 벗어 신발장에 가지런히 놓은 다음, 바지도 올려 반바지를 만든 후 무장 해제된 상태에서 천천히 오른다. 이 계족산 황톳길은 2006년 맥키스컴퍼니(구 선양소주)의 조웅래 회장이 만들기 시작했다. 처음엔 자전거길로 사용하던 것을, 걷다 보니 너무 좋았고, 자연환경이 너무 아름다워 시작하였다고 한다. 기업의 사회적 책임을 중요시하는 조 회장이 사람과 자연이 함께 하는 행복한 세상을 만드는 것을 목표로 하는 철학의 한 부분으로 전국에서 가장 좋은 황토를 사다 깔아 황톳길을 만들었다고 한다. 200억 이상을 들여 만들고 매년 발생하는 유지비용도 직접 다 감당하고 있다고 한다. 비가 오면 쓸려 내려가는 것을 보충해 주고 하면서 20여 년 가까이 한결같이 지역사회 주민들의 건강을 위해 공헌 해오고 있다. 존경해 마지않는다.

황토에 물을 뿌려 찰진 황토가 발에 착착 감기는 느낌이 촉촉하고, 황토의 미네랄 성분과 좋은 기운이 몸속 깊이 스며드는 느낌이다. 복잡했던 머릿속이 한발 한발 걸을 때마다 가벼워지는 기분이다. 예로부터 황토에서 나오는 원적외선은 세포의 생리작용을 활발하게 해준다고 알려져 있다. 아울러 사람의 발바닥은 온갖 장기와 연결이 되어 있어서 발바닥의 신경을 자극하면 장기의 혈액순환에도 좋은 효과가 있다고 한다. 푸르른 숲으로 둘러싸여 터널을 걷고 있자니 마치 깊은 산사의 스님이 수행하러 사뿐사뿐 걷는 느낌이다. 세속의 모든 고뇌가 황토의 진득함 속으로, 숲의 신선한 기운과 정겹게 들리는 새소리 속으로 녹아내린다. 이런 기분을 언제 맛보았던가. 아무 말도 필요 없다. 그저 자연에 나를 내맡기고 그냥 여여하게 살면 된다고 일러주는, 무언의 가르침을 마음에 새기고 가면 되는 것이다.

1킬로 정도 완만한 산을 느릿느릿 걸으며 올라간다. 나무 사이로 간간이 불어오는 바람의 순한 맛과 달큰한 향기는 폐부 깊숙이 덕지덕지 붙었던 세속의 찌꺼기를 다 씻어내는 청량제 같다. 이런저런 상념을 떨쳐내며 걸으니 뻔뻔(fun fun)한 클래식 음악회를 열었던 무대가 나온다. 모두 여기저기 앉아 여유로운 휴식을 취하고 있다. 정기적으로 시민들을 위한 음악회를 했던 곳으로 의자도 자연 그대로의 모습으로 그럴듯하게 놓여 있다. 명상하는 마음으로 돌 위에 앉아 내 마음의 짐을 다 내려놓으며 나 자신이 아무것도 아님을 깨닫는 순간이다. 저 바람 속으로 모든 고뇌가 날아가며 한결 가벼워진 느낌이다. 이렇게 가까이 행복이 있었는데 그걸 모르고 살았구나. 행복은 그저 값없이 베풀어주는 자연의 선물인데, 나의 체면과 명예와 이기심 등이 있는 그대로의 모습을 인정하지 않고, 나를 대단한 존재로 생각하니 거기서 좌절하고 기운 빠져 살고 있었던 것이었다. 자연의 일부인 우리도 저 나무들처럼 아무 말 없이, 있는 그대로의 모습을 사랑하며 살 수는 없을까. 우리 인간은 언제쯤 어리석음에서 벗어나 산의 나무처럼 또 흐르는 물처럼 살 수 있을까.

계족산은 말없이 웃는다. 언제라도 또 오라고. 언제든 네가 힘들

때 기대어 쉴 수 있는 쉼터가 되어준다고. 고맙다고 빙긋 웃음으로 답하며 내려온다. 오늘은 몸과 마음이 홀가분해지고 건강해져 깊은 숙면에 빠져들 것 같은 날이다.

조선 땅에 온 선교사

선교에 대한 전반적인 사항을 공부하는 비전 액츠 훈련*의 마지막 날 일정으로 대구 선교지를 다녀오는 날이다. 날씨도 화창하여 모두 들뜬 모습이다. 청년들이 많이 참여해 분위기는 젊음이 넘치고 어른들도 기대감으로 가득하다. 그동안 이론적으로만 훑은 선교의 역사를 두 눈으로 확인하며 조선에 들어 온 선교사들의 삶을 엿보는 시간이다. 6·25가 일어나던 그 무렵도 전 세계에서 가장 가난한 나라 중의 하나였던 대한민국이 60여 년 그 이전인 1884년 이후 선교사들이 처음 들어왔던 그때 조선인들의 삶은 얼마나 척박하고 어려웠을까를 생각해 본다.

버스는 2시간 반을 달려 대구 달성 화원의 사문진 나루터에 도착하였다. 도착하기 전, 길고 긴 도로 옆 벽면이 피아노 건반과 오선지로 여행객들의 시선을 끌었다. 사문진 나루터는 낙동강과 금호강이 만나는 곳으로 대구 지역의 소금, 곡식 등 충청, 전라, 서울 등 여러 곳에서 오는 물자를 실어 나르는 곳이었다. 이 나루터를 통해 1900

* 저자가 섬기는 청주 중부명성교회에서 해외선교를 떠나기 전, 한국에 온 선교사들의 행적과 유적지를 살피며 공부하는 현지 선교 훈련임.

년도에 미국 선교사가 자기 부인이 외로워하는 것을 보고 피아니스트였던 부인이 좋아하던 피아노를 미국에서 몇 개월에 걸쳐 태평양을 건너 배로 들여와 도착한 곳이 이곳 사문진 나루터다. 차가 없던 그 시절에 가마에 실어 24명이 6개 조로 3박 4일을 옮겨 대구 종로로 옮겼다고 한다. 가마꾼들이 피아노를 옮기는 과정에서 건반을 건드리기만 하면 이상한 소리가 나고 다시 내려 살펴보면 나무통에 아무것도 없는 것을 보고 귀신이 내는 소리라 하여 귀신 통이라 불리었다고 한다. 바로 그 피아노가 조선에 상륙하므로 서양 음악교육이 시작되는 시발점이 되었다.

또한 '애플트리'를 선교사들이 처음 들여왔는데 모래땅인 사금진에서도 자라 과일이 달리는 것을 보고 모래 사자 사과(沙果)라고 이름 붙였단다.

버스를 이동하여 대구 중심가로 가니 선교사들이 처음 정착하여 세웠던 계성학교의 고색창연한 건물이 눈에 띈다. 서양식 건물로 140여 년의 세월로 근대화의 첫 교육사업 열매가 맺어진 것이다. 아담스 선교사가 세운 교회도 그 옆에 나란히 있었는데 독립운동하던 그 무렵 독립에 관한 여러 정보 등을 인쇄하던 지하실이 문이 굳게 잠겨진 채 남아있었다. 바로 옆이 서문시장이었는데 모두 허기진 배를 움켜쥐고 시장으로 향했다. 서울의 광장시장 못지않은 규모에 온갖 먹을거리로 시장한 여행객들의 입맛을 자극한다. 조별로 다니며 떡볶이, 만두, 칼국수, 김밥 등 온갖 먹거리를 눈으로만 구경하며 제한된 시간에 많은 것을 담으려고 좁은 시장 곳곳을 누볐다. 옷을 파는 곳도 많았다. 하도 사람이 많아 치일 지경이다. 이곳은 불황도 없는지 곳곳이 사람으로 발 디딜 틈이 없다. 학창 시절의 추억도 떠올릴 겸 쫄면과 대구의 유명한 납작만두를 곁들여 먹으니, 포만감과 함께 금강산도 식후경이란 말이 실감 난다.

서문 쪽은 아무래도 어느 지역이나 기운이 쇠하는 곳으로 서민들이 살던 곳이란다. 그래서 선교사들도 그곳에 땅을 사 어렵게 사는 사람들부터 선교의 대상으로 삼아 활동했던 것이 대구에서도 그대로 적용되었다.

푸른 담쟁이가 싱그러운 청라언덕이다. 돌담을 가득 채우고 있는 푸른 이파리가 초여름 햇살을 받아 눈부시다. 미국의 아이비리그 대학의 학생들처럼 훌륭한 인재가 육성되길 바라는 의미에서 선교사들이 들여온 것이라고 한다. 청라언덕에 얽힌 일화는 박태준과 이은상이 마산 창신 학교에 근무할 당시 이은상 선생이 "박 선생님은 첫사랑을 해 보셨나요? 그 맛은 어떻던가요" 하는 물음에 계성학교 시절 근처에 있는 신명여학교에 다니는 여학생을 연모했던 이야기를 들려주었고 이은상 선생은 그 이야기에 영감을 얻어 작사를, 박태준 선생이 작곡하여 만든 노래 바로 "동무 생각"이 탄생 되었다.

"봄의 교향악이 울려 퍼지는 청라언덕 위에 백합 같은 내 동무야…."

우리 연배의 사람들이라면 누구나 한 번쯤은 불러 보았을 아름다운 선율이 금방이라도 들려올 것 같다.

대구에 도착한 선교사들은 처음에는 언어와 문화의 장벽에 직면

했다. 하지만 그들은 끈질기게 대구의 사람들을 알아가고, 그들의 필요를 파악했다. 그들은 먼저 학교를 세우고 젊은이들에게 교육의 기회를 제공했다. 그들에게 교육은 단순히 지식을 전달하는 것이 아니라, 사람들이 자신의 잠재력을 깨닫고 성장할 기회를 제공하는 것이었다. 그들은 아이들에게 읽고 쓰는 법을 가르치며, 동시에 사랑과 정의를 가르쳤다.

의료분야에서도 선교사들은 큰 역할을 했다. 그들은 당시에는 거의 알려지지 않았던 서양의학을 도입하여, 많은 병든 이들에게 희망을 주었다. 그들은 병원을 세우고 가난한 이들에게 무료로 치료를 제공했다. 그들의 손길은 대구의 사람들에게는 신의 손길과도 같았다.

선교사들의 활동은 대구에만 국한되지 않았다. 그들은 전국을 돌아다니며, 많은 사람에게 사랑과 희망을 전했다. 곳곳에 그들의 삶의 흔적이 남아있다. 그리고 그들의 마지막 안식처는 선교했던 지역과 서울의 양화진에 있다. 양화진은 많은 선교사와 부부 선교사들이 묻힌 곳이다. 그들은 조선에서 삶을 마감했을 뿐만 아니라 그들의 정신과 사랑은 조선이 근대 문물을 받아들이고 의료, 교육, 문화 교육의 발판이 되었다. 우리는 그들의 정신을 기억하며 그들을 통해 배운 사랑과 희망을 주변 사람들에게 전해야 할 것이다. 그것이 바로 선교사들이 우리에게 남긴 가장 큰 유산일 것이다.

가장 척박하고 생존하기도 힘들어 다른 나라로부터 원조를 받던 한국이 지금의 번영을 이루고 선진국이 되기까지 미국, 영국, 독일, 캐나다, 오스트레일리아 등 세계 여러 나라로부터 목숨 걸고 온 선교사들이 아니었으면 과연 지금 잘 사는 나라를 이룰 수 있었을까. 그런 선교사들의 희생과 사랑, 헌신이 있었기에 이제는 그 은혜를 갚아야 할 차례가 된 것이다. 그런 고마움을 알기에 한국은 세계에서 미국 다음으로 오지며 어렵게 사는 국가에 선교사를 가장 많이 파견한 나라가 되었다.

비전 액츠 훈련과 선교지 탐방은 조선에 온 선교사들의 노고와 희생을 직접 확인할 수 있었던 시간이었다. 이 땅을 누구보다 사랑했고, 조선인이기를 자처했던 그들의 숭고한 정신을 배울 수 있었다. 그들의 정신이 대대손손 이어지기를, 지금의 우리가 있도록 한 그분들의 사랑을 오래오래 기억해야 할 것 같다. 훈련 후 일 년의 세월이 지났다. 다음 주면, 서양의 선교사들이 그랬던 것처럼 우리도 인도네시아에 4박 5일 일정으로 의료선교를 떠나 그들이 베풀어 준 사랑을 되돌려 주려 한다. 나름대로 팀별로 사역에 필요한 여러 공부와 그곳 어린이들과 함께 할 여러 프로그램 준비도 거의 마쳤다. 무사히 다녀올 수 있기를 바라며 잊을 수 없는 선교가 되도록 애써 보리라.

중국 속의 작은 유럽, 청도

코로나 이전 홋카이도 여행을 다녀온 지 5년 반이 지났다. 왠지 답답한 마음도 있고 갑진년 새해를 특별하게 시작하고 싶었는데 마침 홈쇼핑에서 청도 여행이 상품으로 나와 얼떨결에 예약하게 되었다. 여행이 별거냐고 할지 모르지만, 훌쩍 떠난다는 것은 마음속 답답함을 풀어내고 새로운 기운으로 채워오는 기분 전환의 수단인 동시에 삶의 활력소가 되기 때문이다.

공항에 가니 여행사 직원이 무뚝뚝한 모습으로 수속을 안내한다. 총 16명이 일행이 되어 2박 3일을 함께 한다. 캐나다에서 왔다는 교포 어르신 두 분과 엄마를 모시고 온 한 팀의 팔순 어르신을 제외하고는 우리보다 젊은 사람들이다.

1시간 반을 날아 위도가 36도인 청도로 갔다. 재작년에 공항을 새로 지어 오픈했다는 저도 공항은 인천공항에는 못 미치지만, 규모도 크고 북적북적 사람들로 붐볐다. 기내에서 주는 과자로 겨우 허기를 면한지라 점심은 꿀맛이었다. 첫날의 일정은 우리나라 삼일운동이 있었던 1919년에 중국에서는 5·4운동의 흔적과 주변 관광지를 돌아보았다. 5·4운동을 기념하는 5·4광장과 기념물이 빨간 원형 조형물로 멀리서도 눈에 확 뜨인다. 마치 해운대에 온 것 같이 해안 길을 걷다 보니 우뚝 솟은 거대한 빌딩들이 광활하게 펼쳐진 바다와 묘한 조화를 이룬다. 또 2008년 북경올림픽 때 요트경기를 했다는 요트경기장이 바로 가까이 있었다. 겨울 바닷바람이 세지 않았더라면 요트라도 한 번 타고 바다 위를 신나게 달리고 싶은 마음이 들었다. 청도의 겨울이 한국보다는 따뜻하리라 생각했던 선입견을 한순간에 무너뜨리며 칼바람이 옷 깊숙이 스며든다. 첫날이라 구도심에서 이어진 팔천 거리를 걸으며 곳곳에 빨간 지붕으로 되어 있는 아담한 유럽식 건물이 19세기 말 독일의 조차지였다는 사실을 말해주고 있었다. 독일이 세운 맥주 박물관, 와인박물관도 100년이 넘어 이 지역의 명소로 꼽히며 시내에 있는 천주교당도 그때 당시의 문화를 말해주고 있었다. 중국스러움이 곳곳에 있긴 했지만, 중국의 어느 도시보다 세련되고 유럽식 예쁜 건물들로 채워져 있었다. 특히 한인 타운이 크게 형성되어 있었는데 세계에 흩어져 있는 교민 중 청도에 2만여 명이 살고 있어 교민으로는 최고로 많다고 한다. 배로도 4~5시간만 가면 바로 평택항으로 한국과 중국을 이어주는 역할을 한다. 여러 물자가 청도를 통해서 이동되고 있다는 사실을 알고 참으로 의미 있는 도시라는 생각이 들었다. 천주교당을 구경하고 옆에 있던 야시장을 둘러보았다. 먹자골목이 몇백 미터 쭉 늘어서 있었는데 정말 장관이다. 꼬치, 어묵, 다코야키 등 수많은 음식이 손님들의 구미를 당기게 한다. 그리고 중국은 카드의 단계를 건너뛰고 바로 페이로 넘어가다 보니 야시장에서조차 모두 큐알 코드를 찍어 결제하는 시스템이었다. 이러기에 4차 산업 혁명에서도 먼저 준비하고 앞서가는 문화를 만들어 가는지 모르겠다. 출출한 배를 양꼬치로 채웠다. 무한 리필이다 보니 소고기, 돼지고기, 양고기 등 자기가 먹고 싶은 것을 무한 먹을 수 있는 것이다. 각자의 맛이 있지만 특히 양꼬치가 부드러워 입안에서 살살 녹는다. 거의 9시가 되어서야 호텔에 도착했다. 그 엄청난 호텔에 손님이라곤 우리 팀과 또 다른 한 팀 총 30여 명이 전부였다. 춘절을 준비하는 시기이다 보니 호텔이 많이 비었다고 한다. 널찍한 공간과 필요한 것들이 잘 갖추어져 있었고 바로 발코니 앞에서 푸른 바다가 우리를 반긴다.

달콤한 잠으로 첫날의 여독을 풀고 둘째 날을 맞았다. 창문을 열자 광활한 바다가 펼쳐지며 곧 해가 떠오려는지 반쯤 수줍게 보여준다. 조금 있으니 완전한 모습으로 장엄하게 떠오른다. 어디 가서도 일출 보기는 쉽지 않은데 호텔에서 이런 황홀한 모습을 보다니 정말 행운이 있는 한 해가 될 것이라 기대된다. 아침을 먹고 중국의 주나라 때부터 있었던 성, 지곡산성을 갔다. 자금성에는 한참 못 미치지만, 규모로 봐서는 정말 대단하다. 중국의 옛 모습을 보는 것 같아 찬란하던 그때의 모습을 짐작해 본다. 그리고 오후에는 혜천빌딩에 올라 청도의 전망을 다 내려다보았다. 참으로 어마어마하다. 인구는 서울보다 200만이 많은 천2백만이고 면적은 두 배나 더 크다고 한다. 마천루 빌딩은 여기가 뉴욕인지 상해인지 알 수 없을 정도로 쭉쭉 솟아 있고, 거기에 어우러진 빨간 지붕의 유럽식 건물들이 마치 유럽에 온 것 같은 착각을 불러일으킨다. 부부끼리 연인처럼 다정하게 사진도 찍고, 투명유리 밑으로 보이는 시내를 조심스럽게 내려다본다. 저녁이 되자 불야성, 화려한 조명으로 여러 구조물이

번쩍번쩍한다. 특히 청룡의 해라고 용이 꿈틀거리듯 오르는 모습, 어마어마한 수족관 안에 사람 인어가 들어가 쇼하는 모습, 요정들이 오뚝이가 되어 춤을 추며 관객의 손을 잡아 주며 소통하는 공연 등이 어우러져 환상의 쇼를 보여준다.

중국에 와서 늘 느끼는 것은 나라의 크기만큼 모든 것이 규모로 엄청나다는 것이다. 스케일 자체가 타의 추종을 불허할 만큼 보는 순간 감탄을 자아내게 한다. 도시의 규모도 지곡산성도 도시를 한눈에 내려다보는 81층의 혜천빌딩과 불야성도 상상 이상의 놀라움을 규모나 내용 면에서 보여주었다.

짧은 시간이었지만 남편과 오랜만에 한 해외여행이다 보니 더 의미 있고 즐거웠다. 먹을 것도 풍부해 무한 리필로 중국요리도 원 없이 먹었다. 연초에 뜻깊은 추억을 만들어서인지, 올해는 뭔가 모든 일이 잘 풀릴 것 같은 좋은 예감이 든다.

민족의 영산 백두산 천지

백두산, 통일을 생각하다

몇 달 전부터 문학회에서 백두산 문학기행 간다는 이야기를 듣고 마음이 들떠 있었다. 세계 곳곳을 누벼도 정작 우리가 가장 가고 싶었던 금강산이나 백두산은 코앞에 두고도 왜 이리 멀게 느껴지는지. 개인적으로 가기는 쉽지 않으니 뜻깊은 행사에 함께 가는 것이야말로 최고의 의미가 될 것 같았다. 인천공항 가는 리무진 버스를 놓치지 않기 위해 두세 시간 자면서 몇 번 시간을 확인하며 터미널로 향했다. 모두들 눈이 제대로 떠지지 않은 거슴츠레한 모습이었지만 백두산을 간다는 기대감으로 들떠 있는 모습이 역력했다.

인천공항에서 만난 문우들도 각양각색의 의상으로 한껏 멋을 내고 여행의 설렘으로 가득하다. 고령에도 전혀 피곤해하거나 지치지 않는 모습으로 교수님과 관장님께서 제일 먼저 도착해 문우들을 맞아주신다. 두 시간 남짓 비행을 하여 도착한 곳은 연길공항! 국제공항이라고 하지만 분위기는 어두침침했고 화장실의 수준은 시골의 터미널 대합실 것과 흡사하였다.

공항에 나와 우리 일행을 기다리는 현지 가이드와 만나 55인승 버스를 타고 용정으로 향했다. 가는 내내 푸른 들판이 펼쳐지는데 이곳에서 가장 유명한 옥수수가 심겨 있다. 특별히 이곳의 옥수수는 더 맛있다고 한다. 한참을 가다 보니 저 멀리 산이 펼쳐진다. 가곡 '선구자'에 나오는 산꼭대기에 일송정이 보인다. 항일운동을 하며 꺾이지 않은 기상으로 독립운동하던 선조들의 호연지기와 나라를 빼앗긴 서글픔과 외로움을 생각한다. 용정은 시인 윤동주가 태어나 묻힌 곳으로 북간도의 동명 촌이었다. 우리 어릴 적 살던 시골과 다름없던 그곳은 시인의 어릴 적 꿈이 자라던 곳이다. 순수한 어린이의 마음이 시에 고스란히 녹아있다.

윤동주 기념관에 갔다. 알록달록 다양한 꽃이 관광객을 반겨주었고 기념관에는 윤동주의 생애가 기록되어 있었다. 시인은 숭실중을 거쳐 연희 전문을 다니다 일본에서 유학했다. 도시샤 대학에서 공부하다 항일운동을 했다는 이유로 후쿠오카 형무소에서 소금물 활체 실험을 당했다는 그때의 모습이 모형으로 남아 있었다. 그가 그렇게 원했던 조국의 해방을 6개월 남겨둔 채 후쿠오카 형무소에서 안타까운 죽음을 맞이했다. 젊은 28세의 나이에 천재 시인이요 작가이며 독립운동가이기도 한 윤동주는 쓸쓸하게 형무소에서 생을 마감하게 된 것이다.

구한말 폭정을 피해 간도로 간 사람들은 그곳에서 삶을 개척하며 터전을 마련해 갔다. 또한 일제의 압정을 피해 항일의 근거지로 삼으며 우리 민족의 기상을 날렸던 그곳, 더 멀리는 발해, 부여, 고구려 시대부터 우리 민족의 시발점이 된 만주 땅을 떠올려 보았다. 1905년 을사늑약으로 외교권을 박탈당한 대한제국은 제쳐 놓고, 1909년 청과 일본이 간도협약을 맺는다. 두만강(도문)을 국경으로

정하고 간도를 청나라 영토로 인정하는 것을 주요 내용으로 하는 것이었다. 이 조약이 체결된 당일 일본은 청나라로부터 안봉선 철도 부설권을 획득하는 것이었다. 1907년 일본은 용정에 통감부 간도 파출소를 설치하였으나 이 조약으로 간도 지역에 대한 청나라 영토권을 인정하고 통감부를 철수하였고 간도에 거주하는 대한제국 사람은 조선족이 되었다.

아아, 일본의 조선 침략으로 외교권을 박탈당함은 물론 우리 민족의 땅을 내주어야 했던 비극의 역사를 이곳에 와서 가슴 절절하게 느낄 줄이야. 같은 말과 글을 쓰던 한 핏줄의 사람들은 이렇게 중국과 한국으로 나뉜 채 115년을 살아가고 있다. 철도를 부설하여 시베리아를 넘어 유럽까지 이어지는 대제국을 완성하겠다는 일본은 결국 한반도를 대륙침략의 발판으로 삼아 제국의 야욕을 달성하려 했고 우리는 제국주의의 희생양이 되었다. 결국은 연합군의 원폭 투하로 제2차 세계대전이 막을 내리면서 대한민국은 일제의 식민지에서 벗어났지만 결국은 두 동강이 났다. 분단의 아픔이 지금껏 이어지는 우리 민족의 아픈 역사를 생각하며 여행 내내 가슴이 미어졌다.

특히 구한말 대한제국은 세계정세가 어떻게 변해가고 있는지 제대로 파악하지 못하고 적절하게 대응하지 못했다. 국제적으로 완벽히 고립되어 손도 쓰지 못하고 그냥 고스란히 당할 수밖에 없었던 그때의 상황이 많은 교훈을 주고 있다. 지금도 그때의 상황과 크게 다르지 않다. 강대국의 틈바구니에서 어떻게 처신하느냐에 따라 국가의 운명이 좌우된다고 생각하면 국가 스스로의 힘을 키우고 지혜로운 처신과 멀리 내다보는 리더의 비전이 중요하다 하겠다.

둘째 날은 백두산의 서파 쪽으로 천지를 보러 갔다. 셔틀버스를 3번씩이나 갈아타고 올라가는데 지그재그 모양의 좁은 길옆에는 자작나무가 끝도 없이 이어진다. 2,744미터의 한반도에서 가장 높은 산으로 1년 중 8개월이 눈으로 덮여 있는 데다가 흰색의 부석이 얹혀 있어서 흰머리 산(白頭)이라 불리게 되었고 칼데라호의 천지가 있다. 중국에서는 장백산이라 불리며 한민족에게는 민족의 영산으로 숭앙 되어 왔다. 3시간가량 셔틀버스를 타고 올라간 그곳에서부터 1,442계단을 올라야만 천지를 볼 수 있다. 1,442계단이 연세 드신 분들에게 쉽지 않은 코스다 보니 중간에 가마를 타고 가는 분도 있었다. 그나마 돌계단이 그렇게 가파르지 않아 쉬엄쉬엄 올라갈 수 있었다. 다 오르니 날씨도 청명하고 형언하기 힘든 장엄한 천지가 펼쳐진다. '와!' 탄성이 저절로 나온다. 입이 다물어지지 않을 만큼 감동의 물결이 마음을 사로잡는다. 3대가 덕을 쌓아야 천지를 본다는 말이 있는데 과연 우리는 뭔 덕을 쌓았기에 이런 행운을 누리는지 참으로 감사할 따름이다.

한 치 앞도 알 수 없는 것이 백두산 날씨라더니 거의 내려올 무렵 한두 방울 비가 떨어진다. 그러더니 빗줄기가 세차게 내리기 시작한다. 어쩜 이런 행운이 따랐을까. 아침부터 천지를 보고자 새벽 일찍 출발하여서인지 꼬르륵꼬르륵 배꼽시계가 보챈다. 아직 내려오지 않은 일행들을 걱정하며 그래도 밥은 먹어야겠기에 산채비빔밥을 맛있게 먹었다. 나중에 만난 일행들과 이야기해보니 제대로 소통이 안 되었음을 알 수 있었다. 내려오면 바로 앞에 있는 식당으로 와서 점심 식사한다고 했으면 되었을 텐데, 그런 이야기 없이 내렸던 곳으로 오라는 이야기만 듣고 내려오니 아무도 없었다. 백두산의 미아가 되는 것이 아닌가 두려움에 휩싸였을 미아들의 불안이 얼마나 컸을지 짐작이 되고도 남았다. 소통의 정확성과 반복성이 얼마나 중요한지 새삼 깨닫는 계기가 되었다. 연세 드신 분들이니 얼마나 막막했을까. 억수같이 쏟아지는 비를 맞고 일행들을 기다리고 있었을 것을 생각하니 그들의 막막함에 절로 미안함이 스며든다.

세 번째 날은 북파의 코스로 천지를 보는 날이다. 버스를 내리자마자 계단을 오르지 않고 5분 정도 가면 바로 눈앞에 천지가 펼쳐진다고 한다. 기대를 안고 달려갔지만, 안개가 자욱하다. 부랴부랴 달려간 것이 도로아미타불이 되었다. 실망하여 어제 본 것으로 만족하자, 신이 우리에게 한 번이라도 허락한 것이 어디냐며 위안이 해봤다. 그리고 하산하러 가이드 있는 곳에 다 모였다. 가려고 인원 파악하는 중인데 다른 팀들이 환호를 지르며 달려간다. 눈 깜작할 사이에 안개가 걷히고 있는 것이었다. 한 치 앞도 모르는 게 백두산 천지의 모습이라더니. 중국인들이 천지 둘레를 인간 띠처럼 하고 있고 조금의 틈도 주지 않는다. 어쩜 관광객에 대한 배려가 그럴 수가 있는지 국민성을 엿볼 수 있는 장면이었다. 사람 사이를 비집고 들어가 겨우 흘끗 보고 사진 한 방 찍고 아쉬움을 달랬다. 여러 번 백두산을 와도 천지 한번 보기 어렵다고 하는데 두 번씩이나 보게 된 것만으로도 평생의 한을 다 푼 것 같다.

오후에는 장백폭포로 향했다. 백두산 천지에서 흐르는 물줄기는 두만강으로 흘러 동해 쪽으로 700리 이어지고, 한줄기는 송화강에서 장백폭포로 흐르며 나머지 물줄기는 압록강으로 흐른다고 한다.

주변의 산을 보니 범상치 않다. 석회석으로 덮인 산의 모양이 특별한 모양을 만들고 고개 들어 위를 보니 장백폭포가 멀리서도 장엄하다. 가운데 흘러내리는 폭포의 줄기가 마치 여자의 은밀한 곳과 비슷하여 배시시 웃었다. 수석부회장이 사 주는 중국의 옥수수를 맛있게 먹으며 올라갔다. 쉬엄쉬엄 일행들과 담소를 나누며 서로 사진을 찍어준다. 20여 분 올라가니 장백폭포를 바로 앞에서 볼 수 있었다. 보는 것만으로 더위가 다 가신 것같이 시원한 느낌이다. 또한 화산지역이다 보니 뜨거운 유황 물에 계란을 넣으면 노른자는 다 익고 흰자는 반숙이 된다고 한다. 내려오니 모두가 계란을 먹고 있었다. 점심도 먹지 않고 3시가 넘어서야 음식점에 다다랐다. 저녁은 삼겹살로 마지막을 장식했다. 맥주 한잔이 곁들여지니 하루의 피로가 풀린다.

첫날 연길 호텔에 도착하자마자 수필과 소월의 시에 관한 문학 세미나를 했다. 미리 세미나실에서 행사한다고 했으면 에어컨이라도 틀어 시원하게 해놓는 게 상식인데 사회주의 국가에선 주인이 왕이란다. 너희들이 필요해서 왔으면 너희들이 해야지 왜 우리가 해야 하느냐는 것이다. 하루 종일 새벽부터 피곤한 몸을 이끌고 와 눈도 잘 안 보이고 세미나실은 더워 숨이 헉헉 막히는데 발표는 첫 번째란다. 내용은 머릿속에 다 있었지만, 환경이 그러니 버벅거리기만 하고 글씨도 잘 보이지 않는다. 엉망이다. 입장은 똑같은데 모두 차분한 자세로 잘 읊어댄다. 문학기행에 걸맞은 논문 발표를 통해서 수필과 시를 배우는 문우들이 좀 더 이론적인 배경을 이해하고 문학성을 갖춘 글을 쓸 수 있기를 바라본다.

이왕 문학기행 오는 것 사랑하는 가족과 함께 오면 얼마나 좋을까 생각했다. 팔십 넘은 부모님과 함께 온 문우, 남편과 함께 온 사람 모두 보기 좋다. 부모님을 모시거나 자매들과 여행 한 번 못 한 나 자신을 돌아보며 얼마나 마음속으로 부러웠는지 모른다. 좋은 것을 볼 때는 사랑하는 사람이 떠오르고 이 순간을 함께 했으면 얼마나 좋을까 생각해 왔는데 참으로 보기 좋고 화목한 모습이다. 이들이 엮어가는 사랑의 노래가 기다려지고 좋은 추억이 되었기를 바란다.

마지막 날은 쇼핑을 마친 후 두만강으로 갔다. 동네 하천 정도의 강이 바로 두만강이고 코앞에 있다. 한걸음에 달려가면 바로 우리 동포가 사는 북한인 것이다. 민둥산이 되어 버린 북한의 모습은 애달프다. 가슴이 먹먹하다. 바로 십 분이면 건너갈 것 같은데 멀리 돌아서 중국에 돈을 주고 백두산이 아닌 장백산에 온 것이다.

두세 시간의 하늘길을 달리고 한 시간의 자동차를 타고서 말이다. 여행 내내 KTX 타고 백두산을 가는 날이 그 언제일까, 우리 승용차를 가지고 금강산, 백두산 갈 그날이 언제 올 것인가. 그 염원이 마음속을 떠나지 않았다. 우리 세대에 꼭 소원이 이루어질 수 있길 바라며, 통일이 되는 그날까지 북한 동포들이 배곯지 않고 인간답게 살 수 있길 기원해 본다. 참 뜻깊은 여행이었다.

덕유산 눈꽃 축제

한 달 전부터 마음이 설렜다. 계묘년 마지막을 그동안 오랫동안 꿈꾸던 덕유산 눈꽃 축제를 남편이 예약해 놓았기 때문이다. 부부간의 여행은 오랜만이라 더 마음이 들떴다. 한라산 눈꽃 축제도 가고 싶었지만 눈 내리는 날을 맞추기가 쉽지 않아 덕유산이라도 다녀오고 싶었다. 마침, 올해 들어 가장 눈다운 눈이 흠뻑 내려 주었다. 얼마나 반갑던지 예약해 놓은 날에도 눈이 녹지 않고 있어 주길 바라는 마음 간절했다. 다행히 올해는 그 염원을 하늘이 허락하였다.

새벽 5시에 일어나 아이젠, 스틱, 모자, 장갑 등 설산에 올라갈 준비를 단단히 챙기고 체육관에 도착했다. 버스에 오르니 화려한 버스 내부가 여행의 안락함을 예고해 주었다. 마치 신선이 된 듯 리무진 버스에 올라 꼬마김밥으로 아침 요기를 하고 펼쳐지는 밖의 풍경을 하나라도 놓칠세라 편안한 마음으로 감상했다. 비슷한 연배거나 조금 더 연세 든 여행객들이 두런두런 이야기도 나누며 오늘 펼쳐질 눈꽃 축제에 대한 기대로 들떠 있다. 덕유산이 그리 멀지 않은 곳이다 보니 금산휴게소에 잠깐 들렀다 바로 출발하였다.

큰 어려움 없이 덕유산에 다다랐다. 얼마 전 내린 눈이 며칠간의 따뜻함으로 산 밑은 녹았으나 그래도 능선에는 많이 남아있었다. 다시 옷이며 장비를 챙기고 발에 아이젠을 장착했다. 일찍 도착해서 기다리지 않고 곤돌라를 바로 탔다. 20여 분을 가파른 산길로 곤돌라가 힘도 안 들이고 올라간다. 이 높은 산을 이런 기계가 없었더라면 어찌 오르내릴 수 있으랴. 곤돌라 안에서 펼쳐지는 세상에 그야말로 탄성이 저절로 나온다. 눈으로만 감상해도 이리 좋은데 곤돌라가 도착하고 향적봉을 바라보니 여기가 우리나라가 맞는지 하는 생각이 불현듯 든다. 설천봉에 도착하여 바라보니 사방에 펼쳐진 설원의 세계가 얼마나 경이롭던지. 그저 야호~ 워~ 하며 감탄사만 연발했다.

덕유산은 남한에서 네 번째로 높은 산으로 동쪽의 가야산, 서쪽의 내장산, 남쪽의 지리산, 북쪽의 계룡산과 속리산으로 둘러싸여 있다. 그 높이는 1,614미터로 아고산대 생태계의 보전 가치가 높다. 또한 북쪽으로 흘러가는 금강과 동쪽으로 흐르는 낙동강의 수원지이기도 하다. 곤돌라가 도착한 설천봉에서 향적봉은 600여 미터밖에 되지 않아 큰 어려움 없이 갈 수 있었다. 스틱을 의지하고 아이젠을 장착하다 보니 그렇게 미끄럽지 않아 수월했다. 바람이 크게 불지 않아 향적봉에 무사히 도착했다. 정상에서 사진을 찍으려는 많은 젊은이가 족히 100미터는 줄을 서서 기다리고 있었다. 굳이 향적봉 표지석 앞이 아니더라도 360도 펼쳐진 설원을 두루두루 둘러보며 감탄하기에 바빴다. 눈이 조금 녹은 산줄기와 그대로 쌓여 있는 구릉이 절묘한 조화를 이루어 한 폭의 동양화를 펼쳐놓은 것 같아 보는 이의 넋을 빼앗는다. 일부러 비단을 살금살금 접어 그 위에 눈가루를 뿌려 작품을 만든 것처럼 황홀하기만 하다. 거기에 신묘하게 묘기를 부리는 구름과의 조화는 그냥 조물주의 놀이 같기도 하고, 그대로 멍하니 넋을 놓고 바라보는 것만으로도 가슴이 벅차오른다.

그대로 머물고 싶은 마음을 뒤로 하고 우린 대피소로 이동했다. 가는 길에 누군가 눈사람도 만들어 놓고, 오리도 만들어 놓아 여행객을 웃게 만든다. 특히 이 지역이 주목과 구상나무의 군락지다 보니 아주 멋스럽고 상고대 또한 신비스러움을 더한다. 대피소에서 중봉까지는 왕복 1시간 반 정도 더 가야 해서 조금 가다가 다시 대피소로 돌아왔다. 긴장했던 다리의 피로도 풀 겸 관광객들을 위한 긴 의자에 앉았다. 준비해 온 따뜻한 둥굴레차로 속을 덥히고 상큼한 사과로 허기를 달랬다. 컵라면이라도 먹고 싶은 마음 굴뚝같았으나 맛있는 점심을 위하여 참기로 했다.

다시 설천봉으로 와 곤돌라를 탔다. 얘기하다 보니 곤돌라 일행이 고향 사람이라 내려오는 내내 고향 이야기로 꽃을 피웠다. 이렇게 우연찮게 고향 사람을 만날 수 있는 게 신기하기만 했다. 짧은 만남이었지만 참으로 즐겁게 수다를 떨며 다시 만날 것을 약속하며 헤어졌다.

오랜 시간 눈길을 걸어서인지 허기가 밀려온다. 음식점에 들어가니 청국장이며 생선구이 등 토속적인 음식이 우리를 반긴다. 눈으로 보는 구경도 결국은 먹는 호강이 있어야 즐거움은 배가 되는 법. 14첩 반상을 눈으로 즐기는 동시에 입안에 감도는 음식의 맛이 참으로 오랜 여운을 느끼게 했다. 오는 길에 금산의 월영산의 출렁다리를 들렀다. 산과 산을 연결해 500여 미터의 단단한 철 밧줄이 우리를 안심해도 된다고 한다. 200여 계단을 힘들게 올라가 출렁다리까지 다녀오니 더 이상 바랄 것이 없다. 산 입구 포장마차에서 금산의 인삼 막걸리로 목을 축이지 못하고 차에 오른 게 못내 아쉬움으로 남는다.

요즘 내내 마음이 허허로워 신랑에게 우울증에 걸리겠다고 며칠 투정했더니 무심히 넘기지 않고 내 마음을 헤아려준 덕분에 즐거운 하루였다. 해외여행은 아니지만 소박한 국내 여행이라도 다녀올 마음을 가져 준 것만으로도 마음 깊은 곳에 뭉클함이 밀려온다. 대자연의 웅장함, 위대함을 다시 느끼며 신이 만들어 놓은 멋진 자연의 품에서 소소한 행복을 마음껏 맛보며 살아야겠다고 생각해 본다. 신이 값없이 베풀어준 무한한 즐거움을 누리는 것은 인간만의 특권이다.

향기에 취하다

모스크바에서 에스컬레이터를 타고 100여 미터 깊은 땅속으로 들어갔다. 여러 번 지하철을 타보았지만 이렇게 깊숙이 들어가는 것은 처음이라 생경한 느낌이었다. 퇴근 무렵이라서 인지, 수많은 사람이 발 디딜 틈 없이 인산인해를 이루며 오고 가고 있는 모습이 우리나라와 특별히 다를 것은 없다. 들어가자마자 지하철에서 토해 내는 사람들 속에서 아차 하다가는 길을 잃겠구나. 정신 똑바로 차려야지. 잘못하다가는 국제미아가 될 수도 있겠다고 하는 생각이 들었다.

우리도 표를 끊어 여러 구간의 전철을 탔다. 플랫폼 들어가는 입구부터 달랐다. 마치 미술관에 온 것 아닌가 하는 착각을 불러일으켰다. 성경 속에 나오는 성화들로 도배가 된 것 같다. 하나하나 감상할 겨를도 없이 스쳐 지나가는 모든 역이 비슷한 모습이었다. 프레스코화와* 조각상, 모자이크 등 유럽의 박물관에나 가야 만날 수

---

* 벽에 석회를 바른 뒤 그것이 마르기 전에 수채화를 그린 그림. 이탈리아에서 나온 낱말로서 르네상스와 바로크 시대에 많이 그려진 벽화를 일컫는다.

있는 것들을 이곳에서 만난다는 것이 특별한 느낌으로 다가오며 러시아의 첫 방문지에서부터 큰 충격을 받았다. 이는 단순한 교통수단을 넘어 도시의 역사와 문화를 반영하는 중요한 문화적 요소로 자리잡고 있었다. 온갖 광고로 도배가 된 우리나라와 비교되며 오랜 시간 축적된 문화유산을 적절하게 활용함으로 현대를 살아가는 많은 사람에게 감동을 주고 있다고 생각하니 관광객의 한 사람으로서 고마웠다.

우리와는 너무나 먼 나라, 전혀 여행지로는 생각해 보지 못했던 러시아 해외 시찰을 하게 될 줄은 꿈에도 생각지 못했다. 살다 보면 가끔은 행운도 찾아와 살맛 나게 한다더니 이번 시찰은 땀과 노력의 결실이었지만 평생 한 번 만날까 말까 한 귀한 기회였다. 2020년 청주교도소 근무 시 직업 훈련교도소로 지정된 이후 가장 큰 성과를 내었다. 전국 기능경기대회에서 교정기관 중 가장 금메달을 많이 따 최고의 성과를 내었고, 그 덕분에 충북도의 전국 순위도 훌쩍 뛰어오른 쾌거를 이룩하여 도지사로부터도 큰 칭찬을 받았다. 그 덕분에 그동안 한 번도 간 적이 없는 러시아로 8박 9일의 해외 시찰을 가게 된 것이었다. 선수들을 훈련 시킨 각 기관의 선생님들과 교도소 직업훈련 교사, 일반인 중 메달 수상자들과 함께였다.

러시아의 두 거대도시, 모스크바와 상트페테르부르크를 여행하며 나는 러시아 대문호와 문화예술의 놀라움에 깊은 감동에 빠져들었다. 이 여행은 단순한 관광이 아니라, 러시아의 영혼을 찾아가는 여정이었다.

모스크바에 도착하자마자 나를 맞이한 것은 붉은 광장의 웅장한 분위기였다. 광장의 중앙에 서 있는 크렘린궁과 성바실리대성당은 그 고유의 색채와 형태로 마치 동화 속 세계에 들어온 듯한 느낌을 주었다. 가까이서 푸틴이 머무는 곳을 볼 수 있다는 것이 신기했고 성 바실리 성당 등 이곳을 배경으로 수많은 러시아 대문호가 창작의 영감을 얻었다는 사실이 실감 났다. 특히 붉은 광장과 그 주변의 아름다움이 고스란히 담겨있는 푸시킨의 시를 떠올리며 광장을 거닐었다. 마치 내가 그의 시 속의 주인공이 된 듯한 느낌을 받았다.

상트페테르부르크는 또 다른 러시아의 영혼을 간직한 도시였다. 러시아혁명이 있기 전까지 200년간 러시아의 옛 수도로 도스토옙스키, 톨스토이, 푸시킨, 안톤 체호프 등 많은 문학가와 예술가를 배출한 도시다. 발길 닫는 곳마다 아름다운 건축양식과 색상으로 모스크바의 묵직한 분위기와는 느낌 자체가 달랐다. 특히 에르미타주 박물관은 세계 최대의 미술박물관 중 하나로, 러시아의 문화예술이 세계 수준으로 발전했음을 보여주었다. 특히 렘브란트와 피카소 등 거장들의 작품을 러시아의 황제들이 수집했다는 사실은 러시아인들이 문화예술에 얼마나 큰 가치를 두었는지를 보여주었다. 박물관의 수많은 전시품을 보며, 나는 러시아 대문호들이 이러한 문화예술에 어떻게 영향을 받았는지를 상상해 보았다.

상트페테르부르크의 또 다른 명소는 페테르고프 궁전과 정원이다. 이곳은 표트르대제가 세운 곳으로, 그의 꿈과 열정이 그대로 담겨있는 곳이다. 궁전의 아름다운 건축물과 정원의 조경은 러시아의 문화예술이 얼마나 높은 수준에 도달했는지를 보여주었다. 특히, 궁전 내부의 화려한 장식과 조각들은 러시아 대문호들이 그들의 작품 속에서 묘사한 귀족들의 생활을 그대로 보여주는 듯했다. 그리고 상트페테르부르크의 중심에 있는 레닌그라드 광장에 표트르대제의 기마상이 자리 잡고 있으며 이는 도시의 상징 중 하나이다. 이 기마상은 표트르대제가 러시아를 현대화하고 서유럽과의 교류를 강화한 데 대한 기념으로 세워졌으며, 그의 서양화 정책과 러시아의 해양 강국의 지위를 강화하려는 노력을 상징하기도 한다.

시찰단원들과 함께 모스크바대학도 보고, 목재 학교도 방문하며 다른 나라들과 구분되는 놀라운 발전 상황에 관해서도 확인할 수 있는 시간이었다. 특히 러시아 음식은 특별히 인상에 남지는 않았지만, 그곳의 궁궐과 같은 곳에서 먹은 한식은 이국의 땅에서 단원들을 환영하는 의미의 그리운 금강산 등 가곡으로 일행을 맞아주어서인지 더 맛있고 뜻깊은 식사로 기억된다. 그들과 어울려 춤을 추었음은 물론이다. 특히 현대자동차를 방문하였는데 해외에 세운 첫 공장이라고 한다. 연간 20만 대를 생산하며 자동화, 현지화 전략을 쓴 덕분에 유럽에도 현대자동차를 공급한다는 이야기를 듣고 새삼 자부심을 느끼는 시간이기도 했다.

여행을 마치고 돌아오는 길에, 나는 다시 한번 러시아 대문호들의 작품을 펼쳐보았다. 그들의 작품 속 러시아는 더 이상 낯설지 않았고, 그들의 작품을 통해서 러시아의 영혼을 느낄 수 있었다. 이 여행은 나에게 러시아의 문화예술을 직접 경험하며 그 향기에 취한 소중한 기회였고, 러시아 대문호들의 작품을 더 깊이 이해할 수 있는 계기가 되었다. 다만 아쉬운 것은 여러 여건상 힘들게 러시아를 방문했는데, 러시아의 모스크바 오케스트라나 상트페테르부르크 오케스트라 등 세계적으로 유명한 오케스트라의 공연을 볼 수 없었던 것이 아쉬웠고, 차이콥스키의, 라흐마니노프 등의 음악을 직접 경험할 기회를 만들었다면 더 좋았을걸…. 그럼에도 러시아 여행은 내 인생에서 가장 의미 있는 여행 중 하나로 남을 것이다.

마음을 품어주는 초평호

가을이 무르익어가는 모습을 눈으로 보고 마음에 담고 싶어 무작정 나섰다. 일상에 파묻혀 갑갑했던 마음이 어디론가 발길을 향하게 한다. 마음의 고향 같은 곳, 언제든 나를 반겨줄 것 같은 곳이 초평호다. 코로나로 힘들 때도 두 번씩이나 갔었는데 입장을 거절당해 아쉬움이 있었던 차 큰맘 먹고 남편과 조촐한 나들이를 떠났다.

얼마 전까지만 해도 들녘엔 황금벌판이 펼쳐져 풍요로움을 안겨주던 벼들이 엊그제 가을비로 주저앉았거나, 어느 정도 수확을 하여 빈 들판이 되어가고 있었다. 각종 과수나무도 수확하느라 한창이다. 대추, 사과, 감, 배를 따고 밭작물을 거두는데 농촌에는 일손이 부족하여 외국인 근로자들이 들녘의 주인으로 자리 잡은 지 오래다. 너무 일찍 샴페인을 터트린 탓인지 놀고 있는 청년이 수십만, 은퇴한 베이비붐 세대가 100만 이상이 되는데 일자리가 없다고 아우성친다. 이런 아이러니가 다 있을까. 이런 우리네 현실이 안타깝다.

이번엔 늘 가던 코스가 아닌 농다리 쪽 그 반대편인 청소년 수련원 쪽으로 향한다. 데크길을 좀 걷다 보니 새로 난 산책로가 이어진다. 한참을 걷다가 다리가 뻐근해져 올 무렵 쉼터가 보이며 전에 없던 쭉 뻗은 큰 다리가 나타난다. 이름하여 '미르 309'! 세워진 지 불과 몇 달 안 된 출렁다리로 주포와 교각 없이 세워진 우리나라 열 손가락 안에 들어가는 긴 다리라고 한다. 주포와 교각이 없는 데다 309미터로 길이가 길어 출렁거림이 심하다. 한참을 걸어야 끝이 나온다. 워낙 스릴을 좋아하는 성향이라 마음껏 출렁거림을 즐기며, 그동안 알게 모르게 쌓였던 시름과 번뇌를 출렁다리의 흔들림에 다 풀어 놓는다. 고개를 들어 사방을 둘러보니 탁 트인 초평호가 한눈에 들어와 신선이 된 기분이다. 모두 무서워하며 울렁증을 호소하는 사람들을 보니 그것도 재미있다. 웬만한 출렁다리 다 가보았지만 이렇게 숲과 호수가 완벽한 조화를 이루는 곳은 보지 못했다. 미르 309를 신설하면서 초평호를 둥글게 이어줘 전국에서 걷기 아름다운 길로 뽑혔는가 보다.

'미르'는 호수의 모양이 용의 모습을 하였다고 하여 상상 속 동물의 이름을 따왔다고 한다. 만들어진 지 벌써 60여 년이 넘어 내 나이와 비슷하다고 생각하니 더 친밀하게 느껴진다. 미호천 상류의 물을 가둬 만들어 농업용수로 쓰이던 것이 40여 년 전, 다시 시멘트로 보강하여 진천은 물론 오창, 옥산, 강서 등까지 멀리 물을 대는 충북에서는 가장 큰 저수지다.

아름다운 숲으로 둘러싸여 요새를 연상케 하는 이곳은 마치 엄마의 자궁 속에서 생명체가 나고 자라고, 생명이 움트던 그 모습처럼 안온하다. 끊임없이 이어지는 생명의 순환을 이곳에서 느끼게 된다. 이곳이 생명 젖줄의 역할을 하며 영원히 이어지길 바라는 마음으로 지긋이 호수를 응시한다.

미르 다리를 건너고 나니 숲길이 이어진다. 다리의 피로도 풀 겸 천천히 마음을 내려놓고 걷는다. 약간은 쌀쌀한 기운이 돌지만 기분 좋게 불어오는 바람이 마음의 때를 다 씻어줄 것 같이 온몸을 훑고 지나간다. 숲길을 한 걸음 한 걸음 걸어 올라가니 황톳길이 나타나며 어서 오라고 환영한다. 폭 1.5미터 정도 약 2.6킬로의 거리를 세상에서 제일 편안한 몸과 마음으로 한 걸음 한 걸음 내디뎌 본다. 발바닥에 닿는 촉감은 서늘하면서도 찰진 느낌이 기분 좋다. 아옹다옹하며 남을 용서하지 못했던 마음도 황톳길에 다 풀어놓으며 모두가 지나가는 부질없는 감정임을 깨닫는다. 황토와 숲의 바람이 만나는 이곳이 새삼 천국임을 느끼게 해준다. 길옆에는 가느다란 스프링클러가 있어 황토의 건조를 막아주며 황토의 감각을 깊이 느낄 수 있도록 해준다. 날로 진화되어 가는 것이 주민들의 건강을 많이 신경 쓰고 있다는 것을 알 수 있었다. 다만 아쉬운 것은 황토와 시멘트의 만남이 아닌 황토의 비율을 더 늘렸으면 하는 아쉬움이 있었다. 쭉쭉 뻗은 메타세쿼이아 숲에 나무 베드가 여러 개 놓여 있어 몸을 내맡겨본다. 복잡했던 머리와 시끄럽던 마음이 일시에 정지하며 고요한 내 안으로 깊숙이 들어간다. 그래, 완벽한 몸과 마음의 합일! 존재한다는 그 자체만으로도 난 세상에 부러운 것이 없고, 그저 감사한 마음만이 깊은 호흡을 통해 뿜어져 나온다. 물의 색깔은 어찌나 푸르른지 미르 숲과 초평호의 물이 아름다운 조화를 이루어 그저 몇 시간이고 자연의 일부로서 머물고 싶었다.

가까이 살면서도 쉽게 오지 못했던 곳! 하지만 세상사의 시름을 다 받아줄 것 같은 초평호에 더 자주 와야겠다. 초롱길을 거닐면서도 마음속의 상념이 다 사라지고 자연과 함께하고 있다는 사실만으로도 충만해지는 이 마음을 무엇으로 설명하리오. 미르 숲을 거닐며 저 멀리 야외음악당에서 들려오던 젊은이들의 힘 있는 노래도 아스라이 사라지고 깊은 여운으로 남는다. 초롱길의 끝이 저만치 보이고, 거기에 초평호를 가로지르는 하늘다리의 모습이 멋스럽게 우리를 반기고 있다. 예전에 왔을 때 하늘다리만 건너고 다시 돌아오는 길이 뭔가 허전하고 짧게 느껴졌는데, '미르 309' 출렁다리를 다시 세우고 미르 숲을 더 보완하여 숲길 산책로를 만들어 놓으니 더 이상 바랄 게 없다. 참으로 머리 좋은 우리 한민족이다. 어찌 한반도 지형의 미르 섬을 연결하여 출렁다리 놓았을까, 다시 한번 인간 상상력의 놀라움에 대해 생각하는 계기가 되었다.

무심한 채로 반나절 가량 걷다 보니 기분 좋은 나른함이 밀려온다. 배꼽시계는 계속 울어대고 몸의 양식을 채워달라고 야단이다. 청소년 수련원에 주차한 차를 빼고 조금 달리니 붕어찜이 기다린다. 어쩜 붕어찜을 이리도 맛있게 만들었는지 뼈째 다 먹어도 입안에서는 사르르 녹는다. 이런 별미를 얼마 만에 먹어보는 것인지, 여행의 멋을 완벽하게 완성해 주는 붕어찜이다. 특별한 향토 음식으로 마음 비움, 몸의 행복을 깊이 느끼게 해준 멋진 가을 여행이 오래도록 마음에 남을 것 같다.

인도네시아를 녹이다

사람들에 대해 궁금했다. 어떤 역사를 가지고 살아왔는지. 지구라는 별에서 얼마나 다양한 방식으로 삶을 꾸려 가는지 알고 싶었다. 뭔가를 준다는 의미보다는 더불어 살아가는 지구공동체의 일원으로 서로를 깊이 이해하고 뭔가를 나눌 수 있길 바랐다.

그런 이유로 섬기는 교회에서 작년에 선교사들이 조선 땅에 와서 행한 여러 유적지를 살펴보는 훈련에 참여하였고, 이번에는 조선말, 많은 해외선교사가 먼 이국땅에 와서 우리에게 행했던 것같이, 우리 선교사들이 세계 각국에서 펼치는 선교의 현장을 보고 싶었다. 그들을 통해 현지 사람들과 어우러져 의료 인프라가 부족한 인도네시아 반둥 지역을 찾아 5박 6일의 시간을 함께했다.

출국하기 한 달 전부터 모든 준비에 들어갔는데 24명이 팀별로 나누어 감당해야 할 사역의 내용을 숙지했다. 구입해야 할 것과 기증 받을 물품 등 리스트를 꼼꼼히 작성했다. 기증받은 의약품과 돋보기 등을 분배하여 개인별에게 나누어 가져가도록 한 것은 통관비를 더 물지 않도록 했다. 그 외에도 현지에서 먹을 밑반찬과 간식, 커피는 물론 어린이 사역팀은 아이들이 좋아하는 풍선아트, 비즈공

예의 재료들도 준비했다. 20여 년 해외선교를 매년 해온 홍 장로님을 비롯한 여러 의사분의 사명감도 준비 과정에서부터 남달랐다. 뭐든 막상 실행하는 시간보다 준비 작업이 반 이상을 차지한다.

7시간을 날아간 자카르타 공항은 후끈한 열기로 가득하다. 지어진 지 얼마 되지 않아서인지 규모도 크고 깨끗한 모습이다. 오랜 시간 그곳을 지키며 복음화에 힘쓴 선교사님이 일행들을 반갑게 맞아준다. 3시간 반을 달려 반둥을 향하는 마음은 좁은 공간에 갇혀 옴짝달싹도 못 했던 비행기에서와는 달리 설렘으로 가득하다. 인구의 70퍼센트가 이슬람인 나라에서 어떻게 의료봉사를 펼칠지 상상의 나래를 펴본다.

숙소에서 30분 남짓 달리니 젤리앙 지역의 주민들이 총출동하여 천막치고 팀별로 베이스캠프를 만들어 진료할 수 있도록 테이블을 옮기고 세팅하는 일로 분주하다. 현지인들은 뜨겁게 일행들을 반기며 환영한다. 그 지역의 봉사가 이루어질 수 있도록 역할을 한 키맨의 환영 인사에 이어 여러 의식이 진행되고 우리 측 대표도 감사의 인사를 전한다. 의사 5~6명은 분야별로 진료하느라 정신없다. 선교사님을 비롯한 그곳에 터 잡고 살고 있는 교수 부부는 통역으로 역할을 충실히 한다. 옛날 70년대 시골 읍내에 장날이 되면 아이들까지 손에 손잡고 나와서 마술이며 약장수들의 여러 쇼를 보는 것같이 축제의 한마당이다. 남녀노소 불문하고 그 더운 여름 긴 옷과 히잡을 쓰고 자기 차례를 기다린다. 한국 의료팀의 큰 뜻을 아는 이 지역의 유지가 사유지를 내놓아 그날의 행사를 치르게 되었는데 그야말로 의료축제 날이다.

의료혜택을 받기 어려운 그곳의 주민들은 아침 일찍부터 나와 기다리고 있었다. 뙤약볕 아래서 누구 하나 불만을 품는 사람 없이 즐거운 표정이다. 약제팀에 배정된 팀원들은 가져온 의약품을 종합감기약과 소화제, 위장약 등 800명분의 약을 나눠주느라 여념이 없다. 어린이를 즐겁게 하는 역할을 맡은 어린이 사역팀들은 풍선을 불어 강아지와 총도 만들고, 구슬로 팔찌를 만들어 아이들에게 선물했다. 워낙 손으로 하는 일이 쉽지 않은 우리를 도와 신앙으로 훈련된 그곳 청년들이 힘을 보탰다. 까만 눈동자, 풍선 하나 얻으려 올망졸망 즐거운 표정을 감추지 않은 아이들에게 매직펜으로 "I Love you, 이름"을 써주며 하트를 그려주니 아이들의 엄마까지도 동참하며 함께 즐거워한다.

사진 찍기를 좋아하는 나는 끊임없이 봉사가 펼쳐지는 곳곳과 그들이 삼삼오오 모여 기다리는 모습까지도 카메라에 담았다. 환한 미소로 답하는 그들에게 "I love Indonesia! I love Korea!"를 외치게 하니 봉사 현장이 뜨거운 환호로 후끈 달아오른다. 그러자 만나는 사람마다 두 팔 벌려 포옹하는데 인종과 종교, 문화를 초월해 하나가 될 수 있음을, 우리는 지구촌의 한 가족임을 확인하는 시간이었다. 어떤 이슬람 여성은 중학생 딸 셋과 풍선을 함께 만들며 호감을 느꼈는지 자기 집에 갔다 오자고 몇 번을 권유한다. 뭔가 잘사는 모습을 보여주고 싶었는가 보다. 젊은 청년들은 드라마나 음악을 통해 한국말을 잘하여 더 이쁘고 사랑스러웠다. 곳곳에 숨어서 봉사하는 현지팀들과 풍선을 들고 사진을 찍은 어린이들 모습을 인화하여 액자로 만들어 주니 너무나 행복해하는 모습이 감동이다. 시간상 일부 봉사자만 사진을 선물함이 못내 아쉽다. 하루 종일 땀방울 흘린 것이 사진 한 장으로 피로를 다 풀 수 있었을 텐데 말이다.

어디든 가려면 키맨(Key man)이 필요하다. 봉사가 필요한 세계 어느 곳도, 지역마다 열린 마음을 가진 키맨을 발굴하여 키운 선교사들의 노고와 봉사자와 현장을 연결하는 가교역할의 중요성을 다시 한번 깨닫는 시간이었다. 특히 청년들을 신앙으로 훈련하여 봉사 현장의 키맨으로 활동하게 하는 지킴이들의 노고는 말이 필요 없다.

열정이 넘치며 뜨거운 뙤약볕 밑에서도 웃음을 잃지 않고 한국 봉사자들을 도우며 자기 역할을 다하는 현지 봉사자들의 모습이 눈에 선하다. 16세기 후반부터 수백 년간 네덜란드의 식민지로, 또 일본의 식민지로 오랜 시간 어려운 상황에서, 이제는 당당한 민주공화국으로 탈바꿈하여 도약하려 몸부림치는 인도네시아를 확인하는 시간이었다. 다양한 종족과 언어, 문화로 구성되었음에도 서로를 인정하며 화합하는 순수한 사람들이 있어 희망이 있다.

이번 인도네시아 해외 의료선교를 통해 많은 것을 배웠다. 가난하지만 순수한 마음, 다양성을 존중하는 문화, 아름다운 자연환경, 이 모든 것들이 인도네시아를 특별한 나라로 만들어 주고 있었다. 특히 K- culture와 오랜 시간 이곳을 지켜온 선교사들의 노력이 이곳에서도 한국 사람들에 대해 신뢰하게 했고, 젊은이들과 아이들의 순수한 눈망울이 그들을 오래오래 기억하게 할 것이다. 뭔가를 주고 온 느낌보다는 보이지 않는 많은 것을 얻어온 느낌이다. 특히 어린 소녀가 하트를 여러 번 날리며 마음을 표현해 주는 모습이 잊히지 않는다. 마음과 마음은 보이지 않는 곳에서 연결되고 있었다.

제주도 힐링여행

올해도 어김없이 제주 사는 친구 화영으로부터 연락이 왔다. 비행기 표 예매해 놨으니 오라는 연락이다. 올해는 2명이 추가되어 친구 한 명과 은사님 친구 한 분이 더 가게 되어 벌써 시끌벅적 분위기가 예상되고 가슴이 설렌다. 5년여 전부터 초겨울이 되면 제주로 시집가 35년 이상을 살고 있는 영이의 초대로 자신의 귤 농장 귤 따기 행사를 한다. 핑계는 귤 따기지만 스승님 및 친구들과의 만남과 제주 여행도 큰 비중을 차지하고 있다.

설레는 마음을 안고 공항에 도착하니 비가 내린다. 차를 가지고 마중을 나온 친구의 차에 몸을 싣고 30여 분 달려 시골집을 개량해 만든 게스트하우스에 도착하여 짐을 풀었다. 오느라 배가 출출할 것으로 생각하여 음식점에 방어회를 맞춰 놓았단다. 집에 와서 방어회를 풀어 놓고 맥주 한잔하니 하루의 피로가 풀리고 고소한 방어의 맛이 색다른 제주의 느낌을 전해준다. 건배를 하며 5일간 펼쳐질 제주에서의 행복한 추억을 만들자며 다들 들뜬 분위기이다.

그러나 어쩌랴 그 이튿날 밖에 나가보니 비가 부슬부슬 오고 있다. 첫날부터 일을 열심히 해야 하는데 하늘도 무심하시지. 모두

우산을 들고 제주 여행에 나선다. 우선 우리가 머무는 곳의 유적지부터 살펴보기로 했다. 조천연대(朝天燃臺)는 외적의 침입이나 국가 비상시에 연기나 횃불로 위급상황을 알리는 통신의 기능을 하고 각 지역 및 오름에서 봉수대와 같은 역할을 했다고 한다. 또한 연북정(戀北庭)은 제주로 귀양 온 사람들이 처음 머무르는 곳으로 한양의 조정을 그리워하며 지은 정자이다. 옛 역사의 흔적이 가까운 곳에 있어 잠시 제주에 귀양 온 고관대작들이 귀양에서 풀려나기를 바라는 아픔을 느낄 수 있는 시간이었다. 그런 다음 절물공원에 들러 산책도 하며 삼나무로 쭉쭉 뻗은 제주 생태계를 둘러볼 수 있는 시간을 만들었다. 편백으로 만든 하우스에도 들러 편백의 향기와 자연 그대로의 나무들, 그곳에서 나는 버섯, 고사리 등도 살펴보는 기회가 되었다.

영란 친구의 고향 친구가 애월에 살고 있어 그 친구가 점심을 산다고 한다. 오랜 전통의 제주순두부를 먹어보자 하여 그곳에 가서 제주의 은은한 순두부 맛을 음미하고 4.3 평화공원에 들러 해설사의 설명을 들었다. 제주의 아픈 역사를 직접 해설사의 시댁에서 겪은 이야기들을 생생하게 들으니 예전에 들었던 이념에 치우친 그런 쪽의 이야기만이 아니었다. 해방 이후 시발점부터 끝까지 7년 7개월의 혼란스러웠던 시기에 제주를 도륙했던 아픔이 마치 나의 아픔처럼 생생하게 느껴졌다. 3만여 명이 죽었고 그 죽음의 처참한 현장을 많은 가족이 지켜보고 있었으며 그 트라우마가 아직도 그들을 힘들게 한다는 이야기를 들을 땐, 왜 이 같은 동족끼리의 싸움이 끝없이 전개되는지 안타깝기만 했다. 도저히 용납할 수 없는 우리

역사의 현실이고 주변 강대국들의 이해관계가 얽힌 정치적 소용돌이가 계속되고 있음을 부인할 수 없다. 유네스코 평화공원으로 자리매김하기까지 길고 긴 우리의 노력이 다시는 그런 불행을 되풀이하지 말아야겠다는 다짐으로 이어진다.

첫 번째 날은 제주를 돌아보는 것으로 끝내고 이틀 사흘 되는 날은 귤 따기로 바빴다. 귤 작황도 이상기후로 작년의 반도 안 된다고 한다. 작년에 귤 따기는 힘들었지만, 귤이 실하고 많이 달려 신이 났었는데 올해는 영 시원찮다. 지질하고 수확량도 얼마 되지 않으니, 재미가 나지 않는다. 거기다 감귤나무를 감싸고 있는 넝쿨이 마치 칡과 등나무가 얽힌 것처럼 귤을 딸 수 없을 정도로 휘감고 있다. 은사님과 친구분은 낫처럼 긴 긁개로 계속 넝쿨을 끊어내어 귤 따기 좋게 만들어 주시고 우리는 쪽가위로 하나하나 정성스레 땄다. 쪽가위의 뾰족한 부분이 귤을 조금만 상처 내도 안 되며 상처 난 귤이 박스에 하나라도 들어가 있으면 다른 귤도 금세 무르게 만들기 때문이다.

하루 종일 열심히 딴다고 했지만, 몇 박스 따지 못했다. 그다음 날은 날씨가 흐리고 비가 살살 와 그동안 따놓은 귤의 포장 작업을 하기로 했다. 일차적으로 넓은 다이에 따 놓은 귤을 쏟아서 흠집이 나거나 너무 커 상품의 가치가 없는 것은 골라내고 수건으로 물기를 닦아주는 일이다. 어마어마한 양을 계속 박스로 옮기고 하다 보니 팔이 떨어져 나갈 것같이 아프다. 허리도 끊어질 것 같이 다들 힘들어한다. 우리가 돈만 주면 사 먹는 과일이 이렇게 많은 사람의 수고와 여러 공정이 이루어져 우리 손에 오는 것인 줄 잘 모른다. 아무리

비싸도 비싼 것이 아님을 일을 하며 깨닫게 되었다.

5일간의 귤 따기 행사는 이름만 거창했지. 하늘이 도와주지 않아 제대로 따주지 못하고 제주의 역사와 아름다운 풍광을 감상하며, 한해의 쌓인 피로를 푸는 힐링의 여행이 되었다. 마지막 날은 조천 목욕탕에 들러 순이 친구가 엄마처럼 등짝의 때를 밀어주는데 어릴 적 추억이 되살아났다. 이렇게 시원한 목욕을 언제 해봤던가.

친구들과의 함께 추억을 만드는 시간이 세월이 갈수록 귀하게 느껴지며 은사님을 통해 늘 가르침을 받게 되니 우리는 영원한 스승과 제자인 것 같다. 스승과 제자가 함께 늙어가며 만들어 갈 앞으로의 여정이 자못 기대된다.

물들다

산이 불타오르고 있다. 가는 곳곳마다 자연의 찬란한 향연에 보기만 해도 배부르다. 올해는 지인 및 동호회원들과의 가을 여행이 많다 보니 그 어느 해보다 호사를 누리고 있다. 그 어느 때도 자연은 똑같은 모습으로 우리에게 다가온 적은 없었다. 물감을 휙 뿌려놓은 것처럼 오묘한 자연의 색은 누구도 흉내 낼 수 없는 신의 색깔이다. 어느 유명화가가 이다지도 멋진 그림을 그릴 수 있단 말인가. 쭉쭉 뻗은 메타세쿼이아는 또 얼마나 멋있는지.

뚜벅뚜벅 계곡을 걷는다. 온 산하를 독차지한 것 같은 포만감과 호젓함이 움켜쥐고 있던 모든 것을 놓게 하며 무장해제 시킨다. 느지막이 흠뻑 내린 비로 계곡의 물은 우리의 마음을 씻어주기라도 하는 듯 기분 좋은 물소리가 청량감을 더해준다. 두런두런 나누는 우리들의 이야기는 세상 다 가진 사람들처럼 웃음소리마저 경쾌하고 순수하다.

아! 자연 속에 들어오면 왜 이리 마음이 편해지는지. 그 신선한 기운이 우리 세포 하나하나 깊숙이 파고들어 다시 살아나는 듯한 생생함을 느끼는 것은 누구나 갖는 공통된 심정일 게다. 신이 인간을 창조하고 다른 만물과 조화를 이루고 살게 하다가, 때가 되면 다시 자연으로 돌아가게 한다. 자연의 일부로서 살아가는 존재다 보니 자연 속에 있을 때 인간은 가장 편안하고 자연스러워지는가 보다. 치열한 생존경쟁의 세상에서 겉으로 보이는 부와 명예, 사회적 지위 등 온갖 허울은 그저 겉치레일 뿐이다. 겉치레를 걷어내고 나의 본질로 돌아오게 하는 것이 자연 속에 있을 때임을 느낀다.

갇혀 있던 공식적 조직에서 벗어나 세상에 나오니 어디 가나 막내다. 막내는 인생의 선배들 앞에 그저 고개 숙이고 인생 살아온 지혜를 귀 기울여 듣기만 해도 많은 것을 배우게 된다. 어느 것 하나 거저 되어진 것이 없다. 온갖 시행착오를 거치며 얻어진 삶의 결정체들에 감탄하며 그 지혜를 배우고자 애쓸 뿐이다. 그분들이 추구하는 삶의 탁월함과 모든 면에서 고급스럽게 살아가는 그 정신이 한동안 가슴 먹먹하게 다가왔는데 어찌 인생 선배들의 이야기를 한 귀로 듣고 한 귀로 흘릴 수 있을까.

눈으로, 맛으로 온갖 호사를 누리는 시간이지만 덕유산 자락에 오스트리아풍의 건물들이 눈길을 끈다. 근사한 호텔의 내부를 찬찬히 감상하며 뭘 해도 오래오래 남을 수 있는 나만의 작품을 만들 수 있다면 얼마나 좋을까 생각해 본다. 원목으로 내부를 꾸미고 소품 하나하나에도 예술적 아름다움을 살려 호텔을 꾸민 그 안목이 놀랍다. 역시 이곳에서도 우린 주인공이 되어 황후처럼 정갈한 음식을 우아하게 음미한다. 그래 이런 곳에 와서 그냥 가면 섭섭하지. 우리의 인생은 아름다운 추억을 만들어 가는 과정이니까.

무주구천동의 가을은 더 빨갛게 불타오르고 있었다. 여름이면 발 디딜 틈 없이 인산인해를 이루었을 넓은 계곡의 물소리를 들으며 가을을 음미한다. 이대로 그냥 목석이 되어 천년만년 살면 얼마나 좋을까. 훈훈해진 추억을 듬뿍 안고 대추 계피차로 여행의 마무리를 한다. 자주 떠나자고. 인생 별것 아니라고. 돈으로도 살 수 없는 인생의 소중한 가치를 여행하며 깨닫는다.

가을 여행에 이어지는 파크골프 투어는 또 다른 설렘을 주었다. 버스 두 대로 투어를 떠나는 그 마음은 마치 초등학생의 소풍처럼 들뜬다. 오랜만의 일이니 제대로 해낼 수 있을까 하는 두려움과 어떤 사람들과 한 팀이 되어 파크골프를 치는가가 주요 관심사였다. 버스 안에서부터 총무의 입담과 진행 솜씨가 배꼽을 잡게 만든다. 오늘은 모든 게 잘 흘러가는구나 한껏 마음이 부풀었다. 버스 두 대 인원 중에서도 나는 제일 막내다. 같은 조의 팀원들도 모두 저보다는 최소 서너 살 연배가 높거나 열 살 이상은 차이가 난다.

2년여 만에 첫 경기를 하다 보니 몸이 제대로 풀리지 않는다. 힘 조절이 잘되지 않고 엉뚱한 방향으로 굴러가는 것이 폭소를 터뜨리게 만든다. 기운 없어 보이는 팀원들도 처음에는 잘 안되더니 역시 구력은 무시 못 한다. 공을 치는 모습도 시원하지만, 홀에 넣는 기술도 보통이 아니다. 수년씩 갈고닦은 실력이 시간이 가면서 발휘된다. 특히 제일 힘들어했던 나이 많은 팀원은 마지막 라운딩 마지막 홀에서 홀인원을 하여, 환호하고 얼싸안으며 기쁨을 나누었다. 알 수 없는 게 골프라더니 이런 경사도 있구나 싶다.

오는 길에 해인사에 들렀다. 활활 타오르는 산사의 깊은 가을은 고즈넉한 분위기를 자아내며 일행을 반겨준다. 계곡의 물소리를 감상하며 두런두런 나누는 이야기가 아름다운 화음을 만든다. 유네스코가 지정한 세계문화유산으로 세계 최초이며 세계 최고인 목판인쇄는 우리의 자랑이다. 직사광선을 피하며 통풍이 잘되게 하여 자연 그대로 보전한 과학적 관리가 놀랍기만 하다.

세상사에 복잡했던 머리가 불타오르는 가을에 반해 홀가분해진다. 자연 속에 있으니 그저 편안하고 충만한 마음이 날 행복하게 한다. 풀리지 않는 문제로 끙끙거리던 내 모습이 인생의 대선배들과 함께하니 그냥 녹아내린다. 있는 그대로 인정하고 받아들이는 지혜를 깨닫는다. 욕심내지 않고 순응하며 조금씩 구력을 늘려가는 것처럼, 늘 겸손한 마음으로 사회 초년생으로서, 인생의 대선배들로부터 삶의 귀한 경험과 진리를 배우며 자연과 사람에 물들어가는 시간이었다.

5장

눈 속에 핀 꽃

거절의 미학

우리네 인생은 작은 선택이 모여 점이 되고 점이 모여 선이 된다. 하루에도 수십 번의 선택을 하며 사는 것이 보통 사람들의 일이다. 선택의 내용을 들여다보면 무의식적으로 하는 습관화된 선택도 있지만, 남들의 권유와 제안, 요청 등이 주를 이룬다. 수용과 거절을 얼마나 매끄럽고 지혜롭게 행하느냐에 따라 인간관계 및 금전 문제 등 삶의 큰 줄기가 원활하게 흘러가는 것 같다.

유난히 사람을 좋아해 많은 사람과 다양한 관계를 맺으며 살아가고 있는 나는, 그만큼 사람으로 인해 스트레스도 많이 받고 인생이 나락으로 떨어지는 경험도 종종 하게 된다. 특히 외모가 풍성하다 보니 외모만큼 돈도 많이 쌓아 놓고 사는 줄 알고 여기저기서 부탁을 해온다. 모 소장은 내가 돈이 많게 보였는지 농담으로 '복부인'이란 소리를 여러 번 하여 웃고 넘어간 적이 있었다. 제발 복부인답게 재산이라도 많으면 덜 억울할 텐데.

20여 년 전 선배 언니로부터 급한 일이 있어 그러니 몇백만 원만 빌려 달라고 전화가 왔다. 적지 않은 돈이지만 너무 다급해 보였고 지금 형편이 아주 좋지 않아 부탁하는 것으로 보여 선뜻 빌려주었다. 교회에서도 어떤 신자가 늦은 밤에 자기 딸이 갑자기 교통사고로 인해 병원에 입원해 있는데 수중에 돈이 한 푼도 없어 그러니 빌려달라고 긴급히 부탁을 해왔다. 마땅히 거절할 명분이 없어 큰돈이 아니라 빌려주었다. 그런데 두 사람 모두 자신들이 바로 주겠다 약속한 그 말을 언제 그랬냐는 듯 아무런 이야기가 없다. 도저히 갚을 상황이 안 되면 변명이라도 해야 하는데 몇 번을 이야기해도 연락조차 없는 걸 보면, 갚지 않아도 되는 걸로 생각한 모양이다. 내가 그렇게 관대한 사람이 아닌데 뭘 착각하고 있는 걸까.

교도소 안에서도 사람 사는 모습과 본질은 다르지 않다. 수용자와 직원이라는 하늘과 땅의 신분 차이가 있음에도 사기꾼들은 호시탐탐 같은 방에서 생활하는 동료 수용자들은 물론 직원들에게도 유혹하며 접근을 해온다. 온갖 그럴싸한 말로 유혹을 해오면 잠시 국가공무원이란 사실을 잊어버리고 유혹에 흔들리는 직원들도 가끔 있다. 나에게도 그런 유혹이 몇 번 있었으나 단호하게 거절하고 모든 일은 직원을 통하지 말고 변호사를 통해서 진행하도록 유도했다. 사기꾼들에게는 누구든 자신들의 이익에 부합한다고 판단하면 물불 가리지 않고 접근해 빈털터리로 만든다. 그동안의 수많은 경험을 통해 잘 알고 있기에 넘어가지 않았다.

법무연수원 근무하던 때 청주여자교도소 하모니 합창단이 유명한 것을 알고, 원장님이 하모니 합창단이 법무연수원에 와서 공연 한번 해주면 어떻겠는지 알아봐 달라 말씀하셨다. 그래서 바로 여자교도소 소장에게 전화를 걸었더니 안 된다며 칼같이 끊어버리는 것이었다. 그렇게 거절할 때는 조금은 미안한 마음을 담아 이런 사정 때문에 어렵다고 완곡한 거절을 하는 것이 일반적인데 그때의 당혹감은 아직도 내게 큰 상처로 남아있다. 물론 나중에 합창단 외부 공연이 너무 많아 직원들이 힘들어해서 그렇다고 이유를 붙였지만 말이다.

그러고 보니 나도 거절함에 있어 상대방을 당혹스럽게 했던 기억이 있다. 중학교 시절 제일 재미있는 과목이 영어였다. 열심히 공부했다. 2학년 때 영어 경시대회도 참가했다 그래서인가. 언제부턴가 나는 학교 내에서 영어를 잘하는 아이가 되어 있었다. 어느 날 선생님께서 영어연극을 한 번 해보는 게 어떻겠느냐고 일부러 교무실로 불러 물어보셨다. 그때는 영어연극이 뭔지 잘 모르고 생소하게 느껴져 앞도 뒤도 돌아보지 않고 못 하겠다고 말씀드렸다. 선생님은 어린 학생이 완강하게 표현하는 것이 불편하셨는지 더 이상 권유하거나 설득하지 않으셨다. 그때는 나이가 어려 선생님의 마음을 헤아리지 못했지만, 선생님께서 얼마나 황당하셨을까 싶다. 그러면서도 이해가 가게 좀 더 상세하게 설명해 주면서 할 수 있다고 용기를 주셨다면 얼마든지 시작할 수 있었을 텐데 하는 아쉬움이 남는다. 그때 연극의 묘미를 느꼈다면 내 안에 끓어 넘치는 열정을 연극배우가 되어 예술적으로 승화시켰을지도 모르는데.

우리는 수많은 관계 속에서 거절과 수용을 반복하며 살아간다. 거절은 당신이 싫다는 의미가 아니라 당신과 더 좋은 관계를 맺고 유지하기 위해 한다고 말하면 잘못된 말일까. 또한 거절은 '버리는 것이 아니라 밀려드는 파도로부터 나 자신을 지키는 것'이고 내 시간과 돈, 자유의지를 남에게 함부로 휘둘리지 않고 살아가는 것임을 잊지 않는다면 거절이 좀 더 쉽게 느껴지지 않을까.

상처받지 않고 거절당하는 것에 익숙해지는 것, 정중하고 아름답게 거절할 줄 아는 사람, 진솔하게 '아니오'라고 할 수 있는 사람, 나의 착한 이미지에 손상이 갈까 봐 전전긍긍하지 않는 것이 내가 바라는 삶이고 거절의 미학이다. 또한 내가 들어줄 수 있는 범위 내에서는 최대한 수용해 주는 지혜도 발휘하면서 말이다. 그리고 내키지 않는 일, 나의 범위를 넘어가는 일을 거절하지 못해 나중에 후회하거나 감당하지 못하는 것보다 상대가 지금 서운해 여겨도 정중하게 거절하는 것이 서로를 위해 훨씬 더 낫다는 것을 깨닫게 된다.

그럼에도 거절은 나에게 여전히 어렵다.

행운

점심시간이 다 되어 가는데 친구에게 전화가 왔다. "오늘 도민 백일장이 있다고 하는 데 슬슬 가보는 것은 어떨까?". "아니, 아무 준비도 못 하고 있는데 무슨 백일장? 백일장 가려면 진즉 이야기했어야지, 이제 한두 시간밖에 안 남았는데 무슨, 난 아무런 마음의 준비도 안 했는데". 그래도 순이 친구는 경험 삼아 한번 가보자 채근한다. 사실은 친구는 지난번 현충원에서 백일장 겸 시 낭송대회가 있었는데 그때 참석하지 못한 것이 못내 아쉬움으로 남아있던 터였다. 마지못해서 간다고 하고 혼잣소리로 '참 여유가 있어 좋네' 하며 속으로 구시렁거렸다.

총알같이 대충 화장을 마치고 떡 몇 개 있던 것 가방에 넣고 물 한 병 준비해서 집 가까이 있는 김밥집으로 가 김밥 두 줄을 샀다. 시간도 없어 곧 시작할 터이니 바로 택시를 잡아탔다. 집에서 멀지 않은 중학교라 그래도 다행이었다. 모두 일찍 와 자리를 잡고 북적거리며 등록하겠지, 생각했는데, 교문을 들어섰는데도 행사를 알리는 플래카드 하나 없어 이거 우리가 잘못 온 것 아닌지 몇 번을 둘러보았다. 학교 안으로 들어가니 교사(校舍) 중간쯤 도민 백일장이라는 플래카드가 붙어 있고 관계자 몇 분이 나와 상황 설명을 한다. 너무 뜨거워 교사 뒤편으로 본부석을 만들었고, 글제를 주고 시작하는 시간을 12시가 아닌 오후 1시로 변경되었다고 한다.

'어휴~ 다행이다. 마음의 준비도 없이 무작정 허겁지겁 달려왔는데 숨 좀 천천히 들이쉬고 간단한 요기라도 하며 글을 써야지' 그렇게 생각하고 있는데 슬금슬금 소월 문학회 문우들이 한 명 한 명 들어오고 있다. 어쩜 아무도 참석 안 할 줄 알았는데, 예상과 다르게 거의 반 이상이 참석하여 준비해 온 음식물을 조금씩 나누며 가벼운 마음으로 백일장을 준비하고 있었다.

오후 1시가 되니 글제가 발표되고 2시간 동안 쓴 다음 제출하면, 오후 5시 반에 시상식을 한다고 한다. 글제가 발표되는 순간 두근거리는 마음을 진정시키고 자세히 보니 '고향'이었다. 그리 어려운 글제는 아니었지만 그렇다고 이런 주제가 나오겠지, 생각하지도 않아서 좀 막막하게 느껴지기도 했다.

평소 생각을 대충 정리한 다음 대략 어린 시절 농촌의 풍경과 가장 인상에 남았던 1980년도의 보은의 대홍수에 대해 상세히 기술하며 어떤 상황에서 버티며 살아냈는지, 그런 절망적인 상황에서 어떻게 대학 학력고사를 준비하고 결과를 얻었는지를 생각나는 대로 적어 내려갔다. 초고는 빈 종이에 적어 그걸 옮기다 보니 시간이 오래 걸렸다. 또 그 많은 원고지를 다 채워야 하는 줄 알고 정신없이 다 메꾸기 위해 식은땀을 흘려가며 써 내려갔다. 아직 옮기려면 한참 시간이 걸릴 텐데 30분이 남았다. 초집중하여 2시간을 썼는데도 아직도 미완성이다. 애가 탔지만 그래도 준비한 만큼은 옮겨 적어야 하지 않겠는가. 좀 더 의미 있게 매끈하게 마무리해야 했는데도 불구하고 결국 시간이 부족해 사실만 나열하다 끝맺음하게 되었다. '그래 참가하는 데 의미가 있지, 아무려면 어때, 다 경험이지' 속으로 생각하며 떨리는 마음으로 본부석에 제출했다. 심사할 시간이 두 시간 주어지고 참가자들은 각자가 도란도란 그늘에 앉아 이런저런 이야기들을 끝도 없이 주고받으며 마치 소풍 나온 사람들처럼 문학축제를 즐기는 모습들이다.

그 막간에 주최 측에서 부른 색소폰 연주자 3명이 서로 돌아가며 프로다운 모습으로 참가자들의 신청곡을 구성지게 연주해 준다. 함께 한 사람들은 서로 모르는 사이지만 마치 오래 사귄 사람들처럼 문학이라는 이름으로 하나가 되었다. 같이 노래도 부르고 어설픈 춤도 추는 등, 우리는 문무를 갖춘 사람들이라며 우리만의 축제에 흥을 더해갔다. 친구는 예전 학교 다닐 때 합창하던 그 재능이 죽지 않고 그대로 살아 감미롭고 부드러운 목소리로 해후, 해운대 연가, 보고 싶은 얼굴, 하얀 목련 등을 거침없이 부른다. 프로 가수 못지않은 노래 실력이 사람의 마음을 사로잡고 감탄사를 부르게 만들었다.

5시가 되자 시상식이 있단다. 모두 본부석으로 하나둘 모여들고 혹시나 자신의 이름이 불리지 않을까 신경을 곤두세운다. 난 준비를 전혀 하지 않았기에 별 기대도 하지 않았다. 운문 수상자들의 이름이 불리는데 친구도 수상자로 호명되었다. 어찌나 기쁘던지. 그리고 산문 부분의 맨 나중에 내 이름이 불린다. '이게 꿈인가 생시인가?' 똑똑히 김. 응. 분. 이라고 불렀다. 그것도 장원이란다. 지난번 소월문학회 주최 '현충원 백일장'이 태어나서 처음으로 가본 백일장이고, 이번이 두 번째인데 감히 내가 장원이라고? 정말 믿어지지 않는 순간이었지만 모두 축하한다고 인사를 건넨다. 상장과 더불어 주최 측에서 꽃도 준비하여 시상식과 더불어 기념 촬영도 했다. 약소하지만 문화상품권 20만 원어치가 부상으로 주어졌다. 모든 일이 일사천리로 영화를 찍듯 이어졌다.

인생 살다 보면 노력해도 내 뜻대로 되지 않을 때가 있는가 하면 정말 생각지도 못했는데 엄청난 행운이 주어질 때가 종종 있다. 그런데 오늘 집에 와서 곰곰 생각해 봐도 글 자체는 별로 잘 쓴 것 같지 않은데 내용 자체가 어려운 절망적인 상황에서도, 꿋꿋이 버티고 일어나 주위에 긍정적인 영향을 준 것이 아무래도 수상의 이유인 것 같았다. 퇴고할 시간도 없이 정신없이 써 내려간 글솜씨는 조금 부끄럽게 느껴지고, 다음 주 월요일 충북일보에 도민 백일장 행사가 보도된다고 하는 이야기를 듣고 너무나 쑥스러웠다.

수상을 계기로 더 책임감을 가지고 글을 쓰고 앞으로의 인생도 더 정직하고 충실하게 살아야겠다고 생각했다. 결코 글을 잘 써서가 아닌 앞으로 문학 인생을 더 열심히 살라는 채찍으로 받아들였다.

기분 좋은 날, 시원한 맥주라도 마시며 축하 파티라도 하고 싶지만 신랑은 하루 종일 산행으로 피곤한지 초저녁부터 깊은 숙면에 빠져들었다. 홀로 기쁨을 만끽하면서 빙그레 미소를 지어본다. 그래도 친구 말 듣기를 잘했네 생각하며 앞으로도 이런 행운이 종종 찾아와주길 바라는 달콤한 꿈을 꾸어본다.

삼일회의 인생 2막 이야기

매년 3월 1일이면 교정 간부 31기의 모임인 삼일회가 있는 날이다. 전국에 흩어져 살고 있는 우리는 어린아이 같은 설렘으로 35년 전 청년 때의 그때로 돌아간다. 이번 모임은 연휴가 있어 한 주 늦춰 가장 모이기 쉬운 중간 지점인 대전에서 만나기로 했다. 대전 사는 동기가 대전역에서 전국에서 KTX 타고 오는 동기들을 맞이한다. 마치 어제 만난 양 반가워 얼싸안고 만남의 기쁨을 나눈다. 이번에도 마땅한 음식점을 찾지 못해 역에서 가장 가까운 유명한 중국집으로 모임 장소를 정했다.

1989년 승진자 100명, 공채 20명, 국비장학생 6명 등 총 126명으로 시작된 교정 간부 31기, 다양한 경력과 색깔의 동기생들이 모였다. 그중 여성은 6명 중 3명만이 끝까지 남았는데 적성에 맞지 않다며 얼마 후 그만둔 동기들, 다른 곳으로 전직한 동기들이 있었다. 마침 근무 체제가 3부제로 전환되는 시기에 합격한 동기들이고 연령층이 달라서 재미있게 근무했고, 승진도 비슷하게 하면서 탈락하는 이 없이 함께 가는 행운의 기수였다. 우리 31기는 우애도 좋고 다른 기수에 비해 단합도 잘된다. 전 기수 중 교정본부장을 비롯한 소장을 가장 많이 배출하였고 오래도록 모임을 지속하는 기수는 31기 말고는 없다. 정년을 다 채우지 못하고 저세상으로 간 동기들도 있어 아쉽고 짠하지만, 세상 떠나는 것은 우리 마음대로 되지 않으니 그저 하늘의 순리에 맞게 살아갈 뿐이다.

명쾌하고 리더십이 있어 교육 당시 학생회장이 다시 삼일회의 회장이 되어 전열을 가다듬고 새 출발하였다. 또 그중 부지런하고 섬세한 총무가 모든 일을 부드럽게 진행하니 이번엔 최고로 많은 인원이 모여 술잔을 기울인다. 팔십 가까운 동기들이 다시 머리가 까매져 청년 당시의 모습으로 돌아가 별명도 부르고 실없는 농담도 하며 즐거운 분위기가 무르익는다. 술 먹는 모습도 여전하고 어떤 동기들은 찐한 고량주 몇 잔에 그만 넘어가 웃게도 한다. 술도 이기지 못하면서 허세를 부리고 큰소리치는 모습이 예나 지금이나 똑같다. 서로를 이해하고 너그럽게 받아주는 동기들이니 모임은 늘 행복하다. 나는 거의 막내에 속하는데 곱게 늙어가는 연배 높은 분들에게서 인생을 배우는 등 이런저런 모습들이 다 교훈이 된다.

술 한 잔이 들어가니 모두 어떻게 살고 있는지 한 명 한 명 나와서 자신의 사는 모습을 이야기한다. 회장은 은퇴하자마자 행정사 자격증으로 새로운 분야를 개척하여 외국인들에게 비자 업무 등 체류요건 등 출입국업무를 알려주며 도움을 주는 일을 하고 있다. 총무는 청렴 강사로 법무부 산하 기관 등을 돌며 공직자가 갖추어야 할 청렴 교육을 하는 일을 하다가 요즘은 경비사를 관리하는 업무를 맡고 있다고 한다. 어떤 동기는 스마트폰 등 컴퓨터를 능숙하게 익혀 어르신들이 은행 업무 등을 쉽게 볼 수 있게 하는 등 디지털 컴맹에서 탈출할 수 있도록 도움을 주고 있다. 틈새 분야를 찾아내 많은 어르신이 시대의 흐름에 맞게 따라가도록 도와주는 일이 무척 보람되다고 한다. 침을 튀기며 열변을 토하는 그 동기를 보며 일은 삶에 활기를 주며 사람을 살아있게 만든다는 것을 확인하는 시간이다. 또 많은 동기가 고향으로 돌아가 농사를 짓거나 텃밭을 가꾸며 소일하고 있고 욕심 버리며 사니 마음이 그리 편할 수 없다고 한다.

그리고 많은 사람이 봉사단체에 가입하여 정기적으로 봉사하는 일을 하며 여생을 보람 있게 보내는 공통점을 보이고 있었다. 누구를 위하는 봉사가 아닌 더불어 사는 삶이 결국은 나를 위하는 길임을 봉사를 통해 깨닫는 시간이었다. 그리고 70이 넘은 나이에도 마라톤을 수회 완주하여 상을 탄 것을 자랑하는 동기를 보며 잘못하다가 심장마비로 잘못될 수 있으니 무리하지 말라는 진지한 충고도 주고받는다. 그리고 요즘의 대세인 파크골프로 삶의 즐거움을 누리는 사람들이 꽤 있었다. 돈도 들지 않고 언제든 파크골프장에 가면 바로 게임을 할 수 있는 힐링의 운동이다. 즉석에서 파크골프 회장도 뽑아 조만간 청주에 와서 한번 하자는 제안도 하였다. 어디를 가도 늘 사진 찍는 걸 좋아하여, 옛 시절로 돌아가 어깨동무하며 동기들의 추억을 사진으로 단톡방에 올려주니 모두 즐거워한다. 새록새록 정이 깊어지는 것을 느끼며 옛날의 지하다방으로 가, 다방 여사장이 타주는 그때 그 시절의 달달한 커피를 마시며 죽는 날까지 우리의 우정이 변함없기를 기원하며 우리의 모임은 끝을 맺었다.

수십 년 동안 쉽지 않은 직장에서 삶을 함께하며 깊어진 우정은 우리를 더 끈끈하게 하며 은퇴 후에도 모임을 이어갈 수 있음이 감사하게 느껴진다. 오랜 공직 생활로 인해 반듯한 삶의 습관들이 은퇴 후에도 그대로 이어지고, 또 연금이라는 두둑한 뒷배가 노년의 경제적 문제를 고민하지 않게 하니 표정들이 밝다. 한결같이 하는 말이 "욕심 버리고 과거의 자기 체면을 다 내려놓으니 한없이 편하고 좋다. 그리고 친구 및 지인들과 함께 할 때 자장면 쏠 돈 정도만 있으면 은퇴 후의 삶은 참 좋다"라는 것이다. 은퇴 선배, 동기님들의 이야기를 교훈 삼아 껄껄껄 소주 한잔 나누며 인생 2막이 순조롭게 흘러가길 바라본다.

모임을 한 지 몇 달이 지난 어느 날, 뒤통수를 맞은 듯한 충격적 소식이 들려왔다. 초대 회장이었으며 현 회장인 조명형 님이 별세했다는 이야기다. 어머님이 계신 고향에 돌아가 과수 농사를 짓던 중, 농기계 작동 중에 사고가 난 것을 주변에 아무도 없다 보니, 응급조치하거나 119에 신고해 줄 사람이 없었다고 한다. 저녁 먹을 시간이 되어도 남편이 돌아오지 않아 부인이 가보니 이미 운명한 상태였다는 것이다. 그렇게 사고를 당한 남편의 모습을 보며 얼마나 당황스럽고 놀랐을까. 이렇게 갑작스럽고 허망한 죽음이 있을까를 생각해본다. 몇 달 전만 해도 고향에 내려가 잘살아 보겠다는 포부를 당당히 말했었는데…. 믿어지지 않는다. 우리 모임의 기둥이고 동기들을 사랑했던 만형 같은 사람이었다. 사람의 삶이 이렇게 갑작스럽게 멈출 수도 있다는 사실이 당황스럽고 앞으로 어떻게 살아야 하는지 더 깊이 생각하는 시간이 되었다. 이승에서 못 누린 삶 천국에서는 편안하시기를.

빵 만들기의 오묘함

어릴 적 엄마는 일요일만 되면 우리에게 밭을 매러 가자고 하셨다. 하루쯤은 집에서 놀고 싶은데, 가기 싫은 마음을 표현하지 못하고 마지못해 엄마를 따라나서곤 했다. 그때는 많은 농가에서 밀을 재배했었다. 밀밭을 두루 지나서 우리 밭에 도달하면 실한 밀 몇 송이 꺾어 씹어 먹으며 일은 시작되었다. 껌처럼 씹히는 그 맛이 좋고 고소했다. 간식거리가 마땅치 않았던 그 시대는 아이들의 군것질 재미로 밀의 이삭을 그을려 호호 불며 먹었던 기억이 새삼스럽다. 생각나는 것은 가끔 엄마가 밀가루를 반죽하여 하얀 면 보자기를 찜기 위에 올려놓고 반죽을 쭉 밀어 찌면 달짝지근한 빵이 되었다. 그걸 칼로 몇 번을 가로세로 그으면 직사각형의 빵이 완성되어 한 조각씩 아이들 손에 들려주셨다. 허겁지겁 맛있게 먹던 엄마표 추억의 빵은 허기진 배를 채워주어 늘 마음 한편에 자리 잡고 있다.

어릴 때의 추억도 생각나고 딸이 종종 스스로 익혀 만들어오는 과자나 케잌, 여러 종류의 빵들을 보면서 나도 한번 배워봐야지 하는 관심을 가지게 되었다. 큰맘 먹고 제과 제빵 학원에 등록하여 초봄부터 시작하여 백일 가까운 시간 동안 기초를 배웠다. 10여 명의 학생은 눈을 동그랗게 뜨고 호기심 가득한 모습으로 선생님의 말씀을 경청한다. 가장 연장자에 속한 나는 혹시라도 소홀할까 싶어 꾀부리지 않고 더 열심히 수업에 임했다. 제과 과정 반, 제빵 과정 반으로 구성되어 있었는데 생각보다 쉽지 않아 마치 중 노동하러 온 것 아닌가 하는 생각이 들 때도 있었다.

정확하게 계량하는 일로부터 빵 만들기는 시작된다. 1그램도 틀리면 안 되기에 10여 가지 빵에 들어가는 재료를 몇 가지씩 분담하여 계량하면 1차 준비는 끝이 난다. 계량된 것 중 밀가루는 체에 치고 큰 반죽 기계에 넣어 곱게 친다. 불순물을 가려내고 가루가 뭉치지 않게 하기 위함이다. 거기에 효모(이스트)를 잘게 부숴 넣고 설탕, 소금, 제빵 계량제에 계란과 물을 넣어 반죽기를 돌린다. 1단으로 하여 반죽이 고루 섞이게 하고 그 과정에 버터나 마가린을 넣어준다. 그다음 점차 2단, 3단으로 회전속도를 높인 다음 제대로 반죽이 될 수 있도록 반죽 과정을 마친다. 마지막으로 제대로 반죽이 되었는지 밀가루를 떼어 탄성과 신장 정도로 글루텐 체크를 하며 부드럽게 되었는지를 점검한다. 그 과정이 끝나면 반죽기에서 반죽을 들어내어 동그랗게 만든 다음 비닐을 씌워서 발효기에 넣어 1차 발효에 들어간다. 대략 40~50분의 시간이 지나면 발효가 끝나고 빵을 만들고자 하는 대로 잘게 나누어 빵의 모양을 만든다. 그런 다음 또 20~30분 2차 발효에 들어간다. 오븐은 2차 발효 후 바로 구울 수 있도록 예열을 해놓는다. 발효기에 들어간 빵 반죽은 거의 두 배가량 부풀어 오른다. 밀가루에 있는 단백질이 글루텐을 만들고 효모를 넣어 발효하는 과정에서 이산화탄소가 발생하며 반죽을 부풀리게 된다. 굽는 과정에서도 발생하는 이산화탄소는 빵의 구멍을 만들어 주는 동시에 풍미와 맛을 더해준다. 빵이 구워지면서 발생하는 이산화탄소는 가스와 열의 작용으로 인해 빵의 크기가 한껏 부풀려지고 겉은 바삭하며 속은 촉촉하게 하는 것이 마치 요술을 부리는 것같이 느껴져 신기하기만 하다.

굽기의 과정이 끝나고 각자가 만든 빵이 신기한 보물덩어리처럼 우리 앞에 놓인다. 똑같은 선생님 밑에서 똑같은 방법으로 만들었는데도 각자의 솜씨와 혼을 불어넣는 정도에 따라 모양새가 다르다. 맛도 조금씩 다르고 딱딱함과 부드러움의 정도도 다르다. 그래도 '와~'하는 탄성과 함께 대단한 일을 한 사람처럼 어깨가 으쓱이고 마치 초등학생이 백 점 맞았을 때 가족들에게 자랑하고 싶은 마음처럼, 힘들여 만든 빵을 이웃들에게 나눠준다. 한결같이 빵집에서는 먹을 수 없는 오묘한 맛이라고 칭찬해 준다. 매주 산악회원으로 전국의 명산은 다 가는 신랑에게도 빵 몇 개 넣어 보내면 서로 달라고 아우성친다고 한다. 다음 주 빵은 무엇인지 기다릴 산악회원들을 위해서 빵을 나눌 생각에 빵처럼 마음도 부푼다. 명품 빵을 계속 만들고 싶어지는 것은 아마도 빵의 오묘함 때문이리라.

세상의 모든 일은 시간과 공간과 노력의 결과물이다. 모든 게 급하게 가고자 한다고 해서 되는 것도 아니고 충분한 발효의 시간이 필요하다. 발효라는 화학작용이 일어난다는 것은 피와 땀과 눈물과 모든 것이 녹아져 충분히 숙성되었을 때 어떤 일을 해도 거기에 합당한 결과물이 나온다는 이야기다. 빵을 만드는데도 이 세상의 진리가 숨어 있는 것처럼 우리는 작은 것이라도 이루려면 내 영혼을 갈아 넣어 충분히 뜸을 들여야 한다. 그즈음에 뭔가를 실행해도 늦지 않을 것 같다. 설익은 풋과일은 시기만 하고 그 고유의 맛을 느끼기 쉽지 않다. 비와 바람과 햇살이 충분히 어우러져 농익었을 때 그 풍미가 최고에 달하는 것처럼 말이다. 우리네 삶은 뭔가를 깨닫기에는 매우 짧지만, 인생의 진리는 그 자체로 증명된 과학이라는 점도 잊어서는 안 될 것이다.

그 옛날 밀밭 길 걸으며 밀 향기 맡고 한 조각의 술빵에 행복해하던 그 시절이 그립다. 아기가 된 엄마에게 보답할 수 있는 맛있는 빵 하나 구워드릴 수 없는 현실이 애달프다. 하지만 엄마가 아니더라도 많은 사람에게 계속하여 '김응분표 빵'을 만들어 나눌 수 있는 행복을 누리고 싶다.

내 맘에 드는 나

며칠 동안 내렸던 폭우가 온 세상을 깨끗하게 씻어주었다. 청량한 바람, 촉촉해진 대지, 윤기 나는 식물들, 목마름으로 갈증을 느끼던 살아 있는 모든 것들이 생기를 찾은 듯 자신의 노래를 부른다. 아침 일찍 가벼운 차림으로 무심천을 향한다. 발걸음도 가볍고 언제 폭우가 내렸냐 싶게 깨끗하게 정돈되어 상큼한 기분을 오랜만에 느낀다. 홍수경보로 위험수위에 있던 무섭던 강물도 이제 정상을 찾아 유유히 흐른다. 마음을 내려놓고, 흐르는 강물처럼 무심히 걷고 또 걷는다.

공식적인 조직 생활에서 벗어나 자연인으로 돌아선 지 벌써 2년이 되었다. 은퇴하기 전 명함은 나 자신을 설명해 주는 징표였다. 굳이 설명하지 않아도 사회적 위치로 존중해 주었고 은행에서도 명함 하나로 큰돈도 쉽게 대출받을 수 있었다. 은퇴하면서 엄청난 위력을 발휘하던 명함이 사라지자 마치 끈 떨어진 연처럼 아무것도 아닌 존재가 되어 버린 양 힘없이 주저앉아 있었다. 왕성하게 활동하던 시계가 멈추어 버린 것처럼 한동안 우울감과 무력감에 뭘 해도 기쁘지 않았다. 그러는 순간 퍼뜩 깨닫게 되었다. 아직 내가 꿈에서 벗어나지 못했구나. 난 진즉 자연인으로 돌아왔는데 말이다.

공로 연수 기간 동안 그동안 하고 싶은 것에 대해 많은 시도도 했다. 그냥 허투루 시간을 쓰는 게 아까워 나름 충실하게 보내려 애썼다. 하지만 내 마음은 기쁘지 않았고 뭔가 충만감이 느껴지지 않았던 것은 어떤 이유인지 자신에게 묻고 또 물었다. 많이 벌여 놓기만 했지 뭔가 제대로 한 게 없었다. 깊이 있게 파고들어 임계치까지 나를 끌어 올려야 하는데 그러질 못하고 내 능력 없음만 한탄하곤 했다. 아직 성과를 내어 나 자신을 평가하기는 이른데 말이다.

35년을 열심히 달리다 멈추니 다른 많은 것을 시도해도 뭔가 늘 허전하다. '내가 이렇게 살아도 되는가.' 하는 아쉬움이 들었다. 규칙적으로 움직이던 루틴이 무너지고 내게 주어지는 무한한 시간을 만족스럽게 채워 가느냐 하는 것이 가장 큰 숙제였다. 많은 은퇴자가 경제적으로 충분히 준비되었든 준비되지 않았던, 일을 통해 자기를 확인한다. 큰일이든 작은 일이든 내가 살아 있다는 증거이고 적은 수입이라도 가정에 보탬을 주는 동시에 사회의 구성원으로서 내 역할을 한다는 자부심을 갖는다.

왕성하게 뭔가를 추구하던 지난 시절은 온데간데없고 반으로 줄어든 주머니는 최소한의 삶이 가장 최적의 삶임을 자꾸 일깨워준다. 작아지는 자신을 돌아보며 돈으로부터 자유로워질 때 진정한 자유인이 된다는 사실도 체험을 통해 확인하게 되었다. 다시 뛰어야지. 명함이 사라졌을 때의 당혹스러움과 허망함이 오래 지속되지 않도록. 얼마 전 봉사단체에서 새로운 회기가 시작되며 회원들 명단을 만드는데 나만 직업이 빈칸이다. 선배가 뭐라도 적어 넣으라고 채근

한다. 마땅히 적을 공식적 이름이 없다 보니 다들 그냥 노는 사람으로 보여 안타까운 눈으로 바라보는 것 같았다. 누군가의 눈을 의식하기 전에 100세 인생, 나 스스로 만족하며 '나 스스로 원하는 삶'을 꾸려 가는 것이 우리 삶의 가장 큰 관건이다. 내 의지로 내가 선택한 직업이었지만 사회 구성원으로서 때로는 내 의지보다는 사회에서 요구하는 바에 의해 공인으로서의 삶을 살아왔던 인생 1막이 끝났으니 누군가의 기준에 맞출 필요가 없어진 것이다. 미국의 시사 주간지로 유명한 더 타임지가 선정한 20세기의 성공한 사람의 기준은 '남들이 부러워하는 나'였지만 성공의 기준이 바뀌었다고 한다. 21세기의 성공 기준은 '내 맘에 드는 나'라는 것이다. 결국 나에 대한 성공 기준이 나에 대한 자존감과 자부심, 그리고 사명을 깨달은 사람이 진정으로 성공한 사람이라는 것이다.

그동안 남들이 나를 어떻게 볼 것인가에 많은 신경을 쓰며 살아왔다. 거절을 잘 못하고 오지랖 넓게, 많은 사람 챙기려다 보니 정작 가족은 뒷전이었다. 가족들에게는 후하게 대해 주지 못했고 매우 소홀했다. 남편은 그게 불만이었다. 남들에게만 잘한다고. 나와 내 가족을 위해서는 참으로 인색했던 지난날이다. 이제야, 나 자신의 내면을 들여다본다. 우리가 함께할 수 있는 날이 그리 많지 않음을 자식을 키워보니 알게 되었고, 청춘이었던 우리 부부도 이런 건강이 언제까지 허락될지 알 수 없는 일이다.

하루에 수십 번도 더 감정이 변하는 자신을 들여다본다. 이는 어디에서 비롯된 것일까. 돌이켜보면 인생의 전반을 고통과 상처로 점철된 이들. 때로는 죄는 미워하되 사람은 미워하지 말아야 한다는 것을 알면서도 죄보다 사람이 미워 갈등하는 이해할 수 없는 상황에 맞닥뜨릴 때마다 너무 고통스러워 내 안에도 수많은 상처가 생겼음을 깨닫는다. 그런 내가 너무 안쓰러워 아프다. 이제부터의 내 삶의 우선순위는 내 안의 상처를 보듬고 사랑하므로 새살이 돋아 감정의 소용돌이에서 벗어나는 일이다. 매일매일 새롭게 긍정의 나를 만들고 뜨거운 마음으로 남들도 사랑할 수 있기를 소원한다. 감정이 행 · 불행을 결정하는 중요한 요소이니만큼 시간의 흐름에 나를 맡기기보다 내 자유의지로 매 순간을 선택하며 살아야 할 게다. 수레에 끼워져 굴러가는 맹목의 바퀴, 수레에 끌려가는 바퀴가 아니라 내가 내 삶의 주인이 되는 삶을 살아가련다.

가장 '나답게' 내가 좋아하는 사람들과 '내가 원하는 삶'을 살아갈 것이다. 느슨하고 헝클어진 마음을 다잡고 시간의 주인이 되어, 하고 싶은 일을 '스스로 선택'하며 내가 하는 일에 가치를 부여하는 의미 있는 삶을 살아가야겠다. 다시 신발을 고쳐 매며 너무 다그치지 않고, 조금 미흡한 부분이 있어도 따뜻한 시선으로 나를 어루만지며 여유 있게 가고 싶다. 쓸데없는 비교 의식에서 벗어나 그저 묵묵히 나의 부족한 부분도 이해하고 사랑하며 가야겠다. 혹시라도 감당해야 할 일이 있다면 정직하게 책임지고 나와 더불어 사는 사람들이 나로 인하여 힘들지 않도록 배려하며 살고 싶다. 날이 밝으면 인생 2막을 위한 열망이 담긴 명함 하나 만들어 볼 일이다.

그동안 잘 왔다

어른들은 말씀하신다. 인생이 눈 깜작할 사이에 다 가버렸다고. 어릴 때는 시간이 너무 안 간다고 투덜거리고 젊음이 절정에 달했을 때는 요동치는 불안정한 20대가 빨리 가고 평안의 30대가 왔으면 좋겠다고 간절히 바랐었다. 아이들을 키우다 보니 나이 먹는다는 생각도 없이 내 앞에 놓인 일들을 처리하기도 바빠 허둥지둥 살아왔다. 그러다 보니 어느새 아이들은 품을 떠나고 자신들의 삶을 살아내느라 여념이 없다. 이제 부부만이 덩그러니 남아 거의 시간을 홀로 보내다 저녁에나 돼서야 얼굴 보게 되는 신중년의 삶이 시작되었다.

철모르던 젊은 시절 얼떨결에 선을 보게 된 것이 평생의 짝이 되어 결혼과 더불어 어른들과 함께 살며 큰 시련 없이 가정생활과 일을 병행할 수 있었던 것은 시어른들이 아이들을 돌봐 주시고 배려해 주신 덕분이었다. 누구보다 아이들에게 자상하고 진심인 남편은 내가 전국 곳곳으로 발령받아 떠난 그 자리를 엄마 아빠의 역할을 감당하느라 고생이 많았다. 시어른들은 힘들다 내색 한번 하지 않으시고 지극정성으로 손주 손녀들을 유치원 보내고 애정을 듬뿍 주어

키워주셨다. 아이들만 보면 좋아서 '허허' 웃으시던 시어른들의 모습이 살아계신 듯 느껴지고 그리워질 때가 많다.

큰아이는 할머니 할아버지의 사랑을 듬뿍 받고 자라서인지 성격도 원만하고 생각이 긍정적이다. 남들과도 다툼 없이 사회생활도 즐겁게 잘 감당한다. 결혼도 마음에 맞는 사람 잘 만나 자신들의 힘으로 집도 장만하여 잘 지내고 있다. 보태준 것이 없다 보니 자신들의 힘으로 대출 갚아나가느라 힘이 많이 들지만 말이다. 딸은 아직 제 짝을 만나지 못했다. 평생을 함께할 인생의 동반자를 찾는 일인데 그리 쉬운 일이겠는가. 결혼에 대한 꿈을 가지고 있고 나름 제 일에도 열심인 빛나는 시절을 살고 있으니 머지않아 딸아이와 잘 어울리는 배필이 나타나리라 기대한다.

지난 삶을 돌아본다. 우여곡절도 많이 겪고 우리 앞에 놓여진 장애물 앞에서 때론 갈 길 몰라 하며 방황했던 적도 있었다. 어찌 비단길처럼 탄탄대로의 삶만을 가는 인생이 있으랴. 이리 치이고 저리 치이고 넘어져 피도 흘려가면서 다시 일어서는 삶이 우리네 인생인 것을.

그래도 심성 곱고 자상한 남편 만나 큰 마음고생 없이 순탄하게 왔다. 34년이란 시간이 어찌 그리도 빨리 지났는지 꿈만 같다. 인생을 다 살고 갈 날이 얼마 안 남은 어른들이 눈 깜작할 사이에 세월이 다 갔다는 말이 가슴 깊이 느껴진다. 그걸 깨달으니 순간순간이 너무너무 소중하게 느껴지며 더 아껴 써야겠다는 생각이 든다. 인생 다 살고 저승에서 가장 큰 벌을 받는 것이 인생을 낭비한 죄라고 한다. 결혼 34주년에 특별한 의미를 두는 것은 아니지만 앞으로 펼쳐질 삶은 지금과는 다른 방식과 가치관으로 살 수 있기를 소망해본다. 그동안은 돈과 명예, 사회적 지위 등 눈에 보이는 가치를 위해 달려왔다면 이제 그런 것에 구애됨 없이 내 마음이 가는 대로 마음 편하게 살고 싶다. 지금 당장 많은 것들이 여유롭지는 않지만, 너무 위축되지 말고 당당하게 나아갈 수 있길 바라본다.

정신없이 달려 온 시간, 어디로 가는지도 모르고 좌충우돌 많이도 삐걱거렸다. 이제 스스로에게 선물도 줘가며 남도 돌아보며 살아가고 싶다. 영원한 삶에 대한 갈증과 그리움도 풀 겸 신앙생활도 진정성 있게 하고 싶은 바람이다. 삶은 속도가 아니고 방향이란 말이 가슴 깊이 다가온다. 내가 꿈꾸는 삶을 나 스스로 만들며 후회하지 않은 삶을 사는 것, 자족하는 삶이야말로 진정 행복에 이르는 길임을 이제야 깨닫게 된다.

볕 좋은 오후, 결혼 34주년을 기념하며 잊고 있었던 지난날을 추억할 겸 남편과 함께 충북대 숲속 길을 걷는다. 4월의 싱그러운 신록이 폐를 씻어내며 청량감으로 온몸을 휘감는다. 옛날 결혼하기 이전의 마음으로 돌아가 서로를 바라본다. 애틋한 마음과 함께 그동안 마음고생 하며 살아온 그 시절이 마음 짠하게 느껴진다. 그 마음으로 더 잘해주고 남들처럼 알콩달콩 이벤트도 만들며 우리만의 행복을 만들어 가련다. 특별히 마음먹고 음식점 '한상'에 가, 내가 직접 차리지는 않았지만, 남편에게 한 상을 대접했다. 상다리 부러지게 차려져 눈과 입이 즐겁다. 천천히 맛을 음미하며 마음 깊이 행복을 씹고 있다. 충분히 우리는 이런 선물을 받을 자격 있어! 지독히도 알뜰하게 살아왔는데 이런 정도는 사치가 아니지.

푸르고 싱그러웠던 시절 부부라는 인연으로 만나 긴 세월을 가장이라는 짐을 지고 고단한 삶을 살아온 남편! 요즘 부쩍 야윈 얼굴을 바라보니 애틋한 마음이 느껴진다. 사랑으로 만나 부부가 되었지만 긴 세월을 살아오는 동안 사랑이 곰삭아 사랑보다 진한 측은지심이 되었다. 앞으로 따듯한 손 마주 잡고 남은 인생 서로 보듬어 주며 후회하지 않는 삶을 살고 싶다.

버림의 미학

잘 달리다가도 불현듯 '인생이란 무엇인가, 산다는 것은 뭘 의미하는 것일까?' 자신에게 묻곤 한다. 세상에 나올 땐 빈손으로 왔는데 우린 끝없는 욕망의 노예가 되어 살고 있다. 뭔가 내적으로 채워지지 않은 공허감을 눈에 보이는 물질적인 것들로 보상받으려 한다. 그러기 때문에 끊임없이 뭔가를 사들이고 그걸 통해 기쁨과 충만감을 느끼는 것 같다. 결국 사들인 모든 것들은 쓰레기가 되어 금세 버려야 할 것들이 대부분인데도 말이다.

직업상 여러 곳을 다니다 보니 늘어나는 것은 살림살이뿐이었다. 새로 발령받아 갈 때는 아주 단출하게 가지고 가면서 '절대 살림은 늘리지 말아야지' 하고 다짐하고 간다. 심플한 삶을 추구하며 필요해도 참고 가지고 간 살림 그대로 가지고 오길 바랐다. 하지만 임무를 마치고 다른 곳으로 발령받아 갈 때는 그런 다짐은 온데간데없고, 짐은 두 배로 늘어나 있다. 이번 퇴임할 때도 마찬가지였다. 조금씩 짐을 가져다 놓았는데도 몇 배로 늘어나 있는 것이다. 대충 필요한 곳곳에 짐을 풀고 정리를 했다. 하지만 한정된 집 공간이 어수선하게 느껴지고 짐에 눌려 사는 것 같은 느낌을 받았다.

큰맘 먹고 구석구석에 박아 놓은 짐들을 모조리 꺼내 하나하나 정리한다. 34년 동안 많이도 버렸건만, 쌓인 정복과 근무복은 옷장과 박스에 한가득하다. 특히 부기가 빠지지 않아 뱃살을 가리려 주로 정복만 입어서인지 근무복은 뜯지도 않은 것들이 족히 대여섯 벌은 되는 것 같다. 정복도 여러 벌이 옷장 안에 걸려있다. 또한 정복은 공권력의 상징과 더불어 나름대로 교정의 정신을 담은 옷이기에 일반 옷처럼 함부로 버리기도 어려워 그대로 둔 것이었다. 그래도 과감하게 마음먹고 조금 오래된 것은 버리고 최근의 몇 벌은 남겨두었다. 근무복은 새것 들이라 버리기가 망설여져 내놨다 거두어들이기를 몇 번을 한다. 그 외 와이셔츠도 입지 않은 게 여러 벌이고 점퍼, 카디건 등 여러 옷이 한가득하다. 구두도 신지 않은 것이 여러 벌이다. 이를 어쩐담. 이제 자연인으로 돌아갔으니 특별해도 다 버리는 수밖에 없지. 희로애락 교정 인생의 애환이 담긴 옷이긴 하지만 말이다.

또한 곳곳에 넣어져 있던 명함은 어찌 그리도 많은가. 특히 사람을 좋아해 가는 곳마다 많은 사람과 인연을 맺고 함께 했던 추억이 고스란히 명함에 담겨 있다. 물론 얼굴이 생각나지 않은 명함들이 대부분이지만. 그래, 물건만이 아닌 명함도 새로운 인간관계 속에서는 또한 지나간 인연일 뿐이다. 과연 그때의 인연이 지금도 연결되어 만남과 소통이 이루어지는 사람은 몇 명이나 될까. 명함이라는 상징성 때문에 쓰레기통에 던져버리기 쉽지 않았지만 거의 다 버리고 기관마다 갔을 때 만들어 준 대표적인 것 몇 개만 남겼다. 헌 것이 가야 새로운 인간관계도 맺어지는 법. 그때는 그때대로 지금은 지금대로 모두가 소중한 사람들이니 그저 그 시절 인연에 충실하면 되니까 말이다.

편지는 많이 정리했는데도 가장 소중하게 여겨서인지 한 무더기다. 정리하며 읽고 또 읽어본다. 특히 결혼 초기 떨어져 살며 큰아이는 남편이, 작은 아이는 내가 데리고 홀로 키우던 그때의 애틋함이 나를 먹먹하게 만든다. 큰아이가 말 배우기 시작하면서 9시만 되면 통화를 하며 보고 싶음을 달랬던 그 생생함이 남편의 편지에 고스란히 담겨있었다. 수용자들이 보낸 가슴 아픈 사연들도 몇 시간 동안 읽게 했다. 그 힘들었던 시절 누군가에게 의지하며 위로를 받았던 그 사람들에게 과연 난 얼마나 사랑을 베풀었을까. 같은 엄마의 마음으로 함께 아파하며 공감해 주었던 그 시절의 따듯함이 밀려오며, 답장 없는 편지를 지속적으로 보냈던 그 사람들이 지금은 어떤 모습으로 살고 있을지 궁금하기만 하다.

돌아다니며 샀던 여러 살림살이 등 몇 박스를 버리고 나니 주방 공간이 넓어졌다. 책이며 논문출력물 등 여러 인쇄물도 많이 버렸는데 아직도 한구석에서는 '나 좀 어떻게 해줘요.'라며 책들이 주인님의 처분을 기다리고 있다. 애착이 가는 것이기에 남을 주기도 그렇고, 어디다 기증하기도 쉽지 않다. 하지만 영원히 내가 끌고 갈 수는 없는 일. 조만간 버리든지 기증하든지, 재활용으로 내놓던지 해야 할 것 같다.

비싸게 주고 샀다고 아깝다며 버리지 않은 옷도 여전히 많이 남아 있다. 언제쯤 우리는 물건에 대한 애착에서 벗어날 수 있을까. 산다는 것은 끊임없이 쓰레기를 생산하는 일! 인간도 자연의 일부이기에 자연의 순환 속에서 살 듯, 물건도 제 역할과 기능을 다 했을 때는 과감히 내어놓아야 한다. 자원의 재활용 면에서 남들이 필요한 것은 아낌없이 나눠주고, 또 다른 자원으로 만들어질 수 있도록 버려야 한다.

물건들이 제 자리를 찾아가고 공간이 넓어지니 마음까지도 홀가분하며 여백이 숨을 쉬게 만든다. 법정 스님의 '텅 빈 충만'의 의미가 이런 것을 두고 한 말일까. 버림을 통해서 새로운 것으로 채우고 마음도 정돈시킨다. 뭐든 미래를 위해 쌓아 놓기보다는 버리기의 즐거움에 더 집착해야 할 것 같다. 버리기는 단순한 삶의 가장 핵심이며, 마음 번잡스럽지 않고 넉넉하게 사는 비결이 아닐까 싶다. 버리고 나니 참 홀가분하고 부자가 된 것 같다.

퇴임식 날, 가족과 함께

퇴임식 소고(小考)

시작이 있으면 끝이 있는 법. 그날이 언제쯤일까 했는데 끝은 오고야 말았다. 푸른 꿈을 안고 시작한 교정 인생이 파노라마처럼 스치며 감정이 복잡하고 기분이 묘하다. 잠이 오지 않아 한참을 뒤척이다 날이 새버렸다. 오늘 퇴임식에는 여기저기서 많은 손님이 올 텐데 비가 떨어지기 시작한다. 34년을 원 없이 했으면서도 뭔가 이루지 못한 아쉬움이 남는 미련의 눈물인가, 수용자 및 직원들과 희로애락을 함께 나누며 겪었던 파란만장했던 교정 인생을, 큰 대과 없이 마무리함을 축하하는 축복의 비인가.

교정(矯正)이 뭔지도 모르고, 구체적으로 무슨 일을 하는 곳인지 개념도 없이 우연히 시험을 봤던 것이 평생의 직업이 될 줄은 꿈에도 생각지 못했다. 1988년 4월, 원주교도소로 처음 발령받아 갔는데 그리 낯설거나 어색하지 않고 이런 곳도 있나 생각하며 몇 달을 탐색하며 지냈다. 과연 내가 이 길을 계속 갈 것인지, 아니면 방향 전환을 해야 할 것인지를 나름대로 고민하고 있었다.

전혀 생각지 못한 길에 대한 기대와 설렘, 한편으론 교도소 내에서 이루어지는 모든 일이 생소함 그 자체였지만, 시간이 갈수록 뭔가 내가 해야 할 일이 많을 것 같다는 막연한 믿음도 생겼다. 1988년 당시만 해도 모든 여건이 아주 열악한 상황이었다. 이곳에 시험을 봐서 들어올 때, 공부할 만한 책이 없어 큰 서점을 다 돌아봐도 제대로 된 책 한 권 구하기 힘들었다. "아! 이곳은 학문적으로나 시스템적으로 많이 낙후되었고 열악하지만, 반대로 생각하면 그만큼 발전의 여지가 크겠구나." 싶기도 했다. 내가 이곳에서 뭔가 꿈을 가지고 할 일이 있다는 것이 가슴을 부풀게 하였다.

교정계에 입문하자마자, 바로 7급 시험을 치렀고 그해 9월 합격의 영광을 누렸다. 가르치는 것을 좋아하는 평소 성향이 독립된 공간에서 여자 소년수들에게 영어와 수학을, 한글을 알지 못하는 노인 수용자 등에게 글을 가르쳤다. 조금씩 뭔가를 터득해 가며 기쁨을 맛보는 그들을 위해 내가 할 수 있는 일이 있다는 것이 신바람 났다.

돌이켜보면 가장 애정을 쏟았던 부분들은 우리나라의 유일한 여자교도소의 개청 요원으로서 황무지나 다름없었던 그곳에 직원들과 한마음이 되어 기틀을 마련한 것이다. 열악하기 짝이 없는 척박한 환경에서 처음 수용했던 장기수들과 더불어 시설을 갈고 닦았다. 그 추운 겨울에도 큰 연탄난로 하나 복도에 놓고 밤새 추위와 싸우며 고단한 반 징역의 생활을 견뎌냈다. 13년간, 노후된 열악한 시설에서 혹독한 추위를 이겨내기는 쉽지 않았다. 수용자들 대부분 동상에 걸려 고생했던 기억이 생생하기에 지금의 빌딩식 여자교도소에서의 수용 생활은 과밀 수용만 아니라면 완전 호텔이라 해도 과언이 아니다. 그때의 힘들었던 추억은 우리를 굳건하게 버티게 하는 힘이 되었고 웬만한 일들은 스스로 해낼 수 있는 독립심을 길러 주었다.

그러기에 여자교도소를 거쳐 간 직원들은 전국 어느 교도소에 전출 가더라도 모든 업무를 원칙적으로 배웠다는 소리를 들으며 자부심을 느끼게 했다.

누군가와 공유할 추억이 있고 또 함께 고생한 기억은 오래도록 우리들의 뇌리에 남아 그 시절을 추억하게 만든다. 퇴임하는 시점에서 만감이 교차하지만, 여자교도소의 좋은 전통을 만들기 위해 부단한 노력을 하였다. '여성이 바로 서야 가정이 살아난다.'라며 여성 수용자가 어머니로서 자신의 위치를 잊지 않고, 가정에서 중심된 존재로서 살아갈 수 있도록 자신의 소중함을 일깨우는 데 중점을 두었다.

특히 엄마의 부재로 인해 여성 수용자의 어린 자녀가 좌절하여 학업을 중단하거나 소외되지 않도록 적은 금액이나마 장학금을 주어 격려하려 애썼다. 2011년부터 2024년까지 개인의 급여에서 할애해 지급하다 보니 비록 적은 액수이긴 하지만 여성 수용자의 청소년 자녀에게 매년 5명씩 장학금을 지급하였고, 이들에게 꿈과 희망을 품게 하며 출소 후에도 가족관계 회복이 이루어질 수 있도록 노력했다.

2020년 청주교도소장으로 근무 시 아이들에 대한 사랑을 상징하는 의미로 '빨간 컵 행사'를 통하여 지역사회 공예가 및 지역 예술인들과 함께 수용자 자녀 돕기를 위한 기금을 모았다. 온 정성을 다한 덕분에 1,200만 원의 기금이 모아져 300만 원은 미평 여자학교 학생들에게 장학금을 지급하였고, 900만 원은 수용자의 청소년 자녀 30명에게 30만 원씩 지급하여 더 희망을 품고 당당하게 나아갈 수 있는 계기를 만들었다. 교도관들만이 아닌 함께 호흡하는 교정위원 및 지역사회의 많은 분이 함께해주시고 응원을 보내 주었기 때문에 가능했다.

2012년부터 3년 2개월 법무연수원 교수로 근무할 당시 전국의 교도관들과 만나며 소통하려 애썼다. 좋은 정보들을 서로 교류하고 교도관으로서의 자부심을 품게 하는 데 초점을 맞추어 교육을 진행했다. 최고의 강사들도 섭외하여 견문을 넓히고 세상의 변화를 빨리 받아들여 수용자들을 관리할 수 있기를 바랐다. 수년 만에 보는 직원들과 서로의 마음을 터놓고 정을 나누며 추억을 만들었던 시간은 지금도 입가에 미소를 머금게 한다.

법무연수원과 인연이 깊어서인지 서기관 승진하여 또 연수원에서 근무하게 되었다. 용인 시대를 마무리하고 진천 혁신도시에서 새 둥지를 틀고 전체 교육의 방향을 잡아가는 큰 임무를 맡았다. 최고의 시설과 자연환경 속에서 분명 축복받은 일이었다. 그럼에도 검찰이 주도권을 잡은 상황이다 보니 어려움은 참으로 많았다. 같은 법무부 소속이지만 서로에 대한 이해가 깊지 못하다 보니 모든 일이 사사건건 부딪칠 수밖에 없었다. 여러 어려움을 몸으로 이겨내며 하나하나 해결해 가는 과정은 힘들었지만 보람된 순간들이었다. 교정의 특수성을 살리기 위한 노력, 교육과정도 새로운 패러다임으로 편성하여 이론 중심이 아닌 직접 참여하고 현장을 방문하여 몸으로 체득하는 교육과정에 집중하였다. 교정박물관, 교정 훈련센터, 영상 사격장, 사열대, 체육관, 강의동을 최고의 갤러리로 만드는 일, 퇴직을 앞둔 직원들을 위한 은퇴 설계과정 등은 기억에 남는다. 연극으로 마음의 근심 풀어내는 연극 치유 과정도 수용자를 관리하면서 쌓인 스트레스를 날려 버리는 의미 깊은 시간이었다. 과정별 동기들과 함께하는 산막이길 힐링 데이트 등을 하고 난 후 메기매운탕으로 허기진 배를 채우던 그때의 시간이 매우 그립다.

수용자들에 대해서는 늘 아쉬운 것이 많았다. 이들의 내면 변화를 이끌어내는 것이 교도관들이 해야 할 가장 중요한 부분인데, 이들의 마음이 원망, 미움, 분노, 용서 못 하는 마음, 자포자기 등으로 가득 차 있다 보니 어떻게 이런 마음을 바꿔줘야 하느냐로 늘 고민하였다. 감사운동본부의 관계자들을 모셔다 특강도 하고 감사 일기를 꾸준히 쓰도록 유도하였으며, 코로나 시기에는 특별한 교화 활동을 할 수 없어 감사 일기 쓰기와 독서에 집중하여 심사한 후 시상을 하는 등 많은 수용자의 부정적인 마음이 감사로 바뀔 수 있도록 심혈을 기울여 노력했던 시간은 참으로 뜻깊은 시간이었다. 다소나마 감사를 생활화함으로써 수용자들의 표정이 바뀌고 언어가 부드러워지면서 이들의 삶이 바뀌는 그것을 보는 것은 그 무엇보다 보람된 일이라는 것을 깨달았다.

교도관의 일이 24시간 그들과 함께 할 수밖에 없기에 과장이 되어서야 완전히 야간 근무에서 벗어날 수 있었다. 늘 공부해야지 하는 갈망은 있었지만, 야간 근무로 인해 쉽지 않았다. 뒤늦게 석사과정, 박사과정을 공부하면서 진즉 시도하지 못했음이 조금은 아쉽게 느껴졌다. 교정 현장은 특수한 사람들을 관리하는 곳이다 보니 연구해야 할 내용도 무궁무진하다. 조금이라도 연구할 수 있는 분위기가 조성된다면 참으로 재미있는 연구가 많이 이루어지리라 생각하는

데 아직도 폐쇄적인 조직 분위기며 일 자체가 힘들다 보니 도전하는 사람들이 많지 않은 상황이다. 밤늦은 시간에 공부를 마치고 몇 시간씩 차를 운전해 오다가 위험한 순간도 만나고, 아찔한 고비도 여러 번 넘겼던 기억은 지금도 간담을 서늘하게 만든다. 박사 논문 쓰느라 면역력이 떨어져서인지 대상포진으로 한동안 고생하기도 하였고, 논문이 통과될 때까지 다리를 제대로 뻗고 자지 못했음은 나만이 겪는 일은 아니었음에도 일과 공부를 병행하는 것이 결코 쉽지 않음을 확인하는 시간이었다. 논문이 통과되었을 때의 해방감은 펄펄 날아갈 것 같고 뭐든 해도 즐겁고 부담감이 없어 행복했다. 남들 하는 것 보면 그렇게 어렵지 않은데 왜 이리 힘들게 느껴질지 생각하지만, 누구나 겪는 똑같은 심정이겠지 생각하며 어렵게 얻은 것일수록 값지게 느껴지는 것은 당연한 일이었다. 그리고 처음 교정으로 입문할 때 마음먹었던 학문으로서의 교정에 조금이라도 보탬이 되고자 마음먹었던 일이 실현되어 뿌듯했고, 교정 후배들에게도 할 수 있다는 자신감을 심어준 것 같아 감사한 마음이 든다.

퇴임식을 맞아 살아온 지난날의 소회를 적다 보니 많은 일이 감사함뿐이다. 고생도 많았지만, 국가로부터 많은 은혜와 혜택도 받아 평생 한 번 가기도 쉽지 않은 해외 시찰을 두 번씩이나 갔다 온 경험은 잊을 수 없다. 유럽의 선진 교정 국가들을 돌아보며, 그들의 앞서가는 여러 교정 제도 및 교정 현장을 눈으로 직접 확인하고 많은 것을 느낄 수 있는 시간이었다. 그런 경험이 우리나라에 돌아와서도 좀 더 사람을 존중하고 사람에 집중하여 그들이 온전히 건강한 한 인간으로서 사회에 복귀할 수 있도록 노력하는 데 많은 도움이 되었다.

퇴임하기까지 가장 힘들고 어려웠던 점은 전국을 다니면서 근무해야 하는 관계로 아이들을 양육하기가 쉽지 않았다. 시어른들과 남편의 도움이 없었다면 끝까지 완주할 수 있었을까. 엄마가 보듬어줘야 할 여러 필요를 충분히 채워주지 못했음은 물론 가족들에게도 따듯하게 대해 주지 못하고 가정을 살뜰히 챙기지 못한 점이 늘 미안함으로 남는다. 그럼에도 이해하며 두 손 꼭 잡고 올 수 있음이 감사하다.

퇴임식이 코로나로 인해 조심스러워 많은 사람을 초대할 수 없었다. 그럼에도 불구하고 전국 여기저기서 많이 오셔서 축하해 주셨다. 서울, 부산, 당진, 공주, 청주 등 멀리서 온 교정 선후배님, 늘 아낌없는 지지를 보내 준 교정위원님들, 여러 지인이 오셔서 뜻깊은 자리를 빛내 주셨다. 퇴임사를 하며 목이 메어 왔다. 내 청춘과 인생 전체를 받친 이곳에서 소중한 분들과 마지막 아름다운 마무리를 할 수 있어 얼마나 감사한지 모른다. 지금이 있기까지 제복을 다려 주고 살뜰하게 챙겨준 남편에게 마지막 하트를 해주니 모두가 웃음이 터지고 박수가 쏟아져 나온다. 누군가의 영광 뒤에는 반드시 수많은 희생과 도움의 손길이 있었음을 알고 있다. 다만 요양원에 계신 엄마가 이 자리에 오셨더라면 얼마나 기뻐하고 좋아하셨을까. 그렇게 든든하게 여긴 딸이 모든 일 잘 마치고 본연의 자리로 돌아온다는 걸 알았으면 큰 박수를 쳐 주었을 텐데….

교정은 사랑이다. 사랑이 없으면 단 하루도 버틸 수 없는 곳이 교도소다. 사람을 좋아하고 누군가에게 베풀기를 좋아하는 내 성향이 교정 현장에서 즐겁게 춤출 수 있게 하였다. 특히 여성 수용자들이 바로 설 수 있도록 '엄마'의 존재의 소중함을 깨우쳐 주기 위해 수많은 노력을 쏟아 사회에 나가서도 잘살고 있다는 이야기를 들을 때는 무엇보다 기쁘고 보람 있다. 직원들과도 자유롭게 소통하고 그들의 생각을 읽기 위해 많은 노력을 하려고 애썼다. 최선을 다한다고는 했지만 돌이켜보면 부족하고 일을 하려다 보니 상처를 준 적도 많았다. 좀 더 넓은 마음으로 이해하고 너그러웠다면 좋았을 것을 하는 아쉬움도 많이 남는다.

끝은 새로운 시작이다. 인생 1막은 공적인 조직에서 맡은 역할을 충실히 해내는 과정이었다면, 인생 2막은 그 힘을 바탕으로 나만의 새로운 삶을 시작해야 한다. 가장 나다운 모습으로 그동안 직장에 얽매어서 하지 못한 일들에 도전하며 새로운 인생을 만들어 가고자 한다. 지금껏 내가 해 온 일들이 많은 사람의 협력 속에서 이루어진 것처럼, 앞으로의 삶은 더 자유로운 관계 속에서 더 많은 사람과 소통하며 지내려 한다. 그동안 지금의 내가 있기까지 물심양면으로 도움을 주고 성원을 보내 준 많은 분께 진심으로 감사드리고 앞으로도 함께 하고자 한다.

한 송이 국화꽃을 피웠다

밤새 잠이 오지 않는다. 내내 뒤척이다 새벽에 잠깐 눈을 붙이고 일어나니 벌써 모교를 향해 출발해야 할 시간이다. 경기도 광주에서 일부러 모임에 참석하기 위해 전날 서울에서 청주로 내려온 친구와 함께다. 경품 포장 덜 한 것 테이프로 마무리하여 마지막 경품 준비까지 마치고 서둘러 보은으로 향했다.

가는 내내 봄부터 고민하며 준비한 모교인 보은여중·고의 총동문회를 어떻게 치러 낼 것인가로 머리가 복잡했다. 취임사도 아침에 겨우 완성하여 출력했다. 오늘 손님들이 많이 와야 할 텐데. 오랜만에 뵙는 은사님들의 모습은 어떻게 변했을까. 친구들과 선배님들은 이제 할머니가 되었거나 제법 큰손주 손녀들을 키우고 있겠지. 꿈많던 10대 후반의 푸르른 청춘들! 중학생 때는 선배들의 생활지도가 무서워 고개도 제대로 들지 못했는데. 이제 서로가 함께 늙어가는 초로의 할매들이 되어 어떻게 수십 년만의 이야기들을 풀어낼까. 상상만으로도 즐거우면서 세월의 흐름이 청춘들을 어떻게 변화시켰는지 궁금하다.

도착하니 후배들의 움직임이 분주하다. 새로 지은 대강당인 미소관에는 대형 플래카드와 화환이 행사의 분위기를 띄우고, 테이블마다 순서지와 다과, 떡, 음료 등을 세팅하느라 여념이 없다. 어찌 이리도 이쁘고 기특할까. 책임을 맡아 총체적인 얼개를 짜느라 힘들었지만, 후배들은 세심한 부분까지 신경 쓰며 현장에서의 모든 일을 빈틈없이 해내고 있었다. 단상 앞에는 동문이 십시일반 후원한 경품들이 시선을 끈다. 보은의 특산물인 건 대추, 대추즙, 직접 농사지은 밤, 잡곡들, 들기에도 힘든 20킬로 쌀 포대, 수십 판의 계란 꾸러미 등이 초등생 줄 서 있듯 가지런히 놓여 있다. 이들을 가져갈 행운의 주인공은 누구일까.

조금 있으려니 친구들, 선후배들이 몰려온다. 수십 년 만에 만나는 반가운 얼굴을 알아보며 부둥켜안는다. "너 예전 모습 그대로다. 어쩜 늙지도 않았니?" "너 이름 뭐였지? 그래 맞아! 순자" 서로를 확인하는 모습에 '까르르, 까르르' 휑했던 대강당의 공간을 반가움으로 가득 채운다. 이어서 은사님들이 도착하니 모두 달려가 선생님 손을 덥석 잡으며 뜨거운 포옹을 한다. 한창때였을 선생님들이 이제 70대 중반이 되어 할매, 할배가 되셨다. 외모는 세월의 흐름을 비켜갈 수 없지만, 제자들을 향한 뜨거운 애정과 삶에 대한 열정은 그대로였다. 43년 흘렀는데도 제자들 이름까지 불러주는 선생님들의 기억력이 놀랍다.

시작을 알리는 사회자의 멘트가 나오며 43년 전의 그때로 돌아간다. 대외적으로 지역사회를 위해 일하는 동문, 교장선생님을 비롯한 학교 임직원 등 소개가 이어진다. 각계에서 활동하는 선후배 동문이 묵묵히 자신의 역할을 잘 감당하며 학교의 이름을 빛냈다. 취임사를 준비해 왔건만 왜 이리 떨리는지, 그냥 평소의 생각을 또박또박 읽어 내려갔다. 동문의 마음을 하나로 모아 서로 존중하고 사랑하며 화합하는 동문회가 되길 바라는 마음이 첫 번째였고 두 번째로는 모교와 후배들에게 조금이라도 보탬이 되는 동문회가 되는 데 최선의 역할을 하는 것이었다. 마지막으로 농촌 학령인구의 절대적 감소로 인해 학교 운영이 쉽지 않은 상황에서 현안이 있을 때, 동문이 목소리를 내어 끝까지 학교가 존속할 수 있도록 그 뿌리를 만들고자 애쓰겠다는 다짐을 피력했다.

순이 친구와 둘이 머리를 맞대고 어떻게 하면 침체하였던 여중, 여고 동문회를 살릴까 봄부터 고민해 왔다. 아무리 해도 답이 나오지 않았다. 조직이며 예산이 거의 없는 상태에서 다시 시작해야 하는 이 막막함을 어떻게 표현해야 할까. 가슴이 답답해져 왔다. 자리가 주는 책임의 무게를 너무나 잘 알기에 몇 년 전부터 요청이 왔어도 완강하게 거절했었는데 결국은 나밖에 적임자가 없다고 강제로 떠맡기니 이를 어쩌랴. 일 년 내내 머리를 싸매고 숙제를 풀기 위해 다리 한번 제대로 뻗지 못하고 힘든 시간이었다. 그래도 책임을 맡은 이상 제대로 해내야만 하는 것이다. 대선배님들 기수별 동창회 때 순이 친구가 자두도 따고 옥수수 등을 삶아 함께 찾아뵈었다. 동문회의 취지를 알리고 뜻을 같이해줄 것을 당부드렸다. 알음알음 한 명 두 명 동문을 찾아가는 일은 광산에 보석을 캐러 가는 일과 같았다. 그렇게 해서 300여 명의 동문 명부를 만들고 선후배들과 수십 번의 소통을 한 후 총동문회가 열린 것이다.

내가 속해 있는 21회 동창생들이 학교를 위해 오래전에 십시일반 모았던 발전 기금이 적당한 때를 기다렸다. 바로 이때다 싶어 여중 5명 여고 5명 총 10명의 학생에게 장학금 30만 원씩 총 300만 원을 지급했다. 그런 흐름을 타고 전에도 지속적으로 했던 동문이 큰 금액의 발전 기금을 내놓았고 후원금도 예상 이상으로 모여 앞으로 동문회를 운영하는데 큰 초석을 만들게 되었다.

덩실덩실 춤을 추었다. 나도 모르게 흥이 났다. 선후배가 어울려 삼삼오오 즐겁게 담소를 나누며 사진도 찍고 얼굴 잊어버리지 않게 해줘 고맙다고 한다. 덩달아 내가 좋은 일 했다고 큰소리를 쳤다. 은사님들도 늙어가는 제자들과 한마음이 되어 시간 가는 줄 모르고, 제자들이 농사지은 선물을 받고 흐뭇해한다. 서로가 하나 됨을 확인한 순간 내 눈에서는 기쁨의 눈물이 흐른다. 지금의 나를 있게 해준 어머니와 같은 모교는 여러 사람을 하나로 묶어주었다.

다시 푸르른 날을 위하여

무엇인가 시원하면서도 허전하다. 하루 종일 꽉 짜인 일정표대로 돌아가는 조직의 생활에서 해방되었다. 늦게 일어나도, 하루 종일 아무것도 하지 않아도 누가 뭐라 할 사람이 없다. 나도 모르게 긴장하고 조금이라도 흐트러진 모습을 보이지 않으려 노력했는데, 이제 어느 사람도 눈여겨 바라보는 이가 없다. 굳이 누구에게 잘 보일 필요도 없고 자연스런 모습대로 살아가면 그만이다. 시원할 줄만 알았는데 그렇지 않은 마음이 더 크게 자리하고 있었나 보다. 공식적인 명함은 없어졌지만 나를 설명할 내 명함을 스스로 만들고자 한다. 이제 자유로운 영혼이 되어 내가 하고 싶은 일을 마음껏 하면서 말이다.

현직 때, 은퇴 후에 나름대로 꿈꾸는 바를 실현하기 위해 준비를 철저히 한다고 했다. 각종 자격증은 수도 없이 취득했고, 그 바쁜 와중에 박사학위도 힘들여 땄다. 논문 쓸 때는 뜻대로 되지 않아 수많은 좌절을 경험하며 밤을 지새운 적도 여러 날이었다. 논문이 통과되기 전까지는 마치 죄지은 사람처럼, 다리도 쭉 뻗고 자지 못하고 늘 쪼그려 잤다. 해결되지 않은 문제 앞에선 마음이 편치 않기 때문이다. 논문이 통과되었을 때는 날아갈 듯 기뻤고, 뭘 해도 살맛이 났다. 여성 교정 공무원 중에선 최초로 학위를 받은 사람이 된 것이다. 이 학위가 앞으로 내가 활동하는 데 큰 힘이 되겠지. 더 넓은 세상으로 나아가는 데 발판이 되리라 생각했다.

처음엔 일에서 해방되었다는 자체가 자유로움을 주었다. 그 어느 것으로부터 구속받지 않고 내 자유의지대로 춤출 수 있음이 마냥 좋았다. 그 시간이 오래 갈 줄 알았다. 한 달도 못 되어 출근 안 하고 그냥 집에 있다는 사실이 나를 못 견디게 했다. "내가 이렇게 살아도 되는 것일까?" "난 뭘 향해서 가고 있는 거지?" 목표를 향해서 정신없이 달려오던 시간이 멈추자, 회의가 밀려오기 시작했다. 누구보다 일을 좋아하고 일에 대한 성취감이 내 생활의 큰 부분이었는데, 이제 어느 것으로도 나를 증명할 방법이 없다. 마치 일 중독자였던 것처럼. 우울감이 내내 나를 사로잡는다. 마음을 돌이켜 먹어도 기쁘지 않고, 기운이 쭉 빠진 패잔병처럼 누워 있다. 나중엔 무력감에 사로잡혀 오래도록 나를 힘들게 하고 앞으로 나아가지 못 하게 했다.

그러던 차, 가깝게 지내던 E 선생이 문학관에 가서 같이 수필 공부를 해보자고 권유한다. 늘 가슴 깊은 곳에 뭔가 글을 써보고 싶은 욕망이 꿈틀거리고 있었는데 이참에 잘되었다 싶었다. 글쓰기에 대한 기본도 모르면서 시작해서인지, '아! 이것 만만치 않구나' 생각되었다. 쓸수록 어렵게 느껴지며, 진솔한 자기 민낯을 드러낸다는 것이 참으로 큰 용기를 필요로 하는 일이었다. 그럼에도 일주일에 한 편씩은 꼭 써서 간다는 나와의 약속을 한 번도 어긴 적은 없었다. 써지지 않는 글과 씨름하며, 내 재능 없음을 한탄하는가 하면, 먼저 간 선배 문학가들이 존경스럽기만 하다. 오늘도 글다운 글 한 줄 써, 남들에게 감동을 주고 싶다는 소박한 꿈을 가지고 묵묵히 정진하고 있다. 앞으로의 삶도 나 자신을 성찰하며, 살아가는 이야기를 여러 사람과 나누고 소통하고 싶다.

그럼에도 문학만으로는 채워지지 않은 갈증이 있었는데 그때 강의 제안이 들어왔다. 학부와 대학원 학생들 강의를 해달라는 요청이었다. 이 기회를 그냥 놓칠 수는 없지, 성심성의껏 준비하여 이론만으로 배우던 교정을 현장의 여러 이야기를 소개하여, 이론과 교정 현장의 실제를 생생하게 느끼게 해주고 싶었다. 인문학은 물론 법학, 행정학, 사회학, 심리학, 사회복지학 등 전체적으로 알아야 이해되는 융합의 종합 학문이 교정학이다. 가르치는 것을 좋아하는 성향이다 보니 먼 길 마다하지 않고 경기대까지 달려갔다. 준비하는 데 시간이 많이 소요되는 부분만 아니면 그렇게 어려운 것도 없다. 대학원 학생들과도 자유롭게 소통하며 다양한 주제로 토론도 하며 많은 논문도 공부했다. 논문 쓰는 훈련을 시키는 셈이다. 아쉬움이 있다면 교정본부에서 전국 국립대학 중 유일한 교정학과에 관한 관심과 지원이 따르면 좋겠는데, 현실적으로 학생들은 공무원 중 가장 많은 인원을 뽑는 경찰행정 쪽으로 가고 있다. 점점 대학교마다 절대 학생 수는 물론이며 교정학과 학생이 줄어들고, 대학원도 범죄심리와 통합이 되어 교정 분야로는 지원을 잘하지 않는다는 사실이 참으로 안타깝다. 나름대로는 보람된 시간이었고 열심히 하는 학생들을 격려하며 잘되도록 지도하였다. 재요청이 왔지만, 현실적인 어려움이 있어 고사했는데, 앞으로 기회가 닿는다면 더 잘하고 싶은 마음 간절하다.

롤모델인 교정 선배로부터 이런 이야기를 들었다. "은퇴자들이 보이지 않는 곳에서 조금만 역할을 해준다면 이 사회가 훨씬 부드럽게 돌아갈 것이다"라고. 그러기에 어차피 우리네 삶이 더불어 더 나은 곳을 향하여 가는 것이기에, 기꺼이 그 말에 공감하며 나도 작은 도움이 되고 싶었다. 혼자 하는 봉사보다 여럿이 하는 일이 더 움직이기도 쉽고, 조직화하기 쉬워 선배의 권유로 로터리에 가입하여 활동하게 되었다.

워낙 역사도 오래되었고, 국제적인 조직으로 구성되어 있어 활동하기는 좋았다. 회원도 많다 보니 팀을 나눠 효율적으로 움직이고 생업으로 바쁜 사람들에게 부담을 덜어 주도록 모든 일이 움직여졌다. 장애인 무료 급식을 위한 음식 만들기, 배식, 설거지 등 회원들이 즐거운 마음으로 역할 분담하여 일하고, 힘들게 식사하는 그들과 소통하며 서로 감사의 인사를 나누는 일은 그 무엇보다 뿌듯하다. 거기에 정기적으로 지역아동센터 어린이들과 함께하는 삼겹살 구워주기, 벨 포레에서 같이 놀이기구도 타고, 김장 봉사, 요양병원 공연 등을 한다. 국가에서 챙기기 힘든, 셀 수 없이 많은 일을, 어렵게 살고 있는 숨은 이웃들을 찾아내 틈새 봉사를 하고 있다.

또한 일하며 사회참여를 하고 싶어 시니어 일자리로 장애인종합복지관에 출근한다. 청년 장애인 주간보호센터로 20세 이상 30대 중후반까지 이용하고 있다. 자신의 몸을 자유자재로 움직이지 못하는 신체적 장애인과 지적장애가 있는 장애인들이 이용하는데, 대부분은 신체장애와 지적장애가 함께 있는 중복장애인들이다. 등원도 장애인 활동 보조인의 도움을 받거나 간혹 부모가 데리고 오는 경우도 있다. 각 개인에 맞춘 프로그램 운영으로, 본인이 원하거나 꼭 필요한 언어치료, 운동치료, 음악치료, 요가 등을 실시하며 힘겹게 자신의 삶을 살아낸다. 이용자 대부분은 늘 자신이 좋아하는 색칠하기, 아이패드를 통해 아이돌 댄스 보기, 조각 맞추기, 라디오 듣기 등을 하며 하루를 보낸다. 하루 종일 아무것도 안 하며 어슬렁거리거나 간간이 희한한 괴성을 지르는 이용자도 있다. 자신이 스스로 용변을 보는 경우도 있지만 거의 많은 이용자가 직원들의 도움으로 용변을 해결하고, 음식 먹기 및 양치질도 혼자서는 할 수 없는 일이다. 시니어들은 직원들을 보조하여 함께 장애인들과 삶을 나누고 청년 장애인들이 생활하기 편하도록 갖은 배려를 아끼지 않는다.

그래도 복지관에 나오는 장애인은 축복받은 사람들이다. 직원들로부터 넘치는 사랑을 받으며 늘 반가운 인사를 나누고 소통한다. 이들과의 만남이 기다려지고 매일 출근하는 발걸음이 가볍다. 영혼이 맑아지는 느낌이다. 이곳에서 근무하기 전에는 장애인에 대한 피상적인 내용만 알았지, 이들의 정확한 모습은 잘 몰랐다. 장애인과 장애인을 둔 가족들의 아픔을 이해할 수 있는 중요한 계기가 되었으며 앞으로의 삶도 어려운 이웃들을 보듬는데 좀 더 시간과 마음을 나누려고 한다. 그것은 그동안 내가 받아 온 넘치는 사랑을 다시 돌려줘야 하는 때가 왔고, 나를 필요로 하는 사람이 있는 한 어디라도 달려가려고 한다.

그동안의 시간은 새로운 도전의 시간이었다. 제과 제빵도 배우고, 각종 음식 만들기도 시도해 보았고 필요한 자격증도 몇 개 취득하였다. 그리고 파크골프를 통하여 새로운 즐거움을 느꼈고, 시 낭송, 교정선교, 색소폰, 하모니카, 캘리그라피, 꽃꽂이 등을 배우며 그동안 하고 싶었던 것들을 마음껏 하고 있으며, 몇 년 전부터 해오던 그림그리기도 꾸준히 하고 있다. 특별히 버킷리스트를 만들어 실천하고 있지는 않지만 앞으로 마음속으로 꿈꾸던 것을 하나하나 시도하고자 한다. 지금은 나를 탐색해 나가는 시기이다. 인생 1막은 주어진 사명을 감당하려 애쓴 시간이었다면, 인생 2막은 가장 자유로운 모습으로, 남과 비교하지 않으며 내가 좋아해 선택한 일을, 나다운 모습으로 멋지게 하며 살아갈 것이다. 많은 사람과 소통하며 마음껏 사랑을 나누려 한다.

눈 속에 핀 꽃

"소장님, 새해 복 많이 받으세요! 지난 한 해도 따듯이 보듬어 주시고 격려해 주신 덕분에 잘 지낼 수 있었습니다. 고맙습니다."

전화기 너머에서 들려오는 그녀의 목소리가 활기차다. 고난과 역경 속에서도 어기차게 버티며 살아낸 지난 삶이 빚어낸 산물인가. 시련을 딛고 피어난 꽃처럼 강인한 생명력이 느껴진다. 현직에 있으면서 만났던 수많은 이들 중 유난히 마음이 쓰였던 그녀다. 출소 후 사회에 잘 적응하기 위해 부단히 노력하는 모습을 볼 때나 잘 지낸다는 소식을 간간이 전해 올 때면 참 다행이구나 싶고 고맙다.

그녀와의 만남은 30년 전으로 거슬러 올라간다. 내가 청주에 근무하고 있을 때 무기징역 형을 선고받고 이곳으로 이송되어 오면서부터다. 사건의 전말을 살펴본다. 그녀는 고등학교 졸업 후 얼마 지나지 않아 결혼하였는데 그 생활이 순탄치 않았다. 생업으로 작은 가게를 운영하고 있던 어느 날, 손님으로 놀러 온 사람들에게 휘말리면서 전혀 상상하지 못했던 상황으로 치달았다. 그 사람들에 의해 그녀의 남편이 사망하였고 그녀도 그 사건에 휘말리게 되었다. 범인이 잡히지 않은 상태에서 그녀에게 상해치사 협의가 인정되어 5년 형을 선고받고 복역하던 중 주범을 비롯한 일당들이 잡혀 다시 재판받게 되었다. 그때 그녀도 살인에 동참했다는 범인들의 주장에 의해 공범으로 인정되어 무기징역 형을 선고받은 것이었다. 똑같은 건으로 재판받았지만, 법적으로는 두 건의 형을 살아야 하는 운명이었다.

그녀의 주장에 따르면 범인들에게 납치되어 쥐도 새도 모르게 죽임을 당한 남편처럼 그녀도 똑같은 방식으로 끌려다니며 고초를 당했을 뿐 자신은 잘못이 없다고 부르짖었지만 받아들여지지 않았다고 한다. 너무 억울해서 변호사라도 선임하고 싶었지만, 누구의 도움도 받을 수 없는 형편이라 그럴 수 없었다며 하소연하곤 했다.

그래도 죽지 않고 살아났다는 그 자체만으로 안도의 숨을 쉬었다. 끌려다니면서 공범들의 모진 만행에 몸서리치면서도, 현실을 받아들일 수밖에 없었고 누구에게도 정확한 사실을 알리지 못했다고 한다. 자신으로 인해 벌어진 일이기에 철저히 혼자가 되어 재판받고 수감생활을 하는 동안 모범수로 인정되어 가석방으로 출소할 때까지 30년간 복역하였다.

무기수가 모범수로 인정받아 가석방된다는 것은 그리 흔치 않은 일이다. 그럼에도 그녀가 가석방을 받을 수 있었다는 것은 대단한 일이 아닐 수 없다. 그녀는 첫인상부터가 남달랐던 것으로 기억한다. 누구도 범접할 수 없는 묘한 분위기를 풍기고 있었다. 절대 관의 규칙을 어기는 법이 없고 반듯하게 사는 그녀였기에 같은 동료들도 그녀를 함부로 대하지 못했다. 도리에 어긋나는 일은 보지 못하는 성격인지라 공정의 잣대에 어긋나면 직원들에 대해서도 절대 참지 않았다. 그렇다 보니 주변 사람들이 가까이하기를 불편해하면서도 흠잡을 데 없음을 인정하지 않을 수 없었다.

그녀는 의지 또한 대단했다. 그 춥고 긴긴 겨울에도 결코 굴하는 바 없이 짧게 주어지는 운동시간에도 시간을 허투루 보내지 않았다. 1분 1초라도 아껴 맨발로 얼어붙은 운동장을 30분간 내내 뛰었다. 건강을 지켜야 밖에 나가서 어떻게든 살아갈 수 있다는 삶의 본능이 발동한 것이다. 배움에도 소홀하지 않았다. 밖에 나가 무엇을 하며 살 것인가를 끊임없이 생각하였고, 자격증 공부는 물론 문학에 관심이 많은 그녀는 틈틈이 글쓰기로 자신의 삶을 기록해 나가고 있었다. 그녀는 무너지면 안 된다는 초인적인 힘과 정신력으로 30년의 세월을 버텨낸 것이다. 또한 생활면에서도 절제됨이 몸에 배어 비굴하게 남에게 뭔가를 바라는 바 없이 당당하게 살았다. 면회 오는 사람이 아무도 없었고 오빠가 있었지만 끝내 그녀의 가석방을 보지 못한 채 암으로 세상을 뜨고 말았다. 누구 하나 영치금 넣어주는 사람이 없다 보니 그 안에서 한 달에 돈 만 원도 쓰지 않으면서도 결코 남에게 얻어먹거나 폐를 끼치는 법이 없었다.

한정된 공간에서 생활할 수밖에 없는 몸이지만 당당하면서도 좌절하지 않고 버텨낼 수 있었던 원동력은 어디에서 나온 것일까. 그녀의 부모님은 이북 사람이었고 그 당시 어머니가 신문 기자로 활동할 정도로 열린 집안이었다, 자식들의 교육에도 엄격하였다고 한다. 그런 그녀의 강한 기질은 엄마를 닮았고 생활력이 강한 것도 아마 엄마로부터 받은 교육의 결과가 아닌가 싶다.

누구보다 모범수로서 30년 동안, 반듯하고 당차게 살아온 그녀는 이제 이 사회의 일원이 되어 많은 사람에게 희망의 씨를 뿌리고 있다. 5년 전 가석방 출소한 후 단 하루도 쉬지 않고 어떤 일도 불평 없이 해내고 있다. 여러 차례 직장에서 경험을 쌓은 후 담 안에서 취득한 자격증으로 큰 요양병원에 정식 조리사로 취직하여 자신의 역할을 잘 감당하고 있다. 뭐든 피하지 않고 사람들과의 갈등도 먼저 솔선수범하며 정공법으로 풀어가는 지혜가 놀랍다.

그동안 보호자로서 역할을 해주며 신앙으로 이끌어 주신 신부님을 찾아뵙고 담배 몇 보루를 선물로 건네는 그녀의 순수한 모습이 참 아름답다. 얼마 전엔 담 안에서의 긴 시간 동안 칭찬과 격려로 자존감을 잃지 않고 살도록 힘을 주시어 고맙다며 집으로 초대해 주었다. 여러 가지 나물과 갈비찜 등 소박하고 정성 가득한 밥 한 상에 코끝이 찡해지고 그 어떤 황후의 밥보다 풍성했다. 지나간 시간 속에 남 탓하며 주저앉아 있지 않고, 굳건한 삶의 자세로 사회의 건강한 일원이 되어 내 몫을 당당히 해낼 때 자신의 죄는 용서 받는 것이고 누군가에게 사랑과 희망의 빛이 될 수 있다며 열심히 살아가는 그녀를 응원한다. 앞으로도 그녀가 참 자유를 누리며 진정한 행복을 맛보고 살아갈 수 있도록 응원을 아끼지 않을 것이다.

35년의 세월을 담 안의 수용자들과 인생의 온갖 희로애락을 나누었다. 수많은 사람을 보면서 많은 것을 느끼고 인생을 배운 시간이었다. 담 안에서지만, 인성을 반듯하게 하려고 노력하는 사람, 본인 때문에 직접적인 피해를 입은 당사자와 그 가족들을 위해 참회하며 기도하는 이, 아무 죄 없이 수용자의 가족이라는 이유로, 한평생 죄인이 되어 사는 가족들을 위해 다시 일어서려 부단히 몸부림치는 사람들을 보면 가슴이 아렸다. 그런가 하면 도무지 뉘우칠 줄 모르는 이들로 인해 갈등한 날들도 부지기수였다. '죄는 밉지만, 사람을 미워해서는 안 된다'라는 누구나 알고 있는 식상한 듯한 문장 하나를 가슴에 새기며 살아낸 긴 날들이었지 싶다. 내 젊은 날의 대부분을 차지했던 그들과 함께했던 애증의 날들을 지워 버릴 수 없어서인가. 그곳을 떠난 지 꽤 되었음에도 나는 여전히 그들의 삶이 궁금하고 원활하게 사회에 복귀하여 한 인간으로서의 행복한 삶을 누리길 기원하고 있다.

청송 가는 길

두 달 전부터 임금순 목사님은 청송 집회 가는 데 같이 가자고 하셨다. 마침, 교정계에서 오랜 친분을 맺어오며 소통하던 최진규 소장님이 근무하고 있었고 먼 데서 오는 교정 사역자들께도 친절하게 대해 준다는 이야기를 듣고 가기로 결심했다. 하지만 교정을 떠난 지도 2년여의 세월이 흘렀고 괜스레 교정 후배들 불편하게 하는 게 아닌가 싶어 잠시 망설이기도 하였다.

그래도 내가 사랑했던 교정 현장을 보고 싶었다. 특히 빛도 없이 아무도 알아주지도 않는 힘든 교정 사역을 기꺼이 감당하시는 목사님과 동역자분들께 조금의 힘이라도 되어드리고 싶어 기쁜 마음으로 발걸음을 떼었다. 선교팀은 새벽같이 서울에서 5시 넘어 출발하여 8시 반은 다 되어 청주에 도착하였다. 청주 IC에서 나를 픽업하여 기분 좋게 청송을 향하여 달린다. 햇볕이 뜨거운 6월의 어느 날 샘선 교회 사역팀은 이병호 집사님의 운전으로 즐거운 교정선교 여행을 떠난다. 여행의 맛은 역시 차 안에서 주고받는 재미있는 수다이리라. 그저 어린아이가 된 양 아무 거리낌 없이 이런저런 이야기에 깔깔 웃기도 한다. 창밖을 보는데 온통 산하가 금계국으로 덮여 노란 물결을 이룬다. 외래종인 금계국이 이렇게 번식력이 좋을 줄 꿈에도 생각하지 못했다. 한참을 달리다 중간 지점 정도의 휴게소에서 간단히 준비해 온 간식과 새벽부터 함께 먹으려고 만든 족발을 내놓았다. 모두 몇 개 드셔보고는 맛있다고 하신다. 이병호 집사님의 커피 선물로 마음을 진정하고 다시 청송으로 향했다. 우리가 가는 길은 잠시 만나러 가는 길이지만, 기약도 없이 몇 보따리의 짐을 싸서 이 길을 갔을 수많은 청송의 형제들을 생각하니 잠시 가슴이 먹먹해진다. 이들에게도 이 길이 기약 없는 길이 아니고 자유를 만끽하며 달리는 길이기를, 그날이 빨리 와 주기를 마음속으로 소망해 본다.

이런저런 이야기를 나누다 보니 청송 표지판이 보이고 곧이어 진보에 도착하였다. 시간을 못 맞춰 시외버스를 타고 늦게 도착하는 공희정 전도사는 곧바로 교도소로 오라하고 우린 늘 가던 파리바게뜨에서 자매 맺은 형제들에게 줄 빵을 한 보따리 사서 교도소로 향하였다. 역시나 최 소장님은 미리부터 나와 너털웃음으로 고생했다며 청사 앞에서 우리를 반겨준다. 특유의 소탈함과 포용력은 여전하였고 잘한 것도 없는 사람을 교정 선배라고 따뜻하게 맞아주는 그 마음이 정말 고마웠다. 청사 로비는 청송 특유의 귀한 수석과 규화목으로 오는 손님들의 시선을 끌었고 산수화도 유명 화가의 의미 있는 그림이었다. 소장실로 올라가 청송이 직면한 여러 어려움, 특히 시설의 노후화로 많은 어려움을 겪고 있다는 이야기도 듣게 되었다. 그리고 예나 지금이나 교정 교화에 대한 확고한 신념과 직원들을 아끼고 존중하며 이끌어가는 이야기는 나까지 힘이 나게 하였고 교정에 대한 애정과 열정은 타의 추종을 불허하였다.

청송은 법무부 교정선교회 집회 때 몇 번 와서 낯설지 않았다. 세월은 오래되었으나 생각만큼 어둡지 않았고 직원들과 형제들의 분위기도 밝았다. 자매 상담에 6명의 형제가 나왔는데 성경 구절 암송도 잘하였고 한 달 동안 별 탈 없이 잘 산 것 같아 안심되었다. 이어지는 기독교 집회에 300여 명의 형제가 참석하였고 조용하고 질서 있는 모습이 보기 좋았다. 모든 교정 교화 활동도 질서가 잡힌 가운데 이루어지는 것이 기본이기에 말이다. 목사님의 설교 시간에도 경청하며 그 의미를 이해하는 사람들이 계속 아멘으로 화답한다. 침묵으로 일관하는 사람보다 얼마나 이쁘고 더 좋은 설교를 하고 싶은 마음이 들었을까. 상대방이 춤출 수 있도록 우린 더 깊은 공감의 리액션을 습관화시키는 것도 좋겠다는 생각이 들었다. 모든 영광을 하나님께 드리는 공 전도사의 찬양과 형제들의 성가대 찬양은 집회의 분위기를 고조시키기에 딱 좋았다.

마지막으로 나에게 한마디 하라고 기회를 주신다. 2년 전에 섰던 그 자리가 어찌나 어제 일처럼 정겹고 편하게 느껴지는지 아직도 근무하는 것 같은 착각에 빠진다. 마땅히 당부하고 싶은 말이 떠오르지는 않았지만 "여호와는 나의 목자니 부족함이 없으리로다"라는 이 말씀이 계속 입속에서 맴돌았다. 세상 것에 휘둘려 가장 근본인 주를 잊고 길을 헤맸을 형제들이 다시 본연의 위치로 돌아오길 간절히 바라는 마음에서 몇 번을 강조하였다. 나의 주인은 내가 아닌 주님이시니 항상 나의 중심에 주를 모시고 살면 실족하지 아니하고 인생의 승리자가 된다는 말을 하였다. 그것은 아마 형제들이 아닌

나 자신에게 하는 말인지도 모른다. 30년 이상을 교회에 다녔다고 하지만 항상 세상사에 떠밀려 주를 잊고 살았다. 이제 사회에 나와 제대로 성경 공부도 하며 나의 신앙을 다시 정립하려 애쓰고 있다.

어떤 시련이 와도 주를 모시고 주만 따라가면 주가 항상 지켜 주리라는 믿음을 다시 확인하는 시간이었다. 수많은 사연을 가지고 청송이란 곳에 기약 없는 세월을 사는 형제들이, 지난 시간 깨끗하게 참회하고 주만 바라보고 가는 진정 기쁨의 시간으로 만들기를 소망해 본다. 새벽부터 청송의 많은 형제에게 떡을 먹이고자 김 모락모락 나는 떡을 싣고 달려 온 목사님을 비롯한 이병호 집사님 신희섭 권사님 공희정 전도사님의 깊은 사랑에 다시 한번 감사드린다.

샘선교회 창립 24주년 감사 예배

작가의 자화상 그리기와 미래의 꿈

- 김응분의 수필집 『다시 푸르른 날을 위하여』에 부쳐

강돈묵

문학박사. 전 거제대 교수

수필은 생득적으로 작가의 삶을 바탕으로 탄생하는 문학 장르이다. 작가가 어떠한 삶을 영위하였고, 어떠한 가치관을 가지고 세상을 바라보느냐에 따라 글감의 의미가 확연히 달라진다. 특히 살아온 내력을 가지고 이야기를 꾸려나가는 수필가에게 있어서는 더욱 이러한 흔적이 농밀하게 드러나기 마련이다.

수필을 생활인의 문학이라고 지칭하는 것도 이런 까닭이 아닐까. 하나의 생활인으로서 현장에서 겪은 체험을 글감으로 취택하는 수필가는 제 생활 범주에서 이탈하기란 그리 만만한 일이 아니다. 정년을 맞아 자신이 종사하던 직업이나 업무에서 이제는 자유의 몸이 되었다 하더라도 지난날의 경험을 덮어 버리고 새로운 세계를 갈망한다는 건 더더욱 그렇다.

평생직장에서 빠져나와 쓰는 글은 어쩌면 작가의 전기이거나, 그동안의 삶을 정리하는 의미가 더 크게 작용한다고도 볼 수 있다. 수필가 김응분의 수필은 이런 모습이 확연하다. 여성으로서 교도직에 종사한다는 것도 쉽지 않은 일인데 하물며 정년까지 마쳤으니, 그동안의 삶을 가볍게 여겨 덮을 수 있는 것이 아님은 틀림없다. 김응분 수필가의 글이 현실감이 뛰어나고 일반인이 접하기 어려운 공간이라서 교술적 의미가 큼은 당연하다. 금단의 공간에 대한 정보는 나름 의미를 확보하게 된다.

영어(囹圄)의 몸이 아닌 관리자의 시각이라서 리얼한 묘사보다는 사건이나 결과를 가지고 의미를 찾아 나섰다는 게 작가에게 주어진 한정된 카테고리였는지도 모른다. 욕심이 많은 독자에게는 이러한 기술에 조금은 아쉬움을 쏟아낼 경우도 있겠으나 어쩌면 공직에 근무한 사람들에게 요구되는 사항일 수도 있음을 유념해야 할 것이다.

예측대로 김응분 수필가는 자신이 경험한 공직 생활 중 절감한 인간관계를 정리하였고, 자신이 평생 관리한 수용자들을 바라보면서 '죄와 벌'의 의미와 이 사회에서 소망하는 '가치 있는 삶'에 시선을 모으고 있다. 또 정년퇴직하여 현장에서 물러 나와 앞으로 추구해 나갈 작가 자신의 모습을 꿈꾸고 실천에 온 힘을 기울이고 있다. 해 질 무렵에 지난 삶을 성찰하며 작가 자신이 소망하는 자화상은 어떤 것일까. 즉 '내 맘에 드는 나'는 어떠해야 하는가를 줄기차게 되묻고 그 목표 지점을 향해 매진하는 모습이 그려지고 있다.

가. 진실한 삶에서 얻은 것, 사람과의 얼개

인간은 주변의 사람들과 서로 부대끼며 살아야 하는 사회적 동물이다. 혼자서 살아낼 수 있는 나만의 것이 아니기에 함께 협력하며 목표 지점에 먼저 도달하기를 소망한다. 주변 사람들보다 나은 자신을 위해서 쉬지 못하고 뛴다. 남들보다 먼저 목표를 달성하기 위해 날밤을 새우기도 하며 자신의 정체성을 드러내려 한다. 그 와중에도 특히 서로 간의 '거리'에 예민하다. 사람과 사람 사이에는 최소한의 거리를 유지하며 접촉의 의미를 새긴다. 이 거리는 사람과의 얼개에서 하나의 가늠자와 같이 인식된다.

경쟁사회에서 살아남기 위해 갖은 고생을 자행했던 존재가 인간이다. 이 세상에서 가장 가치 있는 것은 나만이 소지한 능력이다. 다른 사람들이 결코 흉내 낼 수 없는 나만의 능력과 나만의 목표 달성을 추구한 것이 지금까지의 우리 삶이었다. 인간은 몸이 부서지는 한이 있어도 먼저 가서 내 것으로 소유해야 직성이 풀리는 사회구조 속에서 살고 있다. 목표 달성을 위해 다른 이를 부리는 것이 아니고, 자신을 끝없이 부려야 했던 세월을 살아왔다. 뭐든지 결과물을 찾고, 그 성과에 만족하여 즐거움을 누리려던 삶은 결국 자기학대라는 웃지 못할 현상까지 만들었다.

수필가 김응분은 이러한 인간의 삶에 날카로운 메스를 가한다. 너무 자신의 욕심만 추구하다 보면 오해를 불러일으키고, 인간관계가 무너지기 십상이라는 지적이다. 사람과의 관계에서 무던한 대처법은 매끄럽고 정확한 선택임을 강조한다. 주변에서 무수히 들어오는 권유와 제안, 요청 등에 어떻게 대처하느냐가 관건이다. 인간관계는 이러한 요구에 슬기롭게 대처해야 한다. 수용과 거절이 얼마나 매끄럽고 지혜롭게 이루어지느냐에 따라 그 사람의 얼개는 결정된다. 진정한 삶의 지혜는 정에 끌리는 행동보다 원칙이 있는 관계를 유지하는 것이란 점을 강조한다.

우리는 수많은 관계 속에서 거절과 수용을 반복하며 살아간다. 거절은 당신이 싫다는 의미가 아니라 당신과 더 좋은 관계를 맺고 유지하기 위해 한다고 말하면 잘못된 말일까. 또한 거절은 '버리는 것이 아니라 밀려드는 파도로부터 나 자신을 지키는 것'이고 내 시간과 돈, 자유의지를 남에게 함부로 휘둘리지 않고 살아가는 것임을 잊지 않는다면 거절이 좀 더 쉽게 느껴지지 않을까.

상처받지 않고 거절당하는 것에 익숙해지는 것, 정중하고 아름답게 거절할 줄 아는 사람, 진솔하게 '아니오'라고 할 수 있는 사람, 나의 착한 이미지에 손상이 갈까 봐 전전긍긍하지 않는 것이 내가 바라는 삶이고 거절의 미학이다. 또한 내가 들어줄 수 있는 범위 내에서는 최대한 수용해 주는 지혜도 발휘하면서 말이다. 그리고 내키지 않는 일, 나의 범위를 넘어가는 일을 거절하지 못해 나중에 후회하거나 감당하지 못하는 것보다 상대가 지금 서운해 여겨도 정중하게 거절하는 것이 서로를 위해 훨씬 더 낫다는 것을 깨닫게 된다.

-<거절의 미학>에서

인간들의 얼개에는 여러 사람 속에서 맺어지는 일반적인 관계가 있는가 하면 특별한 경우에는 끊으려야 끊을 수 없는 긴밀한 관계가 갑자기 마련되는 때도 있다. 그 대표적인 예가 혼인으로 맺어지는 관계이다. 전혀 관계가 없던 사람이 혼인으로 부부가 된다거나 소중한 자식을 나눠 가진 양가는 '사돈'이라는 관계로 느닷없이 맺어진다. 앞의 경우는 무촌인 부부의 관계이지만, 뒤의 경우는 남도 아니고 친척도 아닌 아주 가깝고도 먼 참 애매한 관계이다. 그래서 소중하게 관리해야 하고 특별히 조심하지 않으면 낭패를 만나는 관계이다.

초대를 받고서는 '뭘 어떻게 준비하지? 가서 뭘 하며 즐겁게 보내지?' 등 여러 상념으로 마음이 바쁘다. 그러면서 며느리가 자라온 가정환경은 어땠을까. 사돈 내외는 어떤 모습으로 살고 있을지

여러 가지가 궁금하다. (중략)

계절의 여왕 5월에 아들 내외를 비롯한 사돈네 가족과 함께한 시간은 장미꽃처럼 아름답고 향기로운 추억의 한 페이지가 되었다. 이 시간이 영원히 지속되길 바라며 화목한 양가가 되길 마음속으로 빌었다. 돌아오는 길은 비가 추적추적 내린다. 과연 두 가족의 만남은 우리에게 어떤 의미를 주는 것일까. 전혀 몰랐던 남남이 만나 가정을 이루고 자녀들로 인해 가장 가까운 인척이 된다는 사실이 참으로 신기하다. 그저 오늘처럼 아이들이 행복할 수 있도록 양가의 부모들도 끊임없이 지켜보며 도움을 줄 수 있는 존재가 되어야겠지. 좋은 가정에서 화목하게 자란 며느리가 우리 가정에 와 줌이 그저 감사하고 고마울 따름이다. 우리 가정에 와서도 늘 웃으며 화목하게 여러 사람을 너른 품으로 아우를 수 있길 바라본다.

-<오월의 멋진 날에>에서

수필가 김응분은 일반적인 인간관계에서는 정도를 따르는 게 가장 안전하고 현명하다는 걸 내세운다. 다만 자신에게 요구되는 요청에는 원칙이 있는 대처법을 가지고 있어야 한다는 것이다. 상대가 상처받지 않도록 정중하고 진솔하게 배려해야 한다. 수용과 거절에는 매끄럽고 지혜로울 것을 주문한다. 그리고 혼인으로 특수하게 맺어진 관계에는 지나침보다는 있는 그대로 보여주는 태도를 요구한다.

나. 교도소 여기저기에 널려 있는 말, 죄와 벌

수필가 김응분은 한국 여성으로서는 특이한 직종에 종사한 경력

자다. 세상살이에 사연이 깊어 영어(囹圄)의 몸이 된 사람들을 교정교화하여 형기를 마친 후에 원활한 사회복귀가 이루어질 수 있도록 돕는 역할을 한평생 담당했던 사람이다. 늘 옆에다 순간의 실수로 자유롭지 못한 생활을 해야 하는 사람들을 두고 그들과 대화하며 걱정하고 그들을 위로하며 재생의 길을 갈 수 있도록 격려하며 보살핀다. 그러다 보면 수용자들의 마음도 읽어야 하고, 심지어는 그들 가정까지도 고민의 대상에 놓아야 한다. 일순간의 실수로 자신의 삶을 꺾어 버린 모습에서는 안타까워하고 그들의 좌절에 희망을 불어넣기 위해 밤을 지새우며 고민하기도 한다. 또 개중에는 자신의 실수를 제대로 인식하지 못하고 뉘우침이 없이 지내는 사람들을 보면서 아픈 마음을 삭여야 하는 때도 많다.

아침에 기상해서 저녁에 취침하기까지 온종일 그들과 한마음이 되어 지내다 보니 그들의 수의(囚衣)에 덕지덕지 붙어 있는 '죄'와 '벌'에 대한 의문이 뇌리에 똬리를 튼다. 이곳에 와 있는 사람들의 죄는 다양하다. 굳이 그 실태를 기술할 일은 아니다. 이미 그들의 죄상은 법 앞에서 판결이 났기에 굳이 거론할 필요가 없다.

다만 교도관으로서 그들과 동고동락하면서 현재의 모습을 바라보는 작가의 시각이 필요하다. 수필가 김응분은 '벌'에 대한 인식이 한결같다. 벌이 '무겁다' '가볍다'가 아니다. 비록 지금은 영어의 몸이지만 형기를 마치고 사회에 복귀하였을 때 원활한 삶을 영위할 수 있도록 도와야 한다는 것이다.

수용자들도 주어진 벌에 불만하기보다는 남 탓하지 말고 긍정적 사고로 견디기를 소망한다. 낙담하지 말고 굳건한 삶의 자세로 사회에 복귀하였을 때 건강한 일원이 될 수 있도록 준비하기를 당부한다. 그래야 그동안 지은 죄를 충분히 용서받을 수 있고, 누군가에게 사랑과 희망의 빛이 될 수도 있다며 응원한다. 앞으로 남은 생은 참자유를 누리며 진정한 행복을 맛보기를 기도한다.

34년의 세월을 담 안의 수용자들과 인생의 온갖 희로애락을 나누었다. 수많은 사람을 보면서 많은 것을 느끼고 인생을 배운 시간이었다. 담 안에서지만, 인성을 반듯하게 하려고 노력하는 사람, 본인 때문에 직접적인 피해를 입은 당사자와 그 가족들을 위해 참회하며 기도하는 이, 아무 죄 없이 수용자의 가족이라는 이유로, 한평생 죄인이 되어 사는 가족들을 위해 다시 일어서려 부단히 몸부림치는 사람들을 보면 가슴이 아렸다. 그런가 하면 도무지 뉘우칠 줄 모르는 이들로 인해 갈등한 날들도 부지기수였다. '죄는 밉지만, 사람을 미워해서는 안 된다.'라는 누구나 알고 있는 식상한 듯한 문장 하나를 가슴에 새기며 살아낸 긴 날들이었지 싶다. 내 젊은 날 대부분을 차지했던 그들과 함께했던 애증의 날들을 지워버릴 수 없어서인가. 그곳을 떠난 지 꽤 되었음에도 나는 여전히 그들의 삶이 궁금하고 원활하게 사회에 복귀하여 한 인간으로서의 행복한 삶을 누리길 기원하고 있다.

-<눈꽃 속에 핀 꽃>에서

수필가 김응분은 평생 교도관으로 근무하면서 가졌던 아쉬움은 수용자들로 빚어진 남겨진 가족의 문제이다. 비록 부모가 죄를 지어 이곳에 들어와 있더라도 그들의 자녀들은 결코 죄인이 아니라는 것이다. 그래서 그들의 자녀는 충분히 자유를 누릴 권리가 있고, 그들 역시 어린이라면 충분히 사회의 보호를 받으며 성장할 수 있도록 어른들의 보살핌이 있어야 한다는 점을 외치고 있다.

우리의 미래 세대들에게 따뜻한 손길을 보내야 한다는 외침이다. 가정의 경제가 무너져 어려운 아이들은 기초생활 수급자로 지정되어 다양한 혜택을 받지만, 수용자들의 자녀는 전혀 그렇지 못하다는 점을 알려주고 있다. 학교에서도 잊히고, 친척이나 지인, 그렇지 않으면 시설에 맡겨져 방치되기 일쑤라는 실태의 고백이다. 수용자들의 자녀는 통계자료에서도 빠지니 누구에게서도 도움을 받을 수가 없다는 점이다. 아직 어른의 보호를 받아야 할 나이에 가장이 되어 굶고 모든 것을 스스로 해결해야 하는 이들의 처지에 대한 대책을 호소하고 있다. 소년 소녀 가장이 웬 말인가.

이 아이들 대부분은 학교에서도 잊힌 존재로서 선생님의 도움도 못 받고 친척이나 지인들 또는 시설에 맡겨진 채 방치되고 있다. 어려운 가정의 많은 아이는 기초생활 수급자로 지정되어 여러 혜택을 받지만, 수용자 자녀들은 어떤 공식적 통계에도 잡히지 않고 그 존재 자체를 모르기에 누구에게도 도움을 청하기 어려운 상황에 처해 있다. 소년 소녀 가장으로 살아가는 수용자 자녀들은 반찬 만들기 등 식사 해결도 쉽지 않고, 그 추운 겨울에 보일러도 제대로 때지 못한 채 사는 아이들도 종종 있다.

-<그녀들의 아이>에서

수필가 김응분은 수용자들의 가족 문제를 제기하다가 한마디 말

로 마무리한다. '죄는 미워하되 사람은 미워하지 마라.'

이번 사회 견학을 통해 가둬두는 것만이 최선인가? 어차피 출소 후 사회로 돌아와 우리의 이웃으로 함께 살아가야 하는 그들인데 숨통을 틔워주면서 함께 갈 수 있는 방법은 없을까? 하는 질문을 다시 던져 보는 계기가 되었다. 교정 행정을 하는 우리 자신들에게 끊임없이 물어야 하는 화두다. 인간사 문제가 일어나지 않을 수가 없다. 또 특별한 분들을 모셔 놓은 교도소에 문제가 없길 바란다는 것은 말도 되지 않는다. '구더기 무서워 장 못 담그랴'라는 말이 있듯이 수용자를 살아있는 한 인간으로 인정하고 그들에게 생명만큼 소중한 자유를 가끔은 허락하여 새로운 마음으로 살아갈 수 있는 힘을 주는 것이야말로 그들이 퍽퍽해진 마음을 사랑으로 가득 채우는 일일 것이다.

-<화려한 외출>에서

수필가 김응분은 교정직을 잠시 하는 초보자가 아니다. 평생을 바쳐 일했고, 소장까지 하고 퇴직한 여자 교도관이었다. 적어도 이 분야에 대해서는 다양한 경험이 있고 공부도 하여 능력도 인정받은 전문가이다. 이런 처지에서 세상에 내놓고 싶은 의견을 말하지 않는 것은 직무 유기일 수도 있다.

한순간의 실수로 장기수가 되어 영어의 몸인 수용자들을 격리시키는 것만이 최선이냐는 질문이다. 자주는 아니더라도 규정을 만들고 그에 따라 일정 조건을 만족시키는 수용자에게 말 그대로의 '화려한 외출'을 시키는 것도 교정 교도의 한 방법이 아닐까 하는 의견이다.

자신이 소장으로 있는 청주여자교도소에서 선 실행해 보고 그 결과를 가지고 의견을 제출하고 있다. 단순한 사견이 아니고 실행한 결과에 대한 보고이며 의견이니 귀담아듣고 고민해 볼만 한 일이다. 분명한 것은 절망에 떨어져 낙담하고 있는 것보다는 희망을 안고 미래를 꿈꾸는 자에게 교정의 효과는 클 것으로 사료 된다는 점이다.

다. 가치 있는 삶, 내려놓기 연습

인간의 삶의 가치는 생각에 따라 다양할 수 있다. '이 세상에서 가장 가치 있는 일'이란 명제는 어쩌면 어정쩡한 것일지도 모른다. 사람마다 가지고 있는 가치는 그 결이 사뭇 다르다. 어떤 이는 정신적 가치를 들고 나올 것이고, 또 어떤 이는 경제적 가치를 들고 나오기도 할 것이다. 그것을 획일화하여 자신의 의견에 동조하기를 바라는 것은 무리가 따른다.

수필가 김응분은 교정직이라는 국가공무원에서 퇴직하여 제2의 인생을 꿈꾸며 자신의 가치를 가늠해 보고 있다.

지금까지의 삶을 토대로 자신이 가치 있는 삶이라고 인정하면서도 실행에 옮기지 못한 것을 끌어다 내밀고 있다. 그동안의 삶에서 볼 때에 버리지 못하는 습성이 있다고 진단한다. '버림'은 바로 '욕심'에 선을 대고 사람을 움켜쥐고 놓아 주지 않는다. 여기에 과감하게 용단을 내려야 함을 깨닫는다. 복잡한 사회 속에서 이리저리 움켜쥐고 있던 것을 과감히 내려놓아야 자유로울 수 있고, 채울 것이

제자리를 찾게 됨을 알게 된다.

여기서 이야기하는 버림의 대상은 사물만을 뜻하지 않는다. 형상은 없어도 마음속에 내재한 그 많은 욕심 덩어리를 과감히 버려야 한다. 그래야 번잡스럽지 않고 넉넉한 삶이 들어설 수 있다.

언제쯤 우리는 물건에 대한 애착에서 벗어날 수 있을까. 산다는 것은 끊임없이 쓰레기를 생산하는 일! 인간도 자연의 일부이기에 자연의 순환 속에서 살 듯, 물건도 제 역할과 기능을 다 했을 때는 과감히 떠나보내야 한다. 자원의 재활용 면에서 남들이 필요한 것은 아낌없이 나눠주고, 또 다른 자원으로 재생산될 수 있도록 해야 한다.

물건들이 제 자리를 찾아가고 공간이 넓어지니 마음까지도 홀가분하며 여백이 숨을 쉬게 만든다. 법정 스님의 '텅 빈 충만'의 의미가 이런 것을 두고 한 말일까. 버림을 통해서 새로운 것으로 채우고 마음도 정돈시킨다. 버리기는 단순한 삶의 가장 핵심이며, 마음 번잡스럽지 않고 넉넉하게 사는 비결이다. 버리고 나니 참 홀가분하고 부자가 된 것 같다.

-<버림의 미학>에서

그동안은 현직에 최선을 다하는 삶을 꾸렸다. 이제 물러나 생각하니 다 부질없는 짓이다. 내 것을 챙기는 삶은 욕심이 앞서 좌충우돌하고, 속도에 노예가 되며 오로지 숨 가쁘게 뛰는 것만이 있었다. 그래, 뛰어서 얻은 게 무엇인가. 속이 시원한 적이 있었던가. 언제나 갈증과 그리움에서 벗어나지 못하고 허전 앞에서 떨면서 산 것이 자신의 모습이다.

속도에서 빠져나와 방향을 유념하며 가슴으로 느끼는 일상을 만들어보겠다는 결심이다. 남의 눈을 의식하며 살기보다는 이제는 스스로 결정하고, 진정 자신을 위한 삶이 무엇인가를 고민한다. 욕심을 버리고 작은 것에 만족하는 삶을 꾸리자는 결심이다. 이게 진정 가치 있는 삶이다. 더 많이 내려놓음을 꿈꾼다.

정신없이 달려 온 시간, 어디로 가는지도 모르고 좌충우돌 많이도 삐걱거렸다. 이제 스스로에게 선물도 줘가며 남도 돌아보며 살아가고 싶다. 영원한 삶에 대한 갈증과 그리움도 풀 겸 신앙생활도 진정성 있게 하고 싶은 바람이다. 삶은 속도가 아니고 방향이란 말이 가슴 깊이 다가온다. 내가 꿈꾸는 삶을 나 스스로 만들며 후회하지 않은 삶을 사는 것, 자족하는 삶이야말로 진정 행복에 이르는 길임을 이제야 깨닫는다.

-<그동안 잘 왔다>에서

사람들은 자신이 흠모하며 따르고자 하는 사람이 있으면 적극적인 행동으로 이어진다. 교정직에서 벗어나 이제 자유로운 몸이 되어 생각해 본다. 그동안 자신의 주변에서 본받을 만한 사람이 누가 있었던가. 자신의 허약한 몸을 돌보기보다는 먼저 수용자들을 생각하시던 목사님을 떠올린다. 본인의 질병도 치료하지 못하면서 오로지 수용자들의 안위만 걱정이다. 당뇨로 눈이 어두워도 전국의 수용자들에게 24년에 걸쳐 1억 통의 편지를 썼다는 것은 대단한 사랑이다.

결혼도 밀쳐두고 오로지 수용자들의 어머니가 되어 평생을 봉사하는 목사님의 삶은 가히 '가치 있는 삶'이라고 추앙받을 만하다. 수필가 김응분이 추앙하는 대상은 자신의 미래의 자화상처럼 다가온다. 현직에서 물러 나와 보니 그들의 삶이 너무 커 보이고 존경스럽게 느껴진다. 이제 제2의 인생을 꿈꾸는 이 순간, 스치는 봉사자나 교정위원들의 헌신적인 모습은 지난 삶을 부끄럽게 한다. 진정으로 가치 있는 삶은 바로 이런 희생이라는 결론에 쉽게 도달한다.

당뇨로 인해 눈도 잘 안 보이는 상황에서 목사님은 늘 전국에 흩어져 있는 형제자매들에게 편지를 쓴다. 꾸밈없이 있는 그대로의 마음을 담아 전달하며 긴긴 징역의(영어의) 고단함을 위로하고 잘 살도록 멘토 역할을 해주신다. 24년여 시간 동안 보낸 사랑의 편지가 1억 통을 넘는다 하니 놀라울 따름이다. 평생 그 편지를 간직하며 마음 다잡고 수용 생활 하는 그들의 모습을 생각하며 틈만 나면 펜을 놓지 않고 그들에게 따듯한 마음을 전하는 목사님이다. (중략)

결혼도 하지 않고 24년여 시간 동안(세월 동안) 전국의 수많은 수용자와 소통하며 그렇게 목사님의 인생은 칠순을 넘겼다. 당뇨 합병증으로 인하여 제대로 보이지도 않고 몸이 불편한 상황에서도, 수많은 자매결연 수용자에게 사랑의 편지로 부모가 되어 그들의 외로운 마음을 보듬고 영치금도 넣어주며 필요를 채워주신다. 또 나름대로 지혜를 발휘하여 성경을 암송하는 수용자나 성경을 필사하는 수용자들에게 칭찬과 격려로 그들 영혼의 어머니가 되어 가고 있는 목사님이다. 그런 그녀를 뵈면 가슴이 뭉클해진다.

- <교정사역의 작은 거인>에서

라. 미래의 자화상, 내 맘에 드는 나

수필가 김응분은 교정직에서 정년퇴직하고, 이제 자유롭게 제2의 인생을 꿈꾼다. 그동안은 공직자로서 열심히 일하였다면 지금부터는 여유를 가지고 주변도 살피면서 나름의 삶을 챙기려 한다. 여태까지의 삶은 남의 눈을 의식하며 산 것이고, 지금부터는 자신만을 위한 삶을 오롯이 꿈꾼다. 그 선망의 자화상을 김응분 수필가는 스스로 '내 맘에 드는 나'로 규정하고 있다. 철저하게 자기를 위한 삶으로 꾸려보겠다는 각오이다.

공직에 있을 때와 퇴직했을 때의 차이는 명함이 말해준다. 퇴직하기 전에는 자신의 됨됨이보다 명함이 모든 걸 대신한다. 어디를 가든, 누구를 만나든 맨 먼저 챙겨야 할 게 명함이다. 사람들은 새로운 사람을 만나게 되면 명함에 의해 상대를 인식한다. 심지어는 받은 명함을 쌓아 놓고 자신의 지명도를 높이려는 사람도 있다. 하지만 퇴직하고 나면 그게 완전히 달라진다.

현직에 있을 때의 명함을 내밀면서 '전에 여기 있었습니다.' 하기도 그렇고, 퇴직 후에 명함을 다시 찍자니 만만한 직함도 없다. 결국 이것이 퇴직 후에 가장 두드러지게 드러나는 자신의 몰골임을 깨닫는다. 명함이 사라졌다거나 버린다는 말은 퇴직을 의미한다.

이제는 철저하게 자신의 삶에 충실하겠다는 결심이다. 자신이 원하고 선택하며, 자신의 의지대로 사랑하는 삶을 강하게 내세운다. 절대 남과는 비교도 하지 않을 것을 다짐한다. 그동안 공직 생활을 하며 사람에 너무 시달렸음을 감지할 수 있다.

그런 내가 너무 안쓰러워 아프다. 이제부터의 내 삶의 우선순위는 내 안의 상처를 보듬고 사랑하므로 새살이 돋아 감정의 소용돌이에서 벗어나는 일이다. 매일매일 새롭게 긍정의 나를 만들고 뜨거운 마음으로 남들도 사랑할 수 있기를 소원한다. 감정이 행·불행을 결정하는 중요한 요소이니만큼 시간의 흐름에 나를 맡기기보다 내 자유의지로 매 순간을 선택하며 살아야 할 게다. 수레에 끼워져 굴러가는 맹목의 바퀴, 수레에 끌려가는 바퀴가 아니라 내가 내 삶의 주인이 되는 삶을 살아가련다.

가장 '나답게' 내가 좋아하는 사람들과 '내가 원하는 삶'을 살아갈 것이다. 느슨하고 헝클어진 마음을 다잡고 시간의 주인이 되어 하고 싶은 일을 '스스로 선택'하며 내가 하는 일에 가치를 부여하는 의미 있는 삶을 살아가야겠다. 다시 신발을 고쳐 매며 너무 다그치지 않고 조금 미흡한 부분이 있어도 따뜻한 시선으로 나를 어루만지며 여유 있게 가고 싶다. 쓸데없는 비교 의식에서 벗어나 그저 묵묵히 나의 부족한 부분도 이해하고 사랑하며 가야겠다. 혹시라도 감당해야 할 일이 있다면 정직하게 책임지고 나와 더불어 사는 사람들이 나로 인하여 힘들지 않도록 배려하며 살고 싶다. 날이 밝으면 인생 2막을 위한 열망이 담긴 명함 하나 만들어 볼 일이다.

-<명함이 사라졌을 때>에서

수필가 김응분은 정말 치열한 삶을 요구한다. 정년하고는 우선 휴식부터 챙길 만한데, 욕심이 대단하다. 각오는 남과 비교하지 않으며 살겠다고 하지만 사회 통념과는 다르다. 이런 경우 대개는 잊고 살겠다는 해석이 따르는데, 김응분 수필가는 아예 범접하지 못하게 혼자 치고 나가겠다는 선언처럼 들린다.

벌써 새로운 도전이 시작되었다. 제과, 제빵, 요리, 자격증, 파크골프, 시 낭송, 교정선교, 색소폰, 하모니카, 캘리그라피, 꽃꽂이, 그림 등. 많은 일정을 잡고 새로운 도전을 하고 있다. 선택한 일이 모두 이루어지기를 기원하면서 꼭 명심할 일은 남과 비교하지 않겠다는 다짐은 반드시 지키기를 기도한다.

> 그동안의 시간은 새로운 도전의 시간이었다. 제과 제빵도 배우고, 각종 음식 만들기도 시도해 보았고 필요한 자격증도 몇 개 취득하였다. 그리고 파크골프를 통하여 새로운 즐거움을 느꼈고, 시 낭송, 교정선교, 색소폰, 하모니카, 캘리그라피, 꽃꽂이 등을 배우며 그동안 하고 싶었던 것들을 마음껏 하고 있으며, 몇 년 전부터 해오던 그림그리기도 꾸준히 하고 있다. 특별히 버킷리스트를 만들어 실천하고 있지는 않지만 앞으로 마음속으로 꿈꾸던 것을 하나 하나 시도하고자 한다. 지금은 나를 탐색해 나가는 시기이다. 인생 1막은 주어진 사명을 감당하려 애쓴 시간이었다면, 인생 2막은 가장 자유로운 모습으로, 남과 비교하지 않으며 내가 좋아해 선택한 일을, 나다운 모습으로 멋지게 하며 살아갈 것이다. 많은 사람과 소통하며 마음껏 사랑을 나누려 한다.
>
> -<다시 푸르른 날을 위하여>에서

수필가 김응분의 수필을 조명해 보았다. 처음에는 정년 후에 내는 책이라 전기 정도의 글로 인식하였으나 전편에 펼쳐있는 정보가 눈을 움켜잡는다. 교정직이라는 특수 직종에서 얻을 수 있는 정보가 있어서 수필의 임무를 감당하고 있다.

국가공무원으로서 퇴직하기까지 직장생활에서 얻은 삶의 지혜가 수필가의 삶을 윤택하게 만들었음을 본다. 더러 겪게 되는 아픔을 그대로 삭이는 게 아니라 나름 분석하고, 다음에는 반전을 얻을 수 있도록 자신을 다독이는 모습이 보기에도 좋았다. 또 일반적인 생활에서 사람들 간의 얼개는 어떻게 짜야 하는지도 스스로 답을 내리고 있다.

전문적으로 근무한 직이 교정직이어서 늘 '죄'와 '벌'에 대한 의미를 되새김해야 하는 시간이 많았을 것이다. 법원에서 판단한 '죄'에 대한 '벌'을 집행하는 부서이다 보니 수용자들의 가족과 사회복귀에 많은 관심이 집중되어 있다. 오로지 위험만을 생각해 격리시키는 것보다 치밀한 계획에 의한 사회 견학과 같은 프로그램 도입을 제안한 것은 나름 수필가의 의견에 동참하는 고민을 권하고도 싶다.

한 작가가 한 생을 통해 얻은 지식과 경험에서 나온 삶의 가치를 짚어 보았다. 봉사하고 나누며 남에게 배려하는 삶을 '가치 있는 삶'으로 규정하고 있다. 그리고 본인도 이제는 자유로운 처지에서 자신의 선택으로 하고 싶은 일을 해보고자 한다. 절대 남과 비교하지 않으며 살고자 한다. 결국 수필가 김응분은 남은 생을 자신이 해보고 싶었던 일을 스스로 결정하고 남을 의식하지 않는 삶을 꿈꾸고 있음을 볼 수 있다.

이제 공직에서 나와 자신의 결정에 따라 무엇이든 할 수 있는 처지가 되었다. 수필 쓰기에서도 더욱 정진하여 다음 책에서는 의미 깊은 좋은 수필로 다시 만날 수 있기를 기대한다. 제2의 삶을 꾸리는 수필가 김응분에게 박수를 보내며, 문운이 함께하여 좋은 글로 만나기를 기도한다.

김응분 수필집
다시 푸르른 날을 위하여